臺灣歷史與文化 研究輯刊

九 編

第 6 冊

再聞客音
——日治以來彰南地區客家移民與竹塘醒靈宮之研究

柯 光 任 著

花木蘭文化出版社

國家圖書館出版品預行編目資料

再聞客音——日治以來彰南地區客家移民與竹塘醒靈宮之研究
／柯光任 著 — 初版 — 新北市：花木蘭文化出版社，2016〔
民 105〕
序 4+ 目 4+206 面；19×26 公分
（臺灣歷史與文化研究輯刊 九編：第 6 冊）
ISBN 978-986-404-474-0（精裝）
1. 客家 2. 民間信仰 3. 日據時期
733.08 105001804

ISBN-978-986-404-474-0

臺灣歷史與文化研究輯刊

九 編 第六 冊 ISBN：978-986-404-474-0

再聞客音
——日治以來彰南地區客家移民與竹塘醒靈宮之研究

作　　者　柯光任
總 編 輯　杜潔祥
副總編輯　楊嘉樂
編　　輯　許郁翎
出　　版　花木蘭文化出版社
社　　長　高小娟
聯絡地址　235 新北市中和區中安街七二號十三樓
　　　　　電話：02-2923-1455 ／傳眞：02-2923-1452
網　　址　http://www.huamulan.tw 信箱 hml810518@gmail.com
印　　刷　普羅文化出版廣告事業
初　　版　2016 年 3 月
全書字數　158873 字
定　　價　九編 24 冊（精裝）台幣 50,000 元

再聞客音
——日治以來彰南地區客家移民與竹塘醒靈宮之研究

柯光任　著

作者簡介

柯光任，台灣彰化縣福佬人，2012 年畢業於逢甲大學歷史與文物研究所，曾任歷史研究案計畫助理，現任西螺福興宮文資企畫，專職文化資產保存、宗教文創活動規畫執行，新聞媒體行銷。曾與指導教授王志宇博士合著《彰化縣田尾鄉聖德宮鎮化堂簡史》，個人曾發表〈日治時期彰化源成農場的成立與發展〉等文章。

提　　要

　　本研究以宗教信仰為切入面向，觀察日治時期新竹州客家人受到三五公司源成農場的招募，大量遷移到彰化平原南部並建立醒靈宮，日後成為客家人的信仰中心。試圖分析彰南客家人如何透過醒靈宮建構「彰南客家共同體」進一步表達客家認同。

　　研究結果發現，第一，醒靈宮所認同的母廟玉虛宮，史料考據並無淵源關係，但藉由創造「新」的歷史並組織寺廟聯誼會，使得客家移民的思鄉情懷形塑集體記憶。第二，「內在團結」與「外在威脅」促使客家人建立醒靈宮，成為彰南社會客家群體的象徵符碼。戰後的重建更是具體展現「彰南客家共同體」。第三，醒靈宮的祭祀圈具有大、小角頭公義分擔祭祀經費的模式，目前雖有鬆動傾向，事實上則是兩座客家「庄廟」和「公廟」醒靈宮共同鞏固了「彰南客家共同體」。第四，宗教祭典周而復始的聯繫客家族群，客家認同也經此不斷的重複體驗與再生產。第五，各種儀式須用客家話來執行，語言的永續使用與活化，是醒靈宮建構及延續「彰南客家共同體」積極與堅持的原則，這是彰南客家人最容易找到的族群認同與關懷，亦是抗拒福佬化風潮最後一哩的族群底線。

本著作榮獲客家委員會
101 年度客家研究優良博碩士論文獎助
特此申謝

本著作榮獲國立臺灣圖書館
博碩士論文研究獎助
特此致謝

序

　　光任是我在逢甲大學歷史與文物研究所指導的學生，這本書是他的碩士論文改寫而成。他還在校時，認真好學。他是彰化溪湖人，記得當時在選擇碩士論文題目時，我一直鼓勵他以醒靈宮為對象撰寫相關論文，一方面是他對於鸞堂議題有興趣，另一方面則是醒靈宮此一議題尚有研究空間，後來他便以此為對象，討論日治時期因日人所創設的三五公司招攬客家人進入竹塘一帶工作，所帶來鸞堂信仰的建立與影響。

　　光任對此一議題的研究，著重客家人如何透過鸞堂建構「彰南客家共同體」的過程，經過他深入的田野調查及史料考證，發現醒靈宮並非來自玉虛宮，也發掘了彰南地區以醒靈宮為中心所建構的祭祀圈。另外，透過醒靈宮的祭祀圈裡大、小角頭公義分擔祭祀經費的模式，指出祭祀圈範圍內兩座客家「庄廟」和「公廟」醒靈宮共同鞏固了「彰南客家共同體」。透過宗教祭典，客家認同不斷被形塑，也使得彰南地區的客家人其身分及認同得以保留。

　　歷史研究能提出新看法，解決問題，便已成就其價值。光任此篇論文發表後，分別獲得客委會與台灣圖書館給予獎項肯定。從一個非歷史科班出身的門外漢，透過在逢甲大學歷文所的訓練，能夠得到此一殊榮，誠屬不易，當然這也與光任本身非常投入此論文的調查與寫作有密切的關係。此論文能被出版社肯定與接受，也代表光任過去的努力與投入被認可。在光任人生第一本書學術專書的出版之際，在此也期許光任能更不忘初衷，能為台灣文史再盡一份心，繼續研究寫作，為台灣歷史留下更動人的一頁。

逢甲大學歷史與文物研究所　王志宇　謹識

104 年 12 月 1 日

序

　　斯我客族先人明治 39 年（1906）桃園、新竹、苗栗原鄉，逐波遷徙至彰化二林、竹塘、埤頭、北斗、溪州等地，逢蔡老堂主登才自苗栗內獅潭移請醒世堂三恩主坐鎮客庄，以鎮瘴癘之氣，撫族人悸動之心、融音系不同之異，連橫合縱壯大客家之氣勢也！

　　神威靈顯，大正 2 年（1913）旋即在竹塘牛稠子起建醒靈宮，眾涕終為三恩主諸神佛供遮風避雨之所。亦能彰顯吾鸞堂儒教道德內涵、客家人晴耕雨讀、崇文重教的精神象徵。

　　民國 100 年起，柯同學光任密集來廟研究，並訪堂內諸老鸞生，描寫醒靈宮為客家信仰中心，觀察和發現「彰南客家共同體」的存在。順利取得碩士學位後，今年又告知，受指導教授王志宇博士推薦，花木蘭出版社願意出版為荷。三恩主之宗教理念得以發揚光大、客家精神可獲世人認同，實為全球客家人之榮幸，特撰此序，以表謝忱。

醒靈宮堂主　汪慶秀　謹識

104 年 12 月 10 日

目

次

表目次

第一章 緒 論

第一節 研究動機與目的

一、研究動機

從小生長在彰化縣溪湖鎮，曾聽聞長輩或書本記載此處有客家人，但目前「只見客家名、不聞客家聲」，生長環境儼然是個福佬人鄉鎮。鄰近鄉鎮的清代客家人也早已遷徙或不會說客家話，林衡道對這一族群，經過歷史變遷而產生的社會現象，稱為「福佬客」：「彰化縣的員林鎮、埔心鄉、溪湖鎮等地，供奉客家人所信仰的三山國王廟，其與客家籍住民淵源極深……至最近數十年始為附近福佬籍住民所同化，而成為所謂『福佬客』。」〔註1〕

自小沉浸福佬話的生活環境，以為彰化縣就只有流通福佬話和北京話，就如同劉還月在13歲以前，生長在百分之百的客家環境，一直以為全世界都只有客家人。〔註2〕對於客家人的刻板印象，認為其生活領域都在桃竹苗或南部六堆地區。那是屬於「陌生的國度」，直到念大學時期前往屏東佳冬蕭宅，聽聞到中年婦女說著聽不懂的語音，心裡還納悶著：「難道是客家人，他們不都是住在沿山丘陵地帶嗎？怎會出現在靠海地區。」查閱書籍才知原來是六堆之一，心裡還很雀躍地認為終於聽到客家話。其實同學中就有不少是客家

〔註1〕林衡道，〈員林附近的「福佬客」村落〉，《台灣文獻》，14：1（南投，1963.3），頁153。

〔註2〕劉還月，〈誰來作客家研究？〉，氏著，《台灣客家族群史移墾篇（上冊）》（南投：台灣省文獻委員會，2001），頁9。

人了，若沒有親口問起，他們從未主動表明身分。

　　進入逢甲大學歷史與文物研究所後，擔任 98 學年度田野調查計畫之研究助理，調查濁水溪南北兩端的媽祖廟以及鄉鎮公廟的信仰流況。在行前資料收集的過程中，發現竹塘鄉醒靈宮是由客家人所創立的廟宇，到了調查當日不僅觀察到以三恩主為主神的醒靈宮與祭祀至聖先師的「孔子廟」，更看見一座壯麗精美的聖蹟亭，這樣的衝擊比起第一次聽到客語還要震撼，這一天的田野調查頓時啓發研究的興趣，引起我欲釐清與探究這一區域的客家人到底是怎麼回事。

二、研究目的

　　台灣北部桃園、新竹、苗栗地區的客家人，由於人口增加，苦於耕地的不足，在日本政府的鼓勵政策下，在台灣原鄉進行再次遷移。〔註 3〕日治初期三五公司與政府合作，在二林鎮、竹塘鄉、埤頭鄉等地強制蒐購土地，成立源成農場。當地農民不願地主變佃農，紛紛外遷，日本政府為了尋找耕田的勞工，從新竹、苗栗一帶請來客家人，不僅提供房子，也贈送牛隻、犁具等等，也允許客家人興建醒靈宮。〔註 4〕源成農場的經營帶來外來人口，在農場四周形成圈狀聚落。〔註 5〕

　　日治時期桃竹苗的客家人移居到今日彰化縣南部二林鎮、竹塘鄉、埤頭鄉、北斗鎮、溪州鄉等鄉鎮，不過這裡卻是冬季東北季風強勁、灌溉設施不完備的「風頭水尾」。台灣西部在清代幾乎已經開發飽和，只剩地理條件不利農耕的土地或是人類難以生存的區域，此處的惡劣環境並不亞於北部原鄉，而客家人選擇落地生根，並且已經在此繁衍三、四代。為了克服思鄉的情懷，原為私人堂宇的醒世堂，經眾人集資蓋廟並改名醒靈宮，寺廟成為了客家移民心靈上的寄託。近百年的歷史，在彰南平原的客家地域社會，醒靈宮扮演何種重要的角色？清代彰化平原客家人畏懼承認其真正身分，為了增長勢力與漳州人合作，成為陷入族群認同兩難的福佬客。日治時期客家人面對外圍

〔註 3〕王恭志，〈台灣客家族群遷移之口述歷史與文獻探討〉，《社會科教育學報》，3（新竹，2000.5），頁 180。

〔註 4〕魏金絨，〈醒靈宮後萬善祠簡介〉，醒靈宮管理委員會編，《竹塘醒靈宮慶安福醮紀念誌》（彰化：醒靈宮管理委員會，1992），頁 58～59。

〔註 5〕張素玢，〈私營農場與二林地區的變遷（1900～1945）〉，《彰化文獻》，2（彰化，2001.3），頁 69。

的福佬人，他們究竟選擇何種的權宜方式？處於平面的信仰祭祀範圍、土地上活動的客家人、在天界護佑的三恩主，三者如何交織與運作？藉由彰南地區的客家人信仰中心——醒靈宮，其鸞堂淵源、創建與重建、宗教祭儀、祭祀圈、經營及管理組織，從各方面觀察客家意識的形成與認同的展現。

第二節　研究回顧

　　本節文獻回顧分成兩個方向，第一，日治時期台灣島內漢人的族群遷徙、移居的討論，關於這一歷史現象，學界普遍稱之二次移民或再移民。首先回顧前人學賢對於日治時期台灣島內各地客家移民研究，最後鎖定研究地區的彰化平原南部，目前研究面向著眼於遷移原因、人口結構、宗教信仰、福佬化等等。第二，鸞堂信仰在台灣客家地區的傳佈發展情形，分析目前在客家區域的鸞堂研究成果。

一、日治時期台灣島內的客家移民

　　推拉理論（Push-Pull　Theory）常被運用來說明人口遷移的現象，其主張原居地的推力與遷入地的拉力，兩者單一作用或交互影響後，人們經過理性的選擇（主觀判斷）和對原住地、遷入地的瞭解（客觀環境認識）促成遷移現象。〔註6〕清代閩粵兩省地狹人稠、山多田少、生活困難，而台灣土地肥沃人煙稀少、謀生容易，內地人民迫於生計，紛紛冒險偷渡台灣以謀生存，遷台之因主要為原居地的人口壓迫。〔註7〕日治時期台灣北部桃園、新竹、苗栗地區的客家人，也因為人口增加以及苦於耕地的不足，經常性在台灣原鄉再次遷移到別處，此現象學界稱呼為二次移民或再移民。眾多的大眾性閱讀刊物，例如《台灣客庄影像》提示了日治時期客家人移民的行蹤，比如移入到宜蘭、花蓮從事墾荒、焗腦和筏木等工作、彰化七界內（源成農場）、南投神木村（焗腦）、台北克難街、通化街（租金或地價便宜）。〔註8〕《台灣客家地圖》也簡略地介紹客家族群，在台灣島內的遷徙的情形。〔註9〕

〔註6〕廖正宏，《人口遷移》（台北：三民，1985），頁94～95。
〔註7〕莊吉發，〈清初閩粵人口壓迫與偷渡台灣〉，《大陸雜誌》，60：1（台北，1970.1），頁25～33。
〔註8〕彭啓源，《台灣客庄影像》（南投：台灣省政府，2002）。
〔註9〕邱彥貴、吳中杰著，《台灣客家地圖》（台北：貓頭鷹出版，2001）。

　　賴志彰將台灣島內二次移民分成 3 個階段：（1）道光咸豐年間戴潮春之亂的前期、（2）清末或日治初期、（3）日治時期。〔註 10〕王恭志對於島內客家人的二次移民，多以口述資料來理解花東、雲彰、都會區狀況。〔註 11〕日治時期北部客家人遷徙到島內各地的歷史描繪，在《台灣客家族群史·移墾篇》中曾作整體性的概述，〔註 12〕與〈日治時期新竹州人口外移之研究〉皆是極佳的入門工具書。〔註 13〕

　　近年來有關於北客南遷的研究題材方興未艾，使得北客的散落蹤跡越見清晰，尤以高雄、屏東六堆地區的成績斐然，其中焦點多在美濃及旗山的南隆農場、〔註 14〕甲仙與六龜的樟腦事業、〔註 15〕高雄市的都市發展、〔註 16〕林秀昭將以上三個重點區域，以義民信仰加以串聯表述在地化現象。〔註 17〕其他南部地區的移民現象在鍾肇文的《客家人移民台灣中南部史》都有概括性的報導。

〔註10〕賴志彰，〈從二次移民看台灣族群關係與地方開發〉，《客家文化研究通訊》，2（桃園，1999.6），頁 20～27。

〔註11〕王恭志，〈台灣客家族群遷移之口述歷史與文獻探討〉，頁 173～186。

〔註12〕劉還月，《台灣客家族群史·移墾篇》上冊、下冊（南投：台灣省文獻委員會，2001）。

〔註13〕林美珠，〈日治時期新竹州人口外移之研究〉（國立中央大學歷史研究所在職專班碩士論文，2015）。

〔註14〕張二文，〈日治時期美濃南隆農場的開發與族群融合〉，收錄於賴澤涵編，《客家文化學術研討會論文集》（台北：客家委員會，2002），頁 223～262。張馨方，〈美濃鎮吉洋地區閩客關係之研究〉（國立台南大學台灣文化研究所碩士論文，2009）。邱坤玉，〈漢人移民的設庄發展與祭祀圈——以三降寮的設庄與信仰為例〉，《六堆學》，2（屏東，2011.11），頁 41～66。王和安，〈日治時期新竹州移民及其信仰傳布：美濃客家田野紀實〉，《高雄文獻》，3：4（高雄，2013.12），頁 7～29。

〔註15〕王和安，〈日治時期甲仙、六龜地區之客家移民與樟腦業的開發〉，《客家文化研究通訊》，8（桃園，2006.4），頁 87～122。氏著，〈日治時期南台灣的山區開發與人口結構：以甲仙六龜為例〉（國立中央大學歷史研究所碩士論文，2007）。氏著〈日治時期高雄甲仙、六龜的新竹州移民與樟腦經營〉，《新竹文獻》，35（新竹，2008.12），頁 92～126。劉正元，〈福佬客的歷史變遷及族群認同（1900 年迄今）：以高雄六龜里、甲仙埔之北客為主的調查分析〉，《高雄師大學報·人文與藝術類》，28（高雄，2010.6），頁 93～112。

〔註16〕簡炯仁等著，《高雄市客家史》（高雄：高雄市文獻委員會，2009）。林慶宏，《高雄市客家族群史研究》（高雄：高雄市政府研究發展考核委員會，2000）。吳秀媛，〈桃竹苗客家人遷徙之研究：以高雄市為例〉，《六堆學》，2（屏東，2011.11），頁 137～156。

〔註17〕林秀昭，《台灣北客南遷研究》（台北：文津，2009）。

〔註18〕此外清末日治初期東台灣仍屬未開發完盡的處女地，宜蘭、〔註19〕台東等地都吸引客家人前往移墾和做工，〔註20〕目前以花蓮的研究成果最為豐碩。〔註21〕台灣西半部的苗栗、〔註22〕台中和南投、〔註23〕雲林、〔註24〕嘉義等地客跡也多有斬獲。〔註25〕究其原因可說以「經濟產業」作為人口遷移的吸引

〔註18〕鍾肇文，《客家人移民台灣中南部史》（屏東：梁慧芳，2009）。

〔註19〕陳茂泰、吳玉珠，〈玉蘭客家移民與茶園開發過程〉，《宜蘭文獻雜誌》，59（宜蘭，2002.9），頁5～52。廖英杰，〈日治時期客家人移民宜蘭的歷史背景〉，《宜蘭文獻雜誌》，71／72（宜蘭，2005.6），頁 91～111。邱彥貴等撰，《發現客家：宜蘭地區客家移民的研究》（台北：客家委員會，2006）。

〔註20〕黃學堂，〈日治時期台東地區的客家移民〉，《台東文獻》，復刊 1（台東，2004.10），頁 3～29。黃學堂、黃宣衛，〈台東縣客家族群之分布及其社會文化特色〉，《東台灣研究》，14（台東，2010.2），頁89～149。

〔註21〕孟祥瀚，〈日治時期花蓮地區客家移民的分布〉，收入賴澤涵主編，《客家文化學術研討會論文集》（台北：客家委員會，2002），頁 129～160。黃木雄，〈趣談二次移民花蓮港的相關諺語〉，《客家》，183／總號 206（台北，2005.9），頁 44～45。邱秀英，《花蓮地區客家信仰的轉變：以吉安鄉五穀宮為例》（台北：蘭臺，2006）。廖經庭，〈鳳林地區日治與戰後客家移民之比較研究初探〉，《客家研究》，2：1（桃園，2007.6），頁 127～172。日創社文化事業有限公司執行編輯，《後山客蹤：建構豐田三村客庄遷移紀錄》（台北：客家委員會，2010）。黃桂蓉，〈移民與永興村的形成與發展——從日本移民到客家移民〉（國立花蓮教育大學鄉土文化學系碩士班碩士論文，2008）。蘇祥慶，〈花東縱谷北部客家鄉鎮的歷史淵源與當代社會特性簡述：以吉安鄉為中心〉，《東台灣研究》，18（台東，2012.2），頁 95～125。夏黎明等著，〈花蓮市客家族群的分布調查〉，《東台灣研究》，19（台東，2012.7），頁 73～95。姜禮誠，《花蓮地區客家義民信仰的發展與在地化》（台東：東台灣研究會，2014）。

〔註22〕賴文慧，〈台灣汀州客二次移民研究：以苗栗縣造橋鄉平興村謝姓家族為例〉（國立交通大學客家社會與文化碩士在職專班碩士論文，2008）。賴文慧，〈台灣汀州客二次移民研究：以苗栗縣造橋鄉平興村謝姓家族為例〉，《苗栗文獻》，47（苗栗，2010.7），頁 264～278。

〔註23〕黃世明，《進出族群邊際的再移民社會：客家人在台中與南投地區的文化與產業經濟》（南投：台灣文獻館，2012）。

〔註24〕黃衍明，〈雲林縣客家二次移民之研究〉，收入黃衍明計畫總主持，《國立雲林科技大學初期研究暨推展客家文化計畫》（台北：客家委員會，2009），頁 287～364。謝惠如，〈日據時期北客再次移民之發展研究歷程：以雲林縣林內鄉、莿桐鄉為例〉（國立高雄師範大學客家文化研究所碩士論文，2012）。

〔註25〕池永歆、謝錦綉，《發現客家：嘉義沿山地區客家文化群體研究》（台北：客家委員會，2012），頁 139～163。王俊昌，〈嘉義縣「北部客」分佈及其文化模式〉，收入顏尚文主編，《嘉義研究——社會、文化專輯》（嘉義：中正大學台灣人文研究中心，2008），頁 411～473。

力之一，〔註26〕例如樟腦、林業、菸業、茶業、糖業、稻米等行業的興盛，大量就業機會或新生埔地拉引客家人遷徙台灣各地。

日治時期居民生活困苦時，製糖所提供工作機會，並給予安身立命的住宅形成「糖業移民聚落」，〔註27〕源成農場的客家移民可視爲一種「移民聚落」，適應者留下，不順應則回到原鄉或另謀他地，王和安曾縮小時間、空間以及族群，定義「新竹州移民」：「日治時期從新竹州的行政區域往外移民，主要對象爲客籍人士」，試圖與二次移民、再移民、島內移民等模糊的字詞加以區隔。〔註28〕

二、日治時期彰化地區的客家移民

（一）源成農場與客家人聚落

魏金絨在〈竹塘鄉的開發與傳說之研討〉，簡述彰化竹塘鄉的歷代開發和行政區劃的改變，以及地方上的史蹟和傳說，文中並提到源成農場和醒靈宮的設立沿革。〔註29〕洪長源的〈源成舊地——彰化縣二林鎮復豐里〉，以二林鎮復豐里爲文史報導對象，源成農場的中心——碥磋，正在是復豐里，而殘留的製糖場遺跡只剩煙囪底座。〔註30〕魏金絨依據客家移民後裔張雙喜先生的口述資料，撰寫〈日據時代源成農場的設立與沒落〉陳述源成農場的設立經過、範圍、種植作物、工人來源，以及戰後農場的土地放領給耕種的農民。〔註31〕此篇報導對源成農場的歷史重建有相當大的幫助，但其中細節仍應再考證。魏金絨〈日治時期的主要蔗糖農場〉，以張雙喜的口述配合蔡淵騰的日記與二林鎮志，再次探求源成農場與醒靈宮的歷史，文後並指出強制收購土

〔註26〕吳學明，〈移墾開發篇〉，收入徐正光主編，《台灣客家研究概論》（台北：台灣客家研究學會，2011二刷），頁60。

〔註27〕吳育臻，〈日治時代的糖業移民聚落初探——以移民寮和農場寮仔爲例〉，《環境與世界》，4（高雄，2000.11），頁41～57。

〔註28〕王和安，〈日治時期新竹州移民及其信仰傳布：美濃客家田野紀實〉，頁13～14。

〔註29〕魏金絨，〈竹塘鄉的開發與傳說之研討〉，《儒林學報》，5（彰化，1990.7），頁11～26。

〔註30〕洪長源，〈源成舊地——彰化縣二林鎮復豐里〉，《台灣月刊》，145（台中，1995.1），頁61～64。

〔註31〕張雙喜口述；魏金絨採訪，〈日據時代源成農場的設立與沒落〉，收錄於陳慶芳等訪談；楊素晴總編輯，《彰化縣口述歷史（二）》（彰化：彰化縣文化局，1996），頁301～309。本篇另發表於《儒林學報》，13（彰化，1997.6），頁30～38。

地，引起當地居民的不滿，可說是促成「二林蔗農事件」的遠因。〔註32〕

　　張素玢的博士論文《台灣的日本農業移民（1909～1945）──以官營移民為中心》由國史館在 2001 年出版，鑽研日治時期日本農民移入台灣的歷史，包括政治、政策、移民村經營、社會與族群關係、以及移民事業的檢討，都有詳析的論證。此書著眼於官營移民上，對私營移民的源成農場略有提及，但較少描述。〔註33〕張氏另一篇〈私營農場與二林地區的變遷（1900～1945）〉對日治時期二林地區各個私營農場作一番討論，將重點放諸於農場設立對地方的衝擊，如源成農場強購土地、二林蔗農事件等，並且深入敘述源成農場對於二林的社會及人口結構、農業經濟與客家祭祀圈形成之影響。〔註34〕

　　彰化縣文化局出版的《彰化縣客家族群分布調查》，在客家族群的框架下將彰化地區的清代福佬客和日治移入的客家人分成兩條脈絡，對其地理分布與特色、宗教信仰、居住空間和語言變遷等多個領域逐步探討。二林地區（二林、竹塘、大城、芳苑）的移民概況由魏金絨書寫；北斗地區（溪州、北斗、埤頭）由洪長源撰述，將主軸放在遷移歷史和寺廟分布。〔註35〕但是依據何種分類基礎，將彰南地區各鄉鎮分成兩大區域來研究，文中並無進一步的說明。洪長源在《溪州鄉情》的基礎上，〔註36〕再進一步撰寫《彰化縣溪州鄉客家地圖》，鑽研溪州鄉的福佬客和日治時期客家移民，對其遷徙和福佬化因果關係、家族和分布聚落位置、客家信仰皆有詳細的說明。源成農場和醒靈宮依據前人研究成果也有交代，其次發現日治時期從中國移民至此的江西客家人，進一步補足溪州客家史的歷史版圖。〔註37〕本書可說是研究地區性客家的典範之一。

　　彰化縣香草吟社和二林社區大學相互支援下，出版的《彰化縣二林區源成客家庄史前集》與《彰化縣二林區源成客家庄史續集》，〔註38〕是當地退休

〔註32〕 魏金絨，〈日治時期的主要蔗糖農場〉，收於洪長源等撰，《殖民地的怒吼：二林蔗農事件》（彰化：彰化縣文化局，2007 二版一刷），頁 21～34。

〔註33〕 張素玢，〈台灣的日本農業移民（1909～1945）：以官營移民為中心〉（國立政治大學歷史研究所博士論文，1998）。氏著，《台灣的日本農業移民（1909～1945）──以官營移民為中心》（台北：國史館，2009 初版二刷）。

〔註34〕 張素玢，〈私營農場與二林地區的變遷（1900～1945）〉，《彰化文獻》，2（彰化，2001.3）頁 49～74。

〔註35〕 邱彥貴等撰，《彰化縣客家族群分布調查》（彰化：彰化縣文化局，2005）。

〔註36〕 洪長源，《溪州鄉情》（彰化：溪州鄉公所，1995）。

〔註37〕 洪長源，《彰化縣溪州鄉客家地圖》（彰化：溪州鄉公所，2005）。

〔註38〕 謝四海主編，《彰化縣二林區源成客家庄史前集》（彰化：彰化縣香草吟社，2006）。謝四海主編，《彰化縣二林區源成客家庄史續集》（彰化：彰化縣香草

老師和文史工作者對於源成農場的各個客家庄歷史，在眾人重視下所集力完成的著作，不僅彌補文獻上的缺失，也提供最縝密且深度的當地田野調查研究材料。

在戰後的地方志上，也有相當的篇幅在描述源成農場的建立沿革、客家人分布與醒靈宮的簡單介紹，譬如《二林鎮志》魏金絨的〈史略〉和張素玢的〈第六篇農林漁牧〉、〔註39〕《北斗鎮志》張素玢的〈開發篇〉。〔註40〕另外在埤頭鄉的鄉情報導上，亦有陳啟金撰寫〈客家庄的由來〉，敘述大湖村客家人的由來與生活型態。〔註41〕

（二）宗教信仰

池松華撰寫的〈客家移民的守護神（客家族群研究之三）——二林區客家廟宇之探討〉，針對日治時期二次移民的客家人所建立的廟宇，如竹塘鄉牛稠子醒靈宮、二林鎮後厝仔廣福宮、埤頭鄉公館廣興宮，分別探究 3 間廟宇沿革與經營，並指明廣福宮和廣興宮仍屬地區性廟宇，客家人共同的信仰中心依舊是醒靈宮。雖然 3 間都是客家人所建寺廟，但是母廟或香火來源卻各有其屬。〔註42〕余娗蘭的〈閩客熔融一家爐——竹塘醒靈宮閩客族群產業經濟探略〉從客家人所建的醒靈宮爲出發點，略探了竹塘鄉境內的閩客關係與產業經濟。〔註43〕目前研究醒靈宮最有具體成果爲陳逸君執行客家委員會的計畫，調查醒靈宮的客家移民與族群意識，〔註44〕前後發表兩篇文章。第一

吟社，2007）。

〔註39〕 魏金絨，〈史略〉，洪麗完總纂，《二林鎮志（上冊）》（彰化：二林鎮公所，2000），頁 51～52。張素玢，〈第六篇 農林漁牧〉，洪麗完總纂，《二林鎮志（下冊）》，頁 7～12、15。

〔註40〕 張素玢，〈開發篇〉，張哲郎總纂，《北斗鎮志》（彰化：北斗鎮公所，1997），頁 177～178。

〔註41〕 陳啟金，〈客家庄的由來〉，陳玉梅編，《行政·建設·鄉土情：彰化縣埤頭鄉情與建設》（彰化：埤頭鄉公所，1998），頁 80～83。

〔註42〕 池松華，〈客家移民的守護神（客家族群研究之三）——二林區客家廟宇之探討〉，收於謝四海編，《彰化縣二林區地方文史專輯（第二輯）》（彰化：二林社區大學，2004），頁 181～191。

〔註43〕 余娗蘭，〈閩客熔融一家爐——竹塘醒靈宮閩客族群產業經濟探略〉，收錄於陳柔森主編，《彰化平原的族群與文化風錄》（彰化：彰化縣文化局：1999），頁 114～122。

〔註44〕 陳逸君，《流轉中的認同——彰化竹塘地區福佬客族群意識之研究》（台北：客家委員會，2005）。

篇〈「七界內」客家意識初探——思考彰化竹塘地區福佬客族群意識之研究途徑〉偏重在研究計畫的陳述，說明研究目的在於解析七界內的福佬客之族群意識概況，說明客家人如何界定「我群」、「他群」的存在，希望藉此復振和保存客家文化。〔註45〕第二篇〈複製客家意識——從竹塘醒靈宮觀察當地客家聚落中族群意識之維持〉，研究源成農場七界內客家人的信仰中心——醒靈宮，運用祭祀圈的概念並從族群學的觀點，考察寺廟與人群的互動關係，表述客家人的族群認同。〔註46〕

（三）人口研究

楊國鑫在《台灣客家》書中，指出源成農場的客家人約有 6、7 千人，但這是訪談當地客家人而得知，文中並無運用任何的統計資料或文獻。〔註47〕曾慶國在調查彰化縣三山國王廟時，亦估計了福佬客與日治時期移民的客家數量，訪查二林鎮、竹塘鄉、埤頭鄉、溪州鄉、北斗鎮、福興鄉 6 個鄉鎮的客家人數，並列出各村里小至鄰別、角頭的戶數與姓氏，計有 21 村里、39 角頭聚落，大約千餘戶、約 6 千人左右。他認為這些客家住民，大多信奉竹塘醒靈宮。〔註48〕許世融的〈二十世紀上半彰化平原南部的客家人——統計資料語言與田野調查的對話〉文中整理台灣總督府的戶口調查、國勢調查和台灣日日新報等資料，從總督府的地利和水利工事，以及招募私營移民的角度出發，研究日治時期彰化南部客家人的數量演變過程及其原因，最後透過北斗吳家（吳新鏡）的個案研究，瞭解日治時期客家人自主遷徙與開墾史。〔註49〕邱彥貴的〈統計

〔註45〕陳逸君〈「七界內」客家意識初探——思考彰化竹塘地區福佬客族群意識之研究途徑〉，《研究與動態》，12（彰化，2005.6），頁 211～232。

〔註46〕陳逸君，〈複製客家意識——從竹塘醒靈宮觀察當地客家聚落中族群意識之維持〉，收於《2005 年彰化研究學術研討會——濁水溪流域自然與人文研究論文集》（彰化：彰化縣政府，2005），頁 263～281。本文另收錄於下列 2 本書，謝四海編，《彰化縣二林區地方文史專輯（第四輯）》（彰化：二林社區大學，2006），頁 198～220。魏金絨等著，《彰化縣二林區源成客家庄史前集》，頁 19～29。

〔註47〕楊國鑫，《台灣客家》（台北：唐山，1993），頁 97～98。

〔註48〕曾慶國，《彰化縣三山國王廟：客家與福佬客的故事》（台北：台灣書房，2011），頁 28～36。

〔註49〕許世融，〈二十世紀上半彰化平原南部的客家人——統計資料語言與田野調查的對話〉，收入陳允勇總編輯，《彰化研究學術研討會論文集。2011 年：彰化文化資產與在地研究論文選輯》（彰化：彰化縣文化局，2011），頁 175～208。

中所見的彰化客家數據與分布〉以日治時期和戰後人口統計資料，分析彰化客家人的人口數據。北斗郡客家人口數據波動不大，客家人口大抵以田尾最多、竹塘次之、再來是二林、埤頭。再者，坡心庄（今埔心鄉）廣東籍人口數據歷次調查差距相當大，頗得質疑。並指明欲得更細密的彰化客家人口，答案就在古老的戶籍資料中。〔註50〕

（四）當代福佬客研究

賴志彰〈夢裡不知身是「客」——認識福佬客的歷史和文化〉敘述福佬客形成的歷史軌跡、建築空間、慣用的地名稱謂、信仰以及福佬化的祭祀行為，並說明彰南地區的二次移民客籍人士的閩南化，是為第四代福佬客。〔註51〕賴氏亦對《彰化縣客家族群分布調查》一書，綜述其意義和後續的研究方向。談到在歷史地理變遷下，形成不同「程度」與「等級」的福佬化，需要更細緻的探究。再者，針對源成農場的客家人，也承接上篇的判斷認為已經開始福佬化。〔註52〕薛雲峰的《快讀台灣客家》談到清代台灣客民拓墾事蹟，至今卻難尋客家蹤跡，如彰化永靖鄉和埔心鄉、雲林「前粵籍九莊」和地跨雲嘉兩縣的太和街三山國王五十三庄，視為「當代福佬客」，也指出源成農場的客家人有福佬化的情形。〔註53〕

三、客家地區之鸞堂

台灣鸞堂早期研究著重在鸞堂起源與傳入路線，隨後研究取向不僅朝多方面發展，其內容也越漸深入，比如信仰本質、教派及教義、組織，接次也有鸞堂的傳佈方式以及交流網絡、正鸞的通靈現象，鸞堂與地方社會的互動等等。〔註54〕鸞生依神明指示以扶鸞儀式著造的書籍稱做鸞書，可視為善書

〔註50〕邱彥貴，〈統計中所見的彰化客家數據與分布（上）〉，《彰化藝文》，34（彰化，2006.12），頁36～39。氏作，〈統計中所見的彰化客家數據與分布（下）〉，《彰化藝文》，35（彰化，2007.4），頁46～49。兩篇摘錄自氏作，〈台灣客家人口：一世紀（1905～2004）調查統計的初步檢討〉，《全球視野下的客家與地方社會：第一屆台灣客家研究國際研討會》（台北：客家委員會，2006），光碟檔案，無著頁碼。

〔註51〕賴志彰，〈夢裡不知身是「客」——認識福佬客的歷史和文化〉，《文化視窗》，67（南投，2004.9），頁84～90。

〔註52〕賴志彰，〈彰化縣客家族群調查的意義及其後續研究〉，《彰化藝文》，33（彰化，2006.10），頁40～43。

〔註53〕薛雲峰，《快讀台灣客家》（台北：客家委員會，2008），頁135～137。

〔註54〕鸞堂研究回顧可詳閱王見川，〈台灣鸞堂研究的回顧與前瞻〉，《台灣史料研

的一種，其書籍文本可探討當代社會、歷史以及在宗教上的意義，進一步地挖掘的教義思想、反映的價值理念或鸞堂如何面對現代社會。〔註55〕

　　台灣客家地區的鸞堂研究，早年散見在討論台灣鸞堂來源的文章中，但專文探討客家區域則首見於王見川的〈光復前台灣客家地區鸞堂初探〉，以《台灣總督府公文類纂》、鸞書、報紙等史料描繪客家地區鸞堂歷史。指出萬巒廣善堂是第一間客家鸞堂，是高屏客家鸞堂的源頭。竹苗地區鸞堂創立受廣東陸豐鸞堂戒煙引進，與彭殿華、彭錫亮、楊福來等人有密切關係，另外日治中期，楊福來亦前往中南部客家鸞堂協助著書。〔註56〕李世偉的〈苗栗客家地區鸞堂的調查研究〉則關注苗栗地區的客家鸞堂，苗栗的客家鸞堂創立多與戒煙有關，並且多是仕紳文人合辦，具有濃厚的文人性格，其淵源來自新竹，可分成復善堂、宣化堂、代勸堂三大系統，以及其他系統（銅鑼修德堂、獅頭山代勸堂等），並將醒靈宮的前身醒世堂列爲待考察鸞堂。〔註57〕范良貞〈獅山勸化堂與南庄的地方社會〉分析獅山勸化堂的發展與南庄地方社會之關係。勸化堂源自新竹宣化堂，由南庄拓墾先驅黃祈英的後代創立。勸化堂與地方社會形成緊密的關係，其地區產業是重要的介質，從清代拓墾、樟腦、戰後的煤礦，其業主大多也擔任勸化堂的職務，使之成爲領導與重整的角色與場域。〔註58〕周怡然的〈終戰前苗栗客家地區鸞堂之研究〉將苗栗客家鸞堂放在關帝信仰的脈絡裡觀察，呈現清代拓殖守護神與日治時期恩主公兩者不同形象與發展。綜合分析了鸞堂與家族、地方社會的關係，以及仕紳文人在鸞堂中的角色，指出苗栗客家鸞堂多受到新竹三大鸞堂系統的影響而創立，文中也談到醒靈宮、玉虛宮及五文宮的淵源關係。〔註59〕鄭寶珍〈日治時期客家地區鸞堂發展：以新竹九芎林飛鳳山代勸堂爲例〉透過鸞書、手稿、

究》，6（台北，1995.8），頁3～25。

〔註55〕台灣善書的研究方面參見鄭志明，〈台灣善書研究的現況與展望〉，《宗教哲學》，2：4／總號8（台北，1996.10），頁155～176。

〔註56〕王見川，〈光復前台灣客家地區鸞堂初探〉，《台北文獻直字》，124（台北，1998.6），頁81～101。亦收入於王見川、李世偉，《台灣的民間宗教與信仰》（台北：博揚，2000），頁293～319。

〔註57〕李世偉，〈苗栗客家地區鸞堂的調查研究〉，收錄於王見川、李世偉，《台灣的民間宗教與信仰》，頁293～338。

〔註58〕范良貞，〈獅山勸化堂與南庄的地方社會〉（國立中央大學歷史研究所碩士論文，2007）。

〔註59〕周怡然，〈終戰前苗栗客家地區鸞堂之研究〉（國立中央大學客家社會文化研究所碩士論文，2007）。

族譜等資料研究新竹九芎林代勸堂。代勸堂三個嘗會與地方菁英結合共同支持鸞堂運作,不過隱藏的人事糾紛,使得正鸞生楊福來被迫離開,也巧為中南部客家地區鸞堂發展的時代推手,並曾到醒靈宮幫忙鸞務。楊福來的重要性與王志宇研究的楊明機合稱「鸞門雙楊」,共同推廣了台灣鸞堂的信仰發展。〔註60〕陳瑞霞〈從書院到鸞堂:以苗栗西湖劉家的地方精英角色扮演為例(1752~1945)〉以地方社會、文化權力網絡的概念,討論西湖劉恩寬家族在地方上所扮演的領導與教化角色。從雲梯書院到鸞堂修省堂,劉家始終能利用文字知識及鸞書《洗甲心波》的文化資本,維持地方教化與領導的角色,使其成為教育、宗教單位,以及政治意義的團體。〔註61〕陳嘉惠〈後龍溪上游地域社會之形成:以獅潭鄉竹木村南衡宮為核心之研究〉以祭祀圈、祭祀社群、地域社會和地方自性等理論,觀察南衡宮的 5 項祭祀活動,探討南獅潭地域社會之建構過程。透過祭祀圈的觀察,闡釋過去的人群因「拓墾」產生了「地域認同」,透過祭祀行為產生人群聯繫。〔註62〕這部份也啟發筆者探析客家人如何透過醒靈宮建構「客家認同」。徐碧霞的〈鸞堂型村廟的儀典與組織:以苗栗頭屋雲洞宮為例〉以公廟的概念,從儀典、組織與鸞書探討雲洞宮的發展。點出該廟經由儀典維繫地方公廟的性質,另一方面透過扶鸞問事及著造鸞書,企圖運用鸞堂信仰擴大影響力,發展成跨鄉鎮或縣市的大廟。〔註63〕

　　台灣南部客家地區方面,吳煬和的〈內埔地區鸞堂信仰之研究〉,調查六堆最早鸞堂萬巒廣善堂以及內埔地區 5 座鸞堂,分析其宗教活動與社會功能,不過僅在初探性質。〔註64〕張二文《高雄縣客家聚落鸞堂之調查與研究》先

〔註60〕鄭寶珍,〈日治時期客家地區鸞堂發展:以新竹九芎林飛鳳山代勸堂為例〉(國立中央大學客家社會文化研究所碩士論文,2008)。楊明機詳見王志宇的論述,氏著,《台灣的恩主公信仰:儒宗神教與飛鸞勸化》(台北:文津,1997)。氏著,〈儒宗神教統監正理楊明機及其善書之研究〉,《台北文獻直字》,《台北文獻》,120 (台北,1997.6),頁 43~69。

〔註61〕陳瑞霞,〈從書院到鸞堂:以苗栗西湖劉家的地方精英角色扮演為例(1752~1945)〉(國立交通大學客家社會與文化教師碩士在職專班碩士論文,2008)。

〔註62〕陳嘉惠,〈後龍溪上游地域社會之形成:以獅潭鄉竹木村南衡宮為核心之研究〉(國立交通大學客家社會與文化碩士在職專班碩士論文,2010)。

〔註63〕徐碧霞,〈鸞堂型村廟的儀典與組織:以苗栗頭屋雲洞宮為例〉(國立交通大學客家社會與文化學程碩士論文,2011)。

〔註64〕吳煬和,〈內埔地區鸞堂信仰之研究〉,美和技術學院通識教育中心編,《六堆信仰及宗族的在地實踐研討會論文集》(屏東:美和技術學院通識教育中心,

行調查高雄縣客家地區鸞堂的起源與系統，〔註65〕相繼以美濃廣善堂、杉林樂善堂爲例，說明與分析鸞堂在高雄縣客家地區的發展與社會之互動關係。從鸞書內容分析，是以民間文學記錄當代社會現象，鸞堂本身會改變而適應社會，產生世俗化的現象。其他功能如社會教化、復興漢文的場所。〔註66〕另外張有志〈日治時期高雄地區鸞堂之研究〉專注在日治時期高雄地區的鸞堂發展及其交流網絡，對其著造鸞書內涵、鸞堂教義與勸化進行解析，以及戒煙運動在高雄之情形。並研究福佬、客家鸞堂的共通性與差異性。高雄客家鸞堂淵源多來自杉林月眉樂善堂，鸞乩技術來自新竹代勸堂楊福來。〔註67〕曾令毅的〈屏東竹田西勢覺善堂與六堆地方社會（1933～1945）〉透過鸞堂討論與地方社會、菁英的互動過程，以及面對國家力量的肆應方式。覺善堂的前身法師公祠，源自仕紳面臨洪水和瘧疾爲安定社會所設立，卻因鸞堂盛行而改置，其因乃是創堂仕紳和六堆地區的社會、鸞堂有著綿密的人際網絡，呈現仕紳在地方社會中所扮演的重要角色。〔註68〕

四、研究回顧述評

　　日治時期台灣島內客家移民的定義上，以賴志彰著力最深，將二次移民分爲三個階段，本研究即是賴氏所言的第三個時期：日治時期，筆者也承接王和安對「新竹州移民」定義和看法爲：「日治時期從新竹州的行政區域往外移民，主要對象爲客籍人士」。〔註69〕日治時期的台灣漢人從島內再次大批遷移至某處，並在當地形成一股區域意識或社會力量，象徵的指標之一便是其族群寺廟的建立。

2005），頁 106～121。

〔註65〕張二文，《高雄縣客家聚落鸞堂之調查與研究》（高雄：高雄縣文化基金會，2006）。

〔註66〕張二文，《高雄縣客家地區鸞堂與鸞書文學意涵之研究——以美濃廣善堂的發展爲例》（台北：客家委員會，2006）。氏著，〈高雄縣客家鸞堂的起源——月眉樂善堂與其鸞書之研究〉，《台灣學研究》，5（台北，2008.6），頁139～172。

〔註67〕張有志，〈日治時期高雄地區鸞堂之研究〉（國立台南大學台灣文化研究所碩士論文，2007）。

〔註68〕曾令毅，〈屏東竹田西勢覺善堂與六堆地方社會（1933～1945）〉，《台灣文獻》，60：2（南投，2009.6），頁91～150。

〔註69〕王和安，〈日治時期新竹州移民及其信仰傳布：美濃客家田野紀實〉，頁13～14。

目前日治時期台灣島內漢人的族群遷移，多以客家族群為主要研究標的。源成農場的招募動作，是北部客家人大批遷移到彰化平原的關鍵所在。有關此歷史現象已被研究二次移民或客家文化的學者關注並陳述。近年來二林社區大學出版一系列的二林地方文史文章，也對源成農場、彰南地區客家人聚落、醒靈宮等廟宇，以單篇文章或集結成書描述其歷史概貌。學術性文章僅張素玢以歷史學方法概述源成農場、陳逸君以人類學途徑藉由醒靈宮觀察客家人的族群認同感。

回顧學界對源成農場的設立因緣與日後發展、昭和年間引發的業佃紛爭，一直到日治末期與四大製糖會社並存的歷史，這段糖業歷史圖像較少人談起。醒靈宮的鸞堂淵源，僅在周怡然的論文上數段觸及。其次，台灣客家地區的鸞堂討論，缺乏試析日治時期島內客家移民的鸞堂研究，事實上鸞堂的宗教本質對於醒靈宮相關廟群的建立，佔據很大因素與影響力。再者，亦缺少客家聚落之形成，以及建立醒靈宮與客家認同形成的整體論述，總讓人有隔靴搔癢之憾。因此，筆者從源成農場的建立與發展為出發點，受招募的客家人遷徙到彰化後形成一股社會族群意識，討論客家族群的建廟行為、祭典儀式和祭祀圈分配模式，解析所觸發的客家符碼，進而體現和建構客家認同，企求以圖文陳述與呈現「彰南客家共同體」。

第三節　研究範圍、方法及章節安排

一、研究範圍

（一）研究對象

第一，日治時期愛久澤直哉所經營三五公司之源成農場，其設置、製糖業的發展、移民事業的開辦等等。第二，招募的客家人所形成的聚落，並以其族群創建的寺廟「醒靈宮」之鸞脈淵源、宗教儀式和祭典、祭祀圈及變化等面向，討論客家人如何在其中凝結「客家認同」。

（二）空間界定

1. 源成農場

日治時期愛久澤直哉所經營三五公司源成農場為主要研究範圍，並以源成農場招募而來的客家人，所形成的角頭聚落為研究的核心區域。

　　以大正 9 年（1920）實施州郡街庄制爲基準，源成農場區域在台中州北
斗郡轄下的二林庄、竹塘庄、埤頭庄、北斗街、沙山庄。即現今彰化縣二林
鎮、竹塘鄉、埤頭鄉、北斗鎮、芳苑鄉共同組成的一個區域。

　　「源成七界」一詞組成，是「源成農場」與「七界內」的併稱，指的是
源成農場招佃的客家人所形成的客家聚落。其內涵有兩種意義，第一，源成
農場的地區範圍；第二，客家地方社會。不過該詞有歷史誤解與意涵轉化，
這一部份將在第三章第二節有詳盡的討論。

　　2. 彰南平原的客家地域

　　日治時期不獨有源成農場招徠客家人，亦有其他私人農場或自行遷移，
所形成的客家聚落區域，大抵在大正 9 年（1920）實施州郡街庄制的台中州
北斗郡，北斗郡轄下有北斗街、二林庄、田尾庄、埤頭庄、沙山庄、大城庄、
竹塘庄、溪州庄。轄域即今彰化縣北斗鎮、二林鎮、田尾鄉、埤頭鄉、芳苑
鄉、大城鄉、竹塘鄉、溪州鄉。今日彰化縣的市鄉鎮行政區，大致是定型於
日治時期的行政區劃分。〔註 70〕

　　另外，曾慶國訪查到福興鄉的福興村第八鄰「客人仔庄」、鎮平村第九鄰
「後溪仔」，〔註 71〕也是日治時期遷移而來。綜括本研究以日治時期的台中州
北斗郡爲最大範圍，再加上現今福興鄉的 2 個客家聚落，源成農場的客家庄
則是核心區域。

　　（三）時間界定

　　1. 源成農場

　　源成農場的建立，牽涉到日本殖民政府相關政策，第一，整體方針：殖
民地統治、矢內原忠雄建構的資本主義、移民事業等；第二，經濟方面：土
地、林野調查、製糖工業等；第三，農業治理：防砂工事、水利改善工程等。
在這歷史背景下造就客家移民聚落的產生，時間前抵爲台灣成爲日本殖民地
的明治 28 年（1895）。

　　2. 醒靈宮

　　日治時期建廟至今的醒靈宮，從祭典儀式、鸞堂宗教活動和管理組織等

〔註 70〕謝瑞隆，〈日治時期彰化縣境的行政區變遷──以「台灣總督府統計書」來考
　　　　察〉，《彰化文獻》，9（彰化，2007.10），頁 169～173。
〔註 71〕曾慶國，《彰化縣三山國王廟：客家與福佬客的故事》，頁 31。

等近百年發展，甚至成爲政府單位推廣活動的場域（如 2002 年福佬客文化節、2011 年客家天穿日、2012 年客家天穿日等等），因此，將研究時間劃定爲 1895 年到 2015 年。

（四）名詞運用

日治時期台灣總督府對於台灣兩大族群的福佬人與客家人，戶口調查上以「福」、「廣」登記。這種區分方法來自清代晚期的「閩粵」，衍生的觀念便是「福（閩）＝福佬」以及「廣（粵）＝客家」。〔註72〕因此，在本文中，日治時期的官方文書所書寫的福建人和廣東人，爲求字詞一致和避免混淆，將逕自改爲「福佬人」與「客家人」。

（五）研究限制

日治時期移民到彰化平原的客家人，所建立或與福佬人共建的寺廟，目前共有 5 座，除了竹塘鄉民靖村醒靈宮外，尚有二林鎮後厝里廣福宮、埤頭鄉大湖村廣興宮、〔註73〕溪州鄉成功村覆靈宮、北斗鎮新生里廣福宮。〔註74〕本文研究目標爲源成農場及醒靈宮，上述 4 間客家廟宇的歷史發展及概況已有學賢探討，其與醒靈宮的互動關係，並非本研究的論述重點，不過在文中仍會略有涉及。

日治時期的判別是依據官方的紀錄，官方對於族群別的認定是採「父系」。田野調查中口述訪問認定客家人的方式，是採用口述人（報導人）的「認同意識」。以上主要辨認客家人的的兩種方式，卻無法處理到「異族通婚」與「跨族收養」的問題，〔註75〕也是本研究必然不足之處，在此先行說明。

二、研究方法

（一）文獻探究法

從事歷史研究，必須對研究領域和對象，具有歷史或參考的圖書資料，

〔註72〕邱彥貴，〈福佬客篇〉，收入徐正光主編，《台灣客家研究概論》，頁 70～72。

〔註73〕二林廣福宮、埤頭廣興宮 2 座客家廟調查，可見池松華，〈客家移民的守護神（客家族群研究之三）——二林區客家廟宇之探討〉，頁 187～190。

〔註74〕溪州覆靈宮、北斗鎮廣福宮的歷史沿革，請參考洪長源，〈北斗地區客家分布調查〉，收入邱彥貴等撰，《彰化縣客家族群分布調查》，頁 300～308。

〔註75〕異族通婚與跨族收養對族群認同的影響，可參閱林淑鈴，〈異族通婚與跨族收養：日治時期前、中、後、先鋒堆客家與其他族群互動的軌跡〉，《高雄師大學報・人文與藝術類》，33（高雄，2012.12），頁 161～190。

如清代的地方志、日治時期官方刊物、調查報告書、臨時台灣戶口調查資料、帝國大學畢業論文、台灣日日新報。戰後的專書著作與期刊論文、碩博士論文及各類報紙。進行廣泛的蒐集、整理以及文獻回顧，以利熟悉研究領域的相關理論，掌握最新的研究動態和成果，以及積極運用資料庫快速搜尋的便利性。

（二）田野調查法

　　田野調查目的在於彌補文獻資料的不足，針對廟內一整年所舉行的宗教儀式詳加記錄，如 1 個月 3 次的扶鸞期日、神明誕辰祝壽大典、中元普渡等等，實際參與廟會活動，觀察客家人有別於福佬人的祭祀活動。前往與醒靈宮的「聖鸞聯盟金蘭結義姊妹宮」與友廟勘查，留意廟宇的各種碑記、匾額、功德祿位，捐獻芳名錄等等文物，關注廟宇與人群之間的互動關係。

　　透過鍥而不捨的田野調查，獲得一手資料有鸞書《醒世金篇》可供建構歷史、2011 年各項祭典丁口錢登記簿，得以分析參與角頭、戶數與收入明細。以及 70 年代以來的扶鸞降詩記錄簿和《醒靈宮誦經讀本》等等。

（三）深度訪談法

　　上述的田野調查進行中或整理資料之後，選定口述的對象，針對特定問題擬設訪談表，譬如廟中鸞生和管理委員會委員以及一般的信眾，藉由他們的歷史記憶，提供更多元且廣闊深層的珍貴素材，加以比對史料，與田野調查資料共同彌補現存文獻上缺陷，回復源成農場和醒靈宮早期的歷史軌跡。

三、章節安排

　　本論文共六章，除了第一章緒論和第六章結論外，第二章陳述閩粵漢人移入彰化平原並建立漢人社會的族群互動。彰化平原開墾初期福佬人、客家人共同合作齊心參與的社會活動，隨著生存壓力的逼迫，族群間的衝突械鬥日漸嚴重，客家人人數少力量弱被迫隱形，不僅語言流失且忘記自身為客家人，成為全台灣最多福佬客區域。

　　第三章分析源成農場的設立與經營、招募客家人所形成的客家聚落，以及醒靈宮在業佃紛爭事件的角色。愛久澤直哉擁有政經社會的濃厚背景與力量、搭上政府的土地調查、糖業、移民等政策，源成農場設立可說是官方與日本資方「資本主義化」的因素總結。農場勞力缺口補充以福佬人居多，客家人其次。業主為安頓客家移民，統一分配房舍形成集居的客家聚落。製糖

場曾爆發收購價格偏低的紛爭事件，客家人所建的醒靈宮扮演調和各方勢力的公共空間。「源成七界」分別指稱地域與族群，前者被迫窄化源成農場範圍，因為面積實際上有 10 個大字村莊；後者則是擴大解釋 9 個大字村莊之客家地方社會。

　　第四章討論醒靈宮的鸞堂淵源與其廟群的建設發展，解析內部的意涵與業主對於漢人宗教信仰的態度。以文獻看來，醒靈宮的前身醒世堂，似與其認定為母廟的苗栗玉盧宮無任何關係，不過客家移民創造新的歷史和集體記憶，藉此連結和保存思鄉情懷。愛久澤直哉支持醒靈宮與萬善祠的建立，以及相關宗教捐獻行為，運用宗教信仰深刻地直抵漢人心裡，實為有效的管理統馭之方法，並且創造雙贏。

　　第五章進一步闡釋醒靈宮各個層面所展現的客家認同。說明「內在團結」與「外在威脅」促成客家人建立醒靈宮，並成為其族群的象徵符號。民國 70 年代大部分彰南平原客家人都參加醒靈宮的重建，再一次展現「彰南客家共同體」。醒靈宮建祀文教性質濃厚的孔子廟與聖蹟亭，核心動力在於鸞堂系統富含深層的儒家色彩。其次，醒靈宮的建築構件（龍神、棟對），處處表達及遵循客家傳統與認同。

　　鸞生與管理經營組織大部分是客家人，外女生誦經團多數由客家媳婦的福佬人組成。當祭典儀式進行之時皆使用客家話唱誦，宗教場所成為學習、傳承客家話的積極場域。祭祀圈涵蓋 3 鄉鎮 23 個客家角頭，獨特的分配模式具有公義分擔祭祀經費，也因其設計導致結構正在崩解，然而脫離「公廟」醒靈宮的角頭依然參加小區域的客家「庄廟」，顯現仍舊鞏固了客家群體與意識。藉由 1 年 11 項慶典儀式反覆演訓，聯繫了區域人群以及凝聚彰南地方社會的客家意識，使得「彰南客家共同體」的認同感不斷的實踐與擴散感染。

第二章　清代彰化平原的社會發展與福客關係

　　彰化平原的氣候與地理環境適合人類居住，屬南島語民族的台灣平埔族十大番社分布於此，可是最後被同化、離開祖居地。平埔族的歷史落寞無非就是閩粵漢人侵墾所造成。漢人當中的福佬人與客家人，清季紛紛遷移到彰化平原謀求生存空間，依序建立屬於自我族群的村街、街市。藉著頻繁的接觸與互動，加上械鬥、隱形與同化，清末的客家人多數已不會說客家話了，成為了不折不扣的福佬客。彰化平原的福客緊張關係，影響福佬客的分布地圖，這一段歷史現在已被人們提起與再記憶。

第一節　清代彰化平原漢人社會的建立

一、平埔族的漢化與遷徙

　　閩粵漢人尚未入墾彰化之前，彰化平原有兩支語言系統的平埔族生活其中，為巴布薩族（Babuza）與洪雅族（Hoanya）。彰化平原的平埔族約可分為十大社群，分別為阿束社、馬芝遴社、二林社、柴仔坑社、半線社、眉裡社、東螺社、大突社、貓羅社、大武郡社。〔註1〕大約在 1740 年代，中台灣的漢

〔註1〕洪麗完對於十大番社的原始地理範圍、舊社址、新社址、遷移地與年代均有詳細的考察，見氏著，《熟番社會網絡與集體意識——台灣中部平埔族群歷史變遷（1700～1900）》（台北：聯經，2009），頁115～118。

人總人口數已逐漸超越平埔社群，約略在 18、19 世紀之交，漢人完全取得優勢族群的地位，從早期漢番的對立，轉變爲乾隆末葉漢人相互械鬥可說明之。19 世紀初中葉，全台各地的平埔族社，幾乎同時展開遠離故居的大遷徙活動。〔註2〕中部平埔族曾有 2 次較大的遷徙，分別是嘉慶 9 年（1804）遷入噶瑪蘭與道光年間幾波入墾埔里，土地流失是促使遷移的重大因素，造就之因有（1）經濟壓力（餉課壓力、缺錢、口糧不足）；（2）無力自墾（人力不足、地大、偏遠、墾種困難），其中以經濟壓力爲主因。漢人墾地日廣，番人收入減少無力繳餉，加上通事、社商欺壓和剝削，導致必須租售土地換取金錢或糧食。公差勞役也對社番造成了重大負擔無法力農，面對漢人之侵耕與壓迫，平埔族曾採取反抗、告官、遷居、漢化。〔註3〕

洪麗完研究熟番移居埔里，說明中部平埔族變成少數族群時，便積極尋找漢人社會外可立足的生活空間，而出現「熟番集體意識」。因爲外在環境、不同團體的互動關係所促成的人群區別，進而組成具有明顯我群與排斥他群性質的組織，入埔之後亦能繼續發展其集體性認同。當中屬於特定族群、經濟力佳、認同感強的社人最有可能參與遷徙。〔註4〕張素玢針對彰南地區的平埔社群提出「水文」社群遷移說：濁水溪的水患威脅與不穩定，亦是促進東螺社、眉裡社、二林社積極求去的原因。〔註5〕

二、漢人社會的建立與行政建置

明朝永曆 15 年（1661）4 月鄭成功軍隊登陸台灣，永曆 16 年（1662）2

〔註2〕洪麗完，《熟番社會網絡與集體意識——台灣中部平埔族群歷史變遷（1700～1900）》，頁 137。

〔註3〕黃富三，〈清代台灣漢人之耕地取得問題〉，收於黃富三、曹永和主編，《台灣史論叢·第一輯》（台北：眾文，1980），頁 201～213。施添福，〈清代台灣岸裡地域的族群轉換〉，收錄於潘英海、詹素娟主編，《平埔研究論文集》（台北：中央研究院台灣史研究所籌備處，1995），頁 301～332。反抗事件例如彰化縣內凹莊、柳樹湳汛番殺兵民事件，陳哲三對其來龍去脈有專文討論，見氏著，〈18 世紀中葉中台灣的漢番關係——以彰化縣內凹莊、柳樹湳汛番殺兵民事件爲例〉，《逢甲人文社會學報》，19（台中，2009.12），頁 143～173。告官事件譬如郭百年事件，見姚瑩〈埔里社紀略〉一文有詳細的記載，收於氏著《東槎紀略》（南投：台灣省文獻委員會，1996），頁 32～40。

〔註4〕洪麗完，《熟番社會網絡與集體意識——台灣中部平埔族群歷史變遷（1700～1900）》，頁 312～325、343～345。

〔註5〕張素玢，《歷史視野中地方發展與變遷：濁水溪畔的二水、北斗、二林》（台北：台灣學生，2004），頁 100～104。

月與荷蘭人簽訂締和條約，〔註6〕鄭氏政權正式領有台灣。初設承天府和天興、萬年兩縣，今彰化平原即包含在萬年縣的轄區，劉國軒曾率百人鎮守半線並實施寓兵於農。〔註7〕永曆37年（1683）7月鄭軍與施琅所率清軍大戰於澎湖，鄭軍大敗，同年9月鄭克塽投降。因為清朝對於台灣棄留未定，康熙23年（1684）2月施琅上呈〈恭陳台灣棄留疏〉，〔註8〕同年3月康熙認為：「台灣棄取，所關甚大。鎮守之官三年一易，亦非至當之策。若徙其人民，又恐失所；棄而不守，尤為不可。」〔註9〕康熙此言結束數月對於台灣之棄留爭議，隨後將台灣劃分一府三縣，隸屬福建省管轄。

　　清朝領台初期，若要說消極治台的政策，最具代表性為〈渡台禁令〉，其令3條：（1）欲渡船台灣者，先給原籍地方照單，經分巡台廈兵備道稽查，依台灣海防同知審驗批准，潛渡者嚴處、（2）渡台者不准攜帶妻兒家眷，業經渡台者，亦不得招致、（3）粵地屢為海盜淵藪，以積習未脫，禁其民渡台。這3條禁令可能不是從康熙23年（1684）就立即頒布且具體的條文，〔註10〕不過已延遲台灣的開發、形成嚴重的社會問題以及偷渡之風。〔註11〕清代閩粵兩省地狹人稠、山多田少、生活困難，而台灣土地肥沃人煙稀少、謀生容易。內地人民迫於生計，紛紛冒險偷渡台灣進行農耕或貿易等等。〔註12〕

〔註6〕東征台灣到與荷方簽訂條約的過程，可見陳三井總纂，《鄭成功全傳》（台北：台灣史蹟研究中心，1979），頁142～175。其條約內容可見江樹生，〈鄭成功與荷蘭人在台灣最後一戰及換文締和〉，《漢聲》，45（台北，1992.9），頁72～79。

〔註7〕清・郁永河，《裨海紀遊》（南投：台灣省文獻委員會，1996），頁56。曹永和亦言在永曆30年（1676）後有鄭氏部將開拓彰化附近，見氏著，〈鄭氏時代台灣之墾殖〉，《台灣早期歷史研究》（台北：聯經，1979），頁280。

〔註8〕清・施琅，〈恭陳台灣棄留疏〉，《靖海紀事》（南投：台灣省文獻委員會，1995），頁59～63。

〔註9〕台灣銀行經濟研究所編輯，《清聖祖實錄選輯》台灣文獻叢刊第165種（台北：台灣銀行經濟研究室，1963），頁131。

〔註10〕其看法見鄧孔昭，〈清政府禁止沿海人民偷渡台灣和禁止赴台者攜眷的政策及其對台灣人口的影響〉，收入鄧孔昭主編，《台灣研究十年》（廈門：廈門大學出版，1990），頁250～255。

〔註11〕〈渡台禁令〉三條禁令曾經五禁四弛，面臨當時高人口壓力的反應，對偷渡嚴加禁止，而攜眷入台的政策則時開時禁，粵人渡台乾隆末年就已解除。〈渡台禁令〉直到欽差大臣沈葆楨的奏請，才於光緒元年（1875）正式廢止，詳閱黃秀政，〈清代治台政策的再檢討：以渡台禁令為例〉，氏著，《台灣史研究》（台北：台灣學生書局，1992），頁153～166。

〔註12〕莊吉發，〈清初閩粵人口壓迫與偷渡台灣〉，《大陸雜誌》，60：1（台北，1970.1），

　　台灣開發順序大致是由南至北、由西向東。清代彰化平原的開發時間，可以從康熙56年（1717）刊行的《諸羅縣志》略知一二：

> 當設縣之始……流移開墾之眾，極遠不過斗六門。北路防汛至半線牛罵而止……然虎尾、大肚，人已視爲畏途……43年秩官、營汛，悉移歸治；而當是時，流移開墾之眾已漸過斗六門以北矣。自49年……蓋數年間而流移開墾之眾，又漸過半線大肚溪以北矣。〔註13〕

　　康熙23年（1664）設立諸羅縣時，轄域爲今日曾文溪以北，一直到北部基隆，當時漢人開墾腳步最遠只到現今的斗六一帶。康熙35年（1696）刊行的《台灣府志》已記載有半線莊，證實半線（今彰化市）已有零星的漢人入墾，〔註14〕《諸羅縣志》所言康熙43年（1704）開墾之眾漸過斗六的情形，應是指大規模的移墾行動。〔註15〕到了康熙49年（1710），閩粵移民的開墾行爲普遍已經渡過大肚溪。

　　隨著漢人拓墾推進，產生遼闊區域統治力過於薄弱的問題，使得胥吏與強豪任意恣爲，周鍾瑄與陳夢林曾有增置縣邑之議論，〔註16〕惜未經疆吏等正式向清廷提出。〔註17〕康熙60年（1722）朱一貴事變後，清廷逐漸注重台灣軍事與政治防務，藍鼎元建議應劃諸羅縣以北新設一縣治理。〔註18〕雍正

頁25。

〔註13〕 清·周鍾瑄、陳夢林，《諸羅縣志》（南投：台灣省文獻委員會，1993），頁110。

〔註14〕 清·高拱乾，《台灣府志》（南投：台灣省文獻委員會，1993），頁37。

〔註15〕 林文龍，《台灣中部的開發》（台北：常民文化，1998），頁75～76。

〔註16〕 「獨北路以千里之邊境日闢日廣，聯爲一縣，彈壓以參將一營九百四十之官兵，合則阨塞多而不足以設備，分則形勢絀而不足以建威。今昇平無事，其稍遠者已難爲駕馭矣……淡水以南至半線三百餘里，水泉沃衍，多曠野平林，後壟諸港實與鹿仔、三林、海豐、笨港各水汛相爲表裏，宜割半線以上別爲一縣，聽民開墾自如。」參見清·周鍾瑄、陳夢林，《諸羅縣志》，頁111～112。又見「委千里之邊境於一營九百四十之官兵、一知縣典史巡檢之耳目，使山海之險弛而無備，將必俟羊亡而始補牢乎！」同書，頁114。

〔註17〕 洪麗完，〈大安、大肚兩溪間墾拓史研究（一六八三～一八七四）〉，《台灣文獻》，43：3（南投，1992.9），頁233。

〔註18〕 「諸羅地方遼闊，鞭長不及，應劃虎尾溪以上另設一縣，駐箚半線，管轄六、七百里。」又言：「虎尾溪天然劃塹。竊謂諸羅以北，至此可止，宜添設一縣于半線。自虎尾以上至淡水、大雞籠，山後七八百里歸半線新縣管轄。然後北路不至空虛，無地廣兵單之患。吏治民生，大有裨補。不知當局可有同心否？跂予望之！」參見清·藍鼎元，《東征集》（南投：台灣省文獻委員會，1997），頁35、85。

元年（1723）巡視台灣御史吳達禮再次奏言。〔註19〕是年，清廷在虎尾溪以北增設彰化縣和淡水分防廳。取名爲「彰化」，是爲「彰聖天子丕冒海隅之化歟」，〔註20〕與諸羅縣改名爲嘉義的意義相同，都是以武功平定朱一貴事件有關，〔註21〕藉以彰顯王化。雍正9年（1731）清朝將大甲溪以北之地的刑名及錢穀，劃歸淡水同知就近管理。〔註22〕此際彰化縣的管轄範圍，確立在虎尾溪以北、大甲溪以南，其縣治設在半線（今彰化市）。一直到150年餘後，光緒13年（1887）台灣建省才又進行調整，其縣治範圍縮減至北界大肚溪、南臨西螺溪，東括八卦山，西面臨海，相當於今日轄區。〔註23〕

　　彰化縣首次出現漢人街莊爲康熙35年《台灣府志》所載「半線莊」；康熙56年《諸羅縣志》已出現「半線街」，說明開始具有商業功能；乾隆7年《重修福建台灣府志》出現大量的漢人聚落，並出現「保」來管轄各街莊，可視爲漢人移墾彰化平原高度成就的展現；乾隆12年《重修台灣府志》記載上保街莊數目沒有改變；乾隆30年《續修台灣府志》增加2保1街，但是各莊數量變少，應只記載較重要的莊落；道光16年《彰化縣志》多數的保一分爲二，街與莊的數字也大幅增加（以上參見表2-1），〔註24〕此時清代彰化縣全境內461甲田園即有1街，街市的興起可見一斑。〔註25〕彰化平原的漢人聚落，大約是依生態環境的自然排列，沿著八卦台地山麓密集，大體與番社相近。待水圳修築後，漢人村莊向西沿著幾個大水圳系統的灌溉埤圳作現狀分布。當時的濁水溪和西螺溪之間、以二林爲中心的三角地帶聚落最爲疏落，

〔註19〕「諸羅縣北半線地方民番雜處，請分設知縣一員，典史一員。其淡水係海岸要口，形勢遼闊，並增設捕盜同知一員。」台灣銀行經濟研究所編輯，《清世宗實錄選輯》台灣文獻叢刊第167種（台北：台灣銀行經濟研究室，1963），頁3～4。

〔註20〕清・王紹蘭，〈彰化縣城碑記〉，收於台灣銀行經濟研究室編輯，《台灣中部碑文集成》（南投：台灣省文獻委員會，1995），頁24。

〔註21〕「彰化舊名半線、嘉義舊名諸羅，皆以武功易名。」清・丁曰健，《治台必告錄》（南投：台灣省文獻委員會，1997），頁387。

〔註22〕「彰化縣距大甲溪一百五、六十里，溪北更爲遼遠：一切錢糧、命盜等項悉令赴縣，殊屬不便。請將大甲溪以北地方，歸淡水同知就近管理。」台灣銀行經濟研究所編輯，《清世宗實錄選輯》台灣文獻叢刊第167種，頁36。

〔註23〕有關彰化縣歷史上行政區域的變遷，可參閱施雅軒，《台灣的行政區變遷》（台北：遠足，2003）。

〔註24〕參閱陳宗仁，《彰化開發史》（彰化：彰化縣文化局，1997），頁46～60。

〔註25〕溫振華，〈清代台灣中部的開發與社會變遷〉，《台灣師大歷史學報》，11（台北，1983.6），頁37。

很可能是濁水溪屢次泛濫改道，村落被淹沒或被迫遷移的結果。〔註 26〕清代
各保的行政區約略符合平埔社的社域，如半線保、東螺保、大武郡保，說明
漢人入墾之初，區域的認知是源自平埔族人的稱呼。〔註 27〕清代台灣中部由
原住民社會轉變爲漢人社會，可從大傳統與小傳統的論述觀察之：彰化縣城
儒學、書院的建立，咸豐、同治年間，高級功名人數較前大增，說明大傳統
文化的整合程度加強；小傳統文化的發展，從宗教信仰（媽祖信仰普遍化、
地域性信仰中心的形成），以及道光年間祭祀公業的成立漸多皆是。清代中部
漢人社會整合的最高表現，應是丘逢甲的抗日運動。〔註 28〕

表 2-1：清代方志所載彰化平原之漢人保街莊

年代	方志	漢人之保街莊
康熙 24 年（1685）	蔣毓英《台灣府志》	無載
康熙 33 年（1694）	高拱乾《台灣府志》	1 莊：半線莊
康熙 56 年（1717）	周鍾瑄、陳夢林《諸羅縣志》	1 街：半線街 1 莊：半線莊
乾隆 7 年（1742）	劉良璧《重修福建台灣府志》	7 保：半線保、燕霧保、馬芝遴保、東螺保、大武郡保、二林保、深坑仔保。
		5 街：半線街、鹿仔港街、員林仔街、三林港街、東螺街。
		72 莊
乾隆 12 年（1747）	范咸、六十七《重修台灣府志》	7 保：半線保、燕霧保、馬芝遴保、東螺保、大武郡保、二林保、深坑子保。
		5 街：半線街、鹿子港街、員林子街、三林港街、東螺街。
		72 莊

〔註 26〕施振民，〈祭祀圈與社會組織——彰化平原聚落發展模式的探討〉《中央研究
院民族學研究所期刊》，16（台北，1973 秋），頁 193。

〔註 27〕陳宗仁與張素玢皆持這種看法，見陳宗仁，《彰化開發史》，頁 90。張素玢，《歷
史視野中地方發展與變遷：濁水溪畔的二水、北斗、二林》，頁 77、79。

〔註 28〕溫振華，〈清代台灣中部的開發與社會變遷〉，頁 44～50。

乾隆30年 （1765）	余文儀 《續修台灣府志》	9保：半線保、燕霧保、大武郡東保、大武郡西保、東螺保、二林保、深坑保、馬芝遴保、鹿仔港保。
		6街：半線街、鹿仔港街、員林子街、枋橋頭街、東螺街、三林港街
		40莊
道光16年 （1836）	周璽 《彰化縣志》	16保：半線保（東、西）、燕霧保（上、下）、馬芝遴保（上、下）、大武郡保（東、西）、東螺保（東、西）、二林保（上、下）、深耕保、鹿仔港保、貓羅保。
		27街：縣城內外12街、其餘各保有鹿港大街、東螺北斗街、小埔心街、悅興街、員林街、二林街、三林街、挖仔街、打廉街、社頭街、永靖街、枋橋頭街、大城厝街、王功港街、番仔挖街。
		604莊

資料來源：蔣毓英，《台灣府志》（南投：台灣省文獻委員會，1993）。高拱乾，《台灣府志》，頁37。周鍾瑄、陳夢林，《諸羅縣志》，頁30、32。劉良璧，《重修福建台灣府志》（南投：台灣省文獻委員會，1993），頁79～80、84～85。范咸、六十七，《重修台灣府志》（南投：台灣省文獻委員會，1993），頁67～68、77。余文儀，《續修台灣府志》（南投：台灣省文獻委員會，1993），頁73～75、88～89。周璽，《彰化縣志》（南投：台灣省文獻委員會，1993），頁39～51。陳捷先，《清代台灣方志研究》（台北：台灣學生書局，1996）。

說明：貓羅保包括今日台中市霧峰、烏日轄區。

三、漢人的土地拓墾與水圳興築

　　土地的墾殖和水利設施的開鑿，是農業發展的重要基石。閩粵漢人移民初來台灣，除了原住民的社域以外，其餘土地堪稱廣闊，「先占」成為漢人獲得土地的有效辦法。此外又採取（1）買賣與租贌、（2）詐欺、（3）結婚承繼、（4）結拜讓受、（5）偽造文書、（6）交換等方式取得原住民土地來開墾。〔註29〕欲開墾荒地者，不論官、民地，都須向管轄官廳申請，稱為「請墾」，官廳派員勘查，公告無議者後，發出開墾許可證，此證稱為「墾照」或「印照」，承領者稱為「墾戶」，在定期內開墾成功，並向政府報陞納賦，稱為「陞科」，官方

〔註29〕張勝彥，〈清代台灣漢人土地所有型態之研究〉，收於氏著，《台灣史研究》（台北：華世，1981），頁61、65～68。黃富三，〈清代台灣漢人之耕地取得問題〉，頁198～201。

將其登錄在租稅簿冊上，稱其爲「業戶」。墾戶類型以具有功名之士紳、商人、力墾致富的農民爲主。〔註30〕

明鄭時期多採築「陂」蓄水，水源來自泉水或雨水，小型埤潭的蓄水有限，故旱園多水田少。入清以來移民漸多，加上康熙41年（1702）起接連的兇荒，造成米價騰貴，創造增產稻米的條件。在官方倡修水利下，掀起運用溪流水爲主的水利修築風潮，啓動台灣史上第一次農業革命，確定台灣耕地「水田化」。〔註31〕

康熙最後十年到雍正朝，彰化平原的水資源開發已獲空前的成就，彰化平原是台灣在清代最大的水圳灌溉區，清代可計的灌溉面積達 2 萬 3 千甲以上。〔註32〕乾隆 15 年（1750）左右「田」超過「園」面積增加的速度，也可說明水利興築的結果。〔註33〕清代彰化平原開發的埤圳共 33 條，早期集中在海岸隆起平原，引濁水溪或其支流作爲灌溉水源；其次，多開鑿在和美沖積扇，水源來自大肚溪；再者，位於南部的濁水溪沖積扇，開成的圳道爲最晚。〔註34〕（圖 2-1）

清代土地拓墾與埤圳修築均開放民間經營，有不少是採合股經營的方式，其方法源自中國原鄉，優點有較易籌得資金、分擔風險減少損失，並且需要「有錢」、「有勢」、「有力」各種人士搭配。〔註35〕從土地開墾、水利投資、經濟作物的種植和商業的發達，可反映台灣漢人克服困難與追求利潤之精神。〔註36〕

〔註30〕黃富三、翁佳音，〈清代台灣漢人墾戶階層初論〉，收錄於中央研究院近代史研究所編，《近代中國區域史研討會論文集》（台北：中央研究院近代史研究所，1986），頁 119～149。張勝彥，〈清代台灣漢人土地所有型態之研究〉，頁 69～70。

〔註31〕蔡志展，《明清台灣水利開發研究》（南投：台灣省文獻委員會，1999），頁 17、24～33。

〔註32〕蔡志展，《明清台灣水利開發研究》，頁 32～33、86、136、172。

〔註33〕溫振華，〈清代台灣中部的開發與社會變遷〉，頁 24～25。

〔註34〕顧雅文，〈八堡圳與彰化平原人文、自然環境變遷之互動歷程〉（國立台灣大學歷史學研究所碩士論文，2000），頁 65。

〔註35〕蔡淵絜，〈合股經營與清代台灣的土地開發〉，《國立台灣師範大學歷史學報》，13（台北，1985.6），頁 275～302。

〔註36〕參見溫振華，〈清代台灣漢人的企業精神〉，《國立台灣師範大學歷史學報》，9（台北，1981.5），頁 111～139。

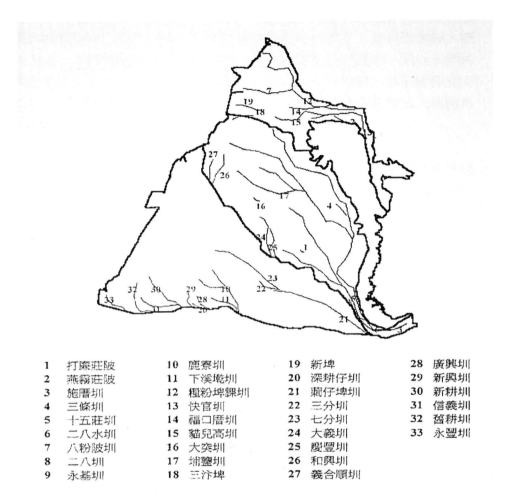

1	打廉莊陂	10	鹿寮圳	19	新埤	28	廣興圳
2	燕霧莊陂	11	下溪垅圳	20	深耕仔圳	29	新興圳
3	施厝圳	12	糶粉埠課圳	21	莿仔埠圳	30	新耕圳
4	三條圳	13	快官圳	22	三分圳	31	信義圳
5	十五莊圳	14	福口厝圳	23	七分圳	32	舊耕圳
6	二八水圳	15	貓兒高圳	24	大義圳	33	永豐圳
7	八粉陂圳	16	大突圳	25	慶豐圳		
8	二八圳	17	埔鹽圳	26	和興圳		
9	永基圳	18	三汴埠	27	義合順圳		

圖 2-1：清代彰化平原各埠圳位置圖

資料來源：顧雅文，〈八堡圳與彰化平原人文、自然環境變遷之互動歷程〉，頁 65。

第二節　清代福客共墾下的彰化平原

　　清代的彰化平原是由福佬人與客家人共同開墾而成。初期面對平埔族人數、勢力較強勢的情形，兩族群相互合作開墾土地與興築水圳，除了一些經常遭受到水害、風害、砂害或不力農耕的土地之外，福佬人和客家人合力鋪陳了彰化平原的漢人開發歷史。本節著重於彰化客家人的開墾歷史，從渡台經過、開拓與聚居地區，並以其人群所建立的寺廟為搜尋線索建構歷史紋理。

一、福佬人的開墾

彰化平原重要的墾首，在道光年間付梓的《彰化縣志》記載 3 位皆為福佬人，即施世榜、吳洛與楊志申，將其編列在人物志「行誼」條下，乃是生平合乎聖賢之道，而錄其忠孝節義。〔註37〕陳宗仁認為施世榜等人的善行是立基於龐大的家產上，而這些資產大多數來自土地開墾的投資所得。〔註38〕

施世榜之父施鹿門，原籍泉州晉江，是康熙中葉半線之墾首，靠開墾和販糖致富。施世榜繼承父業在康熙 48 年至康熙 58 年（1709～1719）開鑿八堡圳，引濁水溪溪水，灌溉半線 8 保 103 庄，約 190 餘甲之田，並以墾戶施長齡之名義，開發彰化平原。〔註39〕施長齡開墾的土地，大致分布在半線保、馬芝遴保、燕霧保，而東螺保與大武郡保亦可能有施家土地；吳洛則是參與拓墾半線保與貓羅保；楊志申開墾事業與半線保較有關係。施世榜在彰化中北部築施厝圳、福馬圳、吳洛在貓羅保開鑿萬斗六圳、楊志申則是闢二八圳等。〔註40〕施世榜與吳洛皆為較低功名階層的貢生。

表 2-2：清代彰化平原較著名之墾戶

保名	墾戶
半線保	施長齡、楊志申、吳洛、張達京、張必榮、陳錦容、陳朝珍、陳欲和、施士安、孔成宗、張光著、施姓人士等。
馬芝遴保	施長齡、陳拱、馬芝遴社番、楊光喜、蔣桂、尤美、許祐德、洪天佑、洪媽恭等。
二林保	曾機祿、曾瑞文、林華、林濟世、李朝榮、東螺社番、巫卯、巫友、楊章、楊杭、陳世輪、大突社番等。
燕霧保	施長齡、賴景春、賴景森、賴完、永怡堂施業主等。
大武郡保	施長齡、丁作周、吳圳山、蕭姓人士、曾厝崙莊人、吳林興等。
東螺保	施長齡、黃世卿、黃利英、林廖亮、張和中、東螺社番、東螺街益美

〔註37〕清·周璽，《彰化縣志》，頁 241～243。

〔註38〕陳宗仁，《彰化開發史》，頁 156。

〔註39〕王崧興，〈八堡圳與台灣中部的開發〉，《台灣文獻》，26：4（南投，1979.3），頁 42～44。有關楊志申與吳洛的生平與彰化的拓墾事蹟，可參閱連橫，《台灣通史》（台北：眾文，1979），頁 900～904。唯敘述吳洛的段落時，「雍正 17 年，以軍工咨部」應為「雍正 10 年」；「乾隆 15 年……游台郡，入某公幕」，時間點亦有誤。見鄧孔昭，《台灣通史辨誤》（台北：自立晚報，1991），頁 332～333。

〔註40〕陳宗仁，《彰化開發史》，頁 157～166。

	號黃泉、陳倫、曾峻榮等。
貓羅保	吳洛、廖來、汪佰、林稟、「番業主」李媽河等。

資料來源：陳宗仁，《彰化開發史》，頁 93～171。林文龍，《台灣中部的開發》，頁 76
　　　　～78。

二、客家人渡台拓墾

　　「客家」不僅是一種人群概念，因為特殊的生態條件、歷史情境以及族
群意識，生成於贛閩粵交界處，使得研究客家的源流，即是針對特定區域的
族群研究。〔註 41〕早年研究客家最著名學者是羅香林，其觀點闡明客家人來
自中原，五胡亂華開始 5 次南方大遷徙，客家人是中原血統最純正的漢人後
裔。〔註 42〕羅氏的研究方針，大抵是對抗「客家非漢族說」或「客家為漢族
與苗、瑤、壯、畬等族的混血種說」而來，在論點上很難擺脫民族自我中心
偏見的陰影。〔註 43〕謝重光修正以往學界將南遷漢人數量佔優勢而加以同化
土著的觀點，重新提出客家民系多元化的定義：唐代安史之亂開始，以江淮
漢人為主體的北方漢人源源南遷，進入到閩粵贛交界的山區和丘陵，與此區
域的百越種族及盤瓠蠻等南方民族，經過長期的互動融合，至南宋形成一種
不同於原住居民的舊文化與漢民原有文化的新型文化——客家文化，其載體
就是客家民系。並強調南遷漢人、百越種族、南遷盤瓠蠻這三大部分的先民
與原有文化，都是鑄造客家文化的構件。〔註 44〕

　　明代閩西和部分粵東客家人向閩南邊緣作浸澤式的向外拓展；明末清初
客家人從閩粵贛基本區（粵東、贛南、閩西）大舉對外移民，則是蛙跳式的
向外遷移。人口膨脹、戰亂、疾疫、遷界與復界政策，都是促使遷移的重要
因素。移民的方向如四川、東南亞、贛北和浙西南都是目的地，此時期當然
還包含了台灣。〔註 45〕

　　明鄭時期來台部隊以漳泉人居多，前述劉國軒在半線寓兵於農，而劉

〔註 41〕洪馨蘭，〈以區域觀點為運用的客家研究回顧（1960～2010）〉，《高雄師大學
　　　　報・人文與藝術類》，33（高雄，2012.12），頁 149。
〔註 42〕羅香林，《客家源流考》（北京：中國華僑出版公司，1989）。氏著，《客家研
　　　　究導論》（台北：南天，1992）。
〔註 43〕陳運棟，《台灣的客家人》（台北：台原，1989），頁 38。
〔註 44〕謝重光，《客家文化述論》（北京：中國社會科學出版社，2008），頁 21、
　　　　24。
〔註 45〕謝重光，《客家文化述論》，頁 204～205。

氏是汀州客家人，其部屬多有汀州客跟隨到半線駐防。〔註46〕依據謝英從的考證，花壇的北營仔和將軍宅可能是明鄭時期劉國軒的駐地遺址。〔註47〕不過隨著鄭氏的投降，這一批汀州客也多數遣返中國原籍，少部分留在台灣開墾。

　　台灣客家人移民的原鄉祖籍包含粵客（嘉應州、潮州、惠州）以及閩客（漳州、汀州）。台灣入清之初頒布的渡台禁令第3條「粵地屢為海盜淵藪，以積習未脫，禁其民渡台」多認為是施琅提議經清廷採納實施之，〔註48〕不過有學者指稱相關的官方文書未見記載，質疑施琅限制粵地移民的真實性；對此有研究者提出施琅身居水師提督要職，有權力施行此禁令，並且未必得經清廷批准不可。於是今人多認為施琅為福建人，鑑於潮州、惠州（嘉應州雍正時設立，此時仍屬潮州管轄）為海盜基地舊習未除，屢屢組織對抗朝廷，因而禁止潮、惠之人遷台，但福建客家人（漳客、汀客）未受此限。施琅於康熙35年（1696）去世之後，第3條禁令漸弛，但是並非施琅死後即全面開放粵人合法渡台，林正慧以鎮平縣的案例說明，可能是各縣自行向上請求解禁，所以粵民循官渡路線至台應是較晚期的事，早期仍舊採取偷渡方式來台。〔註49〕康熙中晚期至乾隆、嘉慶年間，粵東客家人取得了與其他地區人民赴台墾殖的同等權利，但在此之前福佬人已獲得渡台有利先機，其移民數量遠超過了客家人，多數居住在適合農耕的平原肥沃地帶。〔註50〕中國移居到台灣的客家人，以廣東嘉應州屬講四縣話的嘉應客最多，佔2分之1，分布在桃園、苗栗、南部六堆；其次是廣東惠州府屬說海陸話的惠州客，約4分之1，海陸話在新竹境內是通用語；再來是廣東潮州府屬操大埔話及饒平話的潮州客，佔5分之1，大埔話在東勢、石岡、新社的流通較為普遍，饒平話昔日在彰雲嘉仍可聽聞；還有福建汀州府屬說永定話的汀州客，約15分之1。另有

〔註46〕郭伶芬，〈清代彰化平原福客關係與社會變遷之研究——以福佬客的形成為線索〉，《台灣人文生態研究》，4：2（台中，2002.7），頁13。

〔註47〕謝英從，《彰化縣花壇鄉白沙坑開發史》（彰化：彰化縣文化局，1999），頁35。

〔註48〕學者多據此條「終將軍施琅之世，嚴禁粵中惠、潮之民，不許渡台。蓋惡惠、潮之地素為海盜淵藪，而積習未忘也。琅歿，漸弛其禁，惠、潮民乃得越渡。」參閱清‧黃叔璥，《台海使槎錄》（南投：台灣省文獻委員會，1999），頁92。

〔註49〕林正慧，《六堆客家與清代屏東平原》（台北：曹永和文教基金會、遠流，2008），頁44～47。

〔註50〕劉還月，《台灣客家族群史移墾篇（上冊）》（南投：台灣省文獻委員會，2001），頁8～10。謝重光，《客家文化述論》，頁209～212。

福建漳州府屬講詔安話的漳州客，早年來台約佔全台灣人口 17%，目前最大詔安客語位在雲林的崙背、二崙。〔註51〕

表2-3：台灣漢人移民之原鄉廳縣與方言

省份	府州	廳縣	方言／族群
福建	汀州府	長汀、上杭、武平、連城、永定	純客家區
	漳州府	雲霄、南靖、平和、詔安	部分客家區
		龍溪、海澄、長泰、漳浦	純福佬區
	龍巖州	龍巖、漳平	福、客混居區
	永春州	永春、德化	純福佬區
	泉州府	晉江、南安、惠安、同安、安溪	純福佬區
廣東	嘉應州	嘉應（梅縣）、興寧、長樂（五華）、鎮平（蕉嶺）、平遠	純客家區
	潮州府	大埔、豐順	純客家區
		海陽、潮陽、揭陽、普寧、惠來、饒平	部分客家區
		澄海	純福佬區
	惠州府	海豐、陸豐	部分客家區

資料來源：邱彥貴等撰，《彰化縣客家族群分布調查》（彰化：彰化縣文化局，2005），
　　　　　頁 18。

說明：僅錄台灣曾有該地移民的廳縣，括弧內為民國時期名稱。

　　彰化平原是幾個大墾首的號召下始大規模的開發，墾首大部分是漳泉籍，召佃入墾多是相同祖籍，這也是造成彰化平原福佬人成為優勢族群的原因之一。眾墾首亦不乏粵籍人士，例如在康熙末年粵籍黃利英邀集同籍佃人開墾東螺西保，粵籍黃仕卿拓墾東螺東保，並引濁水溪水捐資開鑿十五莊圳。〔註52〕根據郭伶芬的整理客家人參與開闢彰化平原可說是遍地開花，清代各保幾乎皆有其蹤跡（1）線東保：賴正直、呂發合、吳夢連、沈宅；（2）貓羅保：許有大；（3）東螺西保：黃利英、羅泉；（4）東螺東保：胡傳側、吳式

〔註51〕陳運棟，〈源流篇〉，收入徐正光主編，《台灣客家研究概論》（台北：台灣客家研究學會，2011 二刷），頁 25。
〔註52〕許嘉明，〈彰化平原福佬客的地域組織〉，《民族學研究所集刊》，36（台北，1973 秋），頁 169。

鴻、彭朴茂、詹廷俊、嚴純直、巫文英、彭肇華；（5）燕霧上保：游進榮、游進忍、呂如海；（6）燕霧下保：黃國帖、游心正、吳查某、詹志道、劉延魁、吳三霖、黃可久、盧剛直、張應和、梁文開、黃盛漳、朱天孝、張儒林、劉寧廳、張布強、張布遠；（7）馬芝遴保：林姓；（8）二林上保：巫爲樂、黃端雲、施慘先；（9）二林下保：涂順德、徐玉琳；（10）武東保：柳全風、游宗賜、張布強、張布遠、劉寧堂；（11）武西保：黃仕卿、饒平直、許文丙、張友經、張侃直、黃郡記、吳禹儀、許純正、巫玄儒、詹瓊瑤、詹明達、陳興茂、胡維正、胡達盛、邱華循、邱華御、邱信義、邱篤義、邱德連、吳金安；（12）深耕保：詹寬怡、詹春怡、詹登、詹華元、詹廣善、詹時溪、詹時採（以上無法涵蓋所有客家開墾人物）。康熙中葉之前以福佬人移民最多，之後客家人逐漸移入開發，乾隆年間可說是鼎盛時期。在線東保、線西保、貓羅保、燕霧上保、馬芝遴保客家人口較少，尤其是線西保幾乎沒有客家人進入，反過來說這些地方正是福佬人較多的地區。〔註53〕總的來說，大約在今日員林鎮、大村鄉、埔心鄉、永靖鄉的境內，溪州鄉、田尾鄉、田中鎮、社頭鄉、竹塘鄉等等之一部份。

三、客家人聚居之地：以寺廟爲線索

　　客家人從原鄉遷徙至彰化平原的路線，約略可分成經由諸羅縣北上，以及鹿港登陸。〔註54〕祖籍上廣東省客家人、福建省客家人皆有，以下藉由客家族群所建立的寺廟爲標誌，觀察客家人在彰化平原拓墾與聚居的史蹟。第一，「閩客」，以漳州詔安客爲最多，埔心鄉的詔安縣官陂鄉黃姓客家人，於乾隆58年（1793）建立以五顯大帝爲主祀神的五通宮，初期祭祀圈以埤腳莊黃姓居民客家人爲主。五通宮第一次擴建在嘉慶19年（1814）成功整合現今4鄉鎮5角頭，這5角頭居民大都來自漳州詔安黃姓移民。同姓宗親和地緣關係是五通宮祭祀圈擴大的兩大要素。〔註55〕汀州客家人在台灣以定光古佛爲主祀神肇建之寺廟，爲淡水鄞山寺和彰化定光佛廟。因此，彰化的福建汀州客雖少，也難以忽略他們的存在。《彰化縣志》載：「定光庵：在縣治內西北。

〔註53〕郭伶芬，〈清代彰化平原福客關係與社會變遷之研究——以福佬客的形成爲線索〉，頁16～19。
〔註54〕許嘉明，〈彰化平原福佬客的地域組織〉，頁171。
〔註55〕黃翠媛，〈寺廟與地域社會——以彰化縣大村鄉五通宮爲中心探討〉（國立台灣師範大學歷史學系在職進修專班碩士論文，2006），頁58～67。

乾隆 26 年永定縣士民鳩金公建，道光 10 年貢生呂彰定等捐修。祀定光古佛。」
〔註56〕定光佛廟位於現今彰化市，乾隆 26 年（1761）捐建的縣民及信徒基礎
來自汀州永定縣的客家人，定光佛廟方自稱爲汀州會館，甚至自認爲「永定
會館」。〔註57〕可視爲汀州客的互助團結象徵。〔註58〕

　　第二，「粵客」，彰化平原的廣東省客家人除少數來自惠州府陸豐，潮州
府大埔、豐順、揭陽，嘉應州鎮平、長樂外，壓倒性爲潮州府饒平祖籍者。
〔註59〕早期研究均將三山國王信仰直接連結爲「客家人專屬特有信仰」，於
是有三山國王的地區，必然是客家人的居住地或曾經居住的地方。此種舊說
經邱彥貴討論十八、十九世紀粵地人民在台遷移之時，三山國王信仰分布範
圍是潮州府全境、嘉應州本州（程鄉）及興寧縣，惠州府海豐、陸豐，其信
徒包含福佬人和客家人，揭示了其信仰並無明顯的方言群、族群上的區隔。
〔註60〕謝重光指出三山國王是粵東地區民眾，客家人、福佬人、畲族共同的
信仰守護神，在台灣三山國王則是粵東福佬和客家移民的守護神，此信仰從
未發展或改造成族群色彩濃厚的福佬神或客家神。〔註61〕此後學者研究成果
多指向「三山國王非客家人特有的信仰」。杜立偉評釋早年的研究誤解，乃
是忽略原鄉地區的族群屬性與分布情形，以及簡化族群的類別。三山國王信
仰應該從屬地（粵東）的視野來解讀，而非從屬人（客家人）的角度來分析。
〔註62〕因此，以三山國王的宗教信仰來找尋客家人蹤跡是一條有效途徑，但
以三山國王廟來指認客家不是一項可靠的指標。〔註63〕近年來邱彥貴將台灣
三山國王信仰分爲 4 種類型，會館型、客底型、防番型，以及尚待定案的潮

〔註56〕清・周璽，《彰化縣志》，頁 158。
〔註57〕黃健倫，《定光佛與彰化定光佛廟》（彰化：定光佛廟，1996），頁 78。
〔註58〕按該廟規定，委員僅能由創廟的汀州客後裔世襲，排除其他族群成爲委員，
　　　因此，它是屬於一座保守封閉的廟宇，參見林瑤棋的論述，〈汀州客的團結象
　　　徵——以彰化定光佛廟爲例〉，《台灣源流》，44（台中，2008.9），頁 123～131。
〔註59〕邱彥貴等撰，《彰化縣客家族群分布調查》，頁 20。
〔註60〕邱彥貴，〈粵東三山國王信仰的分佈與信仰的族群——從三山國王是台灣客屬
　　　的特有信仰論起〉，《東方宗教研究》，3（台北，1993.10），頁 120～128。
〔註61〕謝重光，〈三山國王信仰考略〉，《世界宗教研究》，2（北京，1996），頁 108
　　　～109。
〔註62〕杜立偉考察並羅列三山國王是否爲客家人特有信仰的新舊說法，見〈台灣三山
　　　國王信仰研究述評〉，《台灣文獻》，59：3（南投，2008.9），頁 136～144、159。
〔註63〕施添福，〈從台灣歷史地理的研究經驗看客家研究〉，《客家文化研究通訊》，
　　　1（桃園，1998.10），頁 15。

州福佬型。其在彰化平原有會館型和客底型，前者如彰化市鎮安宮，爲潮屬的福客兩族群共祀；客底型又可分成「時空性遺址」：原有客家人居住，多因械鬥而遷徙，譬如鹿港、溪湖荷婆崙、埔鹽打簾；另一種則是「時間性遺址」：客家人轉變成福佬客，譬如彰化粵籍福佬客。此類型可作「客家索引」工具。〔註64〕誠如曾慶國所研究的彰化平原客家人與三山國王信仰的關係，其廟宇集中在埔心鄉、永靖鄉、田尾鄉、員林鎮、竹塘鄉等鄉鎮。〔註65〕

第三節　清代彰化平原的福客關係與福佬客

　　彰化平原的福佬人、客家人生活在開放性的社會空間，各層面的互動接觸頻繁，以（一）福客的自然融合關係而論；（1）共墾：在台灣開發過程中，乾隆之前是各籍移民合作共同開墾的時期，原住民力量強大，福佬人和客家人集中力量防禦，共墾土地，完成彰化平原的開墾事業，康熙雍正年間，墾戶招集福客移民，共同開發彰化平原，如施世榜、楊志申皆是；（2）公共事務的參與：福客移民的地方家族爲居家或交通便利，或是維持社會地位，經常共同參與築城（彰化城）、建廟（孔廟、彰邑關帝廟）、捐建學校（白沙書院、興賢書院）、造橋、鋪路等；（3）媽祖的崇祀：參與南瑤宮的媽祖神明會（老四媽會、聖四媽會）、南瑤宮與鎮安宮的關係、天門宮與鎮安宮的關係；（4）宗族往來：客家人對成立祭祀公業十分熱衷，光緒19年（1893）邱萃英在永靖創立「邱（丘）氏大宗祠」，扮演福客邱氏會館的角色；（5）其他：共同接受教育（興賢書院）、福客相互通婚。〔註66〕

　　既然有融合關係，便有（二）福客衝突，其情形如（1）大吃小：客家人族群人數較少，村落都是零星的小庄，與漳泉人群比鄰雜處，無論財勢均不如他人，經常成爲其他人群或姓氏欺壓的對象，出現「人多吃人少」、「大姓吃小姓」；〔註67〕（2）民變械鬥：清代彰化縣埔心和永靖泉、漳、汀、潮、

〔註64〕邱彥貴，〈台灣三山國王信仰異見〉，《客家文化季刊》，3（台北，2003.4），頁4～9。氏著，〈三山國王信仰：一個台灣研究者的當下體認〉，收於趙欽桂、傅玟青主編，《2007保生文化祭：道教神祇學術研討會論文集》（台北：台北保安宮，2009），頁107～115。

〔註65〕詳閱曾慶國，《彰化縣三山國王廟》（南投：台灣省文獻委員會，1999）。

〔註66〕郭伶芬，〈清代彰化平原福客關係與社會變遷之研究——以福佬客的形成爲線索〉，頁25～33。

〔註67〕許嘉明，〈彰化平原福佬客的地域組織〉，頁171～172。

嘉之民混雜其間，族群多元無地可出其右，閩客族群和音系社群的差異，省
籍意識及族群認同差異，加上彰化平原較佳的農業耕作條件，一有風吹草動，
族群、社群與宗族之間對土地、水資源的爭奪引發械鬥，〔註 68〕伴隨著官方
行政能力薄弱和班兵效能不佳的情形，繼而尋求同籍人士互助合作、共長聲
勢，終使族群間相互猜忌且仇恨日深，產生長期性的分類械鬥。〔註 69〕清代
台灣所發生的福客械鬥，在史料上可供查考為 51 次，74%範圍在同一縣內，
80%在一個月內結束，70%參加人數在 100 人以下，多數是因為人民起事（民
變）或爭執這兩部分所引起。〔註 70〕發生在彰化平原福、客都有參與的民變
械鬥，在此列舉較為著名的 7 次，分別為（1）乾隆 51 年（1786）林爽文案、
（2）乾隆 55 年（1790）張標案、（3）乾隆 60 年（1795）陳周全案、（4）嘉
慶 14 年（1809）黃洪案、（5）道光 6 年（1826）李通案、（6）道光 24 年（1847）
陳結案、（7）同治元年（1862）戴潮春案。〔註 71〕茲以《彰化縣志》所記載
的李通案為例，其內容記述：

> 東螺保睦宜莊賊匪李通等，因竊黃文潤豬隻起釁，互相鬥狠。自是
> 各處匪徒，乘機散布謠言，謂是閩、粵分類。莊民聞風蠢動，各處
> 搬徒。匪徒乘勢，糾黨劫掠，集眾焚殺。員林一帶粵人，紛紛搬入
> 大埔心莊及關帝廳等處，堅守防禦。〔註 72〕

由於客家人較少，多數和泉、漳人一方合作，很少單獨挑釁福佬人，除非是
得到官方的協助。由於泉州人的強勢，客家人紛紛搬往族群聚居之處，這條
族群界線相當於今日溪湖鎮、埔心鄉、永靖鄉的鄉鎮界線，以西是泉州人；
以東是客家人。〔註 73〕

〔註 68〕韋煙灶，〈彰化永靖及埔心地區閩客族群裔的空間分布特色之研究〉，《地理研究》，59（台北，2013.11），頁 16。
〔註 69〕詳見林偉盛的論述，《羅漢腳：清代台灣社會與分類械鬥》（台北：自立晚報，1993）。
〔註 70〕許文雄，〈十八及十九世紀台灣福佬客家械鬥〉，收入蔣斌、何翠萍主編，《第三屆國際漢學會議論文集，人類學組：國家、市場與脈絡化的族群》（台北：中央研究院民族學研究所，2003），頁 157～171。
〔註 71〕整理自林偉盛，《羅漢腳：清代台灣社會與分類械鬥》，頁 49～58。另外，林氏未將陳周全列入。陳周全是福客協力抗清的民變，參見張菼，《清代台灣民變史研究》（台北：台灣銀行，1970），頁 59。
〔註 72〕清‧周璽，《彰化縣志》，頁 383。
〔註 73〕郭伶芬，〈清代彰化平原福客關係與社會變遷之研究——以福佬客的形成為線索〉，頁 42。

　　（三）各保客家人聚集的原因與展現；（1）遷徙頻繁：拓墾初期灌溉水源與易耕的土地，是吸引遷居的誘因，常將墾好的土地賣予福佬人，這種原因有二，是本身作季節性或週期性的移民，再者是福客之爭，被迫把已墾地讓出，譬如溪州鄉舊眉村；（2）戰爭械鬥：爲確保家園的重建與安全，紛紛搬往客家人或漳州人較多區域集中；（3）建立永靖街：嘉慶 18 年（1813）9月劉經緯、林元梅、徐鳴崗等人，因爲粵莊人稠地密，趨赴各市維艱，眾議在關帝廳莊前置田 16 甲建爲街市。〔註74〕廣東客家人主導建街計畫，共 82人入股，都是目前在員林、埔心、社頭、田尾一帶等福佬客大姓，目的是「貿易通商」、「建街聚處」。〔註75〕

　　總言之，客家人因爲移民到彰化平原人數偏少，容易被福佬人排擠或同化。初期他們和福佬人歷經共同的開墾、築城、宗教信仰、宗族活動，拉近彼此距離達到融合的效果。另一方面福客對立與衝突隨社會競爭亦趨嚴重，展現在歷史的民變械鬥中，從中發現客家人的立場十分不穩定。最後因爲地緣關係，逐漸往今日埔心鄉、員林鎮、永靖鄉、社頭鄉、田尾鄉一帶集中。爲了對抗泉州人，客家人尋求比鄰的漳州人合作，以彼此宗教信仰的寺廟基地成立超祖籍人群的七十二庄組織，從聯庄武力組織到經濟、宗教的來往等各方面，逐漸達到整合。福佬化的時間約在道光至光緒年間，從咸豐年間七十二庄成立到光緒 9 年（1883）埔心鄉、員林鎮、永靖鄉、社頭鄉以及田尾鄉的客家人參加老四媽會、聖四媽會之後，是雙方接觸頻繁的時間，也是最主要福佬化的時候。期間對於環境劇烈變化無法適應的客家人，紛紛於清代中葉離開彰化平原，其餘的完全適應周邊的語言與文化，換言之，他們對自身的弱勢文化較不執著，造成了彰化平原成爲族群融爐的原因。〔註76〕清代某些客家人在中國原鄉已具有雙語能力，或該區域正朝福佬化的歷史走向中，面對以福佬文化爲主，且族群競爭激烈的彰化平原，客家人不是離開，就是逐漸喪失自有語言與文化，成爲歷史上社會、族群整合下的「福佬客」，此一名稱最早由林衡道提出，他觀察員林的張姓家族、埔心的黃姓家族移墾

〔註74〕〈永靖建街契約書〉，收於台灣銀行經濟研究室編，《清代台灣大租調查書》（南投：台灣省文獻委員會，1994），頁 220～225。

〔註75〕郭伶芬，〈從三山國王到玄天上帝：彰化福佬客信仰的觀察〉，《彰化文獻》，10（彰化，2007.12），頁 28～30。

〔註76〕郭伶芬，〈清代彰化平原福客關係與社會變遷之研究──以福佬客的形成爲線索〉，頁 44～45、54～55。

台灣的時機極早且均爲粵東客籍移民，目前已經不會說客語。從語言、家廟
與族譜、墳墓、天公爐、宗教信仰等各方面，已被附近福佬籍所同化，而成
爲「福佬客」。〔註77〕彰化平原的客家人從早期的隱匿，後期的選擇性失憶，
甚至完全忘記客家本籍，竟然還拒絕接受客家稱謂。〔註78〕客家人轉化到福
佬客的關鍵指標，便是客家話的流失與滅絕，代表客家文化逐漸的隕落。洪
惟仁調查繪製的「台灣客家方言島消失示意圖」，也爲清季彰化平原客家文化
的洪吞與遽逝默默地撒上了惆悵的花瓣

　　清代台灣漢人祖籍分布的歷史情形，諸多學者提出不同的看法，例如先
來後到說、〔註79〕尹章義的分類械鬥說、〔註80〕施添福的原鄉生活說。〔註81〕
清代彰化客家人分布核心在埔心鄉、員林鎮、永靖鄉、田尾鄉、竹塘鄉，少
數在社頭鄉、溪州鄉、溪湖鎮等等，分布的地理位置在彰化平原的中間偏東；
小部分偏南。剛好夾在西部海線泉州人和東部八卦台地漳州人之間。〔註82〕
這種情形較貼近尹章義的分類械鬥說，但似乎並非那麼容易可以釐清福佬客
的今日聚集地域與形成之歷史因素。另一方面，各方學者研究彰化平原的福
佬客，利用祖籍、口音、三山國王等項目過於籠統指認客裔或客底，韋煙灶
討論埔心和永靖的世居家族呈現閩客族群各半的態勢：粵籍3分之2、閩籍2
分之1，粵籍來自潮州最多，祖籍又以饒平占大多數，饒平客和饒平閩比例各
半，〔註83〕警惕我們並非祖籍饒平就是客家人的誤解，其陷阱正是對中國原
鄉地理與方言使用的認識不夠透析所致。

〔註77〕林衡道，〈員林附近的「福佬客」村落〉，《台灣文獻》，14：1（南投，1963.3），
　　　　頁153～158。

〔註78〕賴志彰，〈彰化縣客家族群調查的意義及其後續研究〉，《彰化藝文》，33（彰
　　　　化，2006.10），頁401。

〔註79〕台灣總督官房調查課，《台灣在籍漢民族鄉貫別調查》（台北：台灣時報發行
　　　　所，1928），頁1～2。譯文見陳漢光，〈日據時期台灣漢族祖籍調查〉，《台灣
　　　　文獻》，23：1（南投，1972.3），頁87。

〔註80〕尹章義，〈閩粵移民的協和和對立——以客屬潮州人開發台北以及新莊三山國
　　　　王廟的興衰爲中心所作的研究〉，《台北文獻》，74（台北，1985.12），頁1～
　　　　28。

〔註81〕施添福，《清代在台漢人的祖籍分布和原鄉生活方式》（南投：台灣省文獻委
　　　　員會，1999再版）。

〔註82〕郭伶芬，〈從三山國王到玄天上帝：彰化福佬客信仰的觀察〉，頁25。

〔註83〕韋煙灶，〈彰化永靖及埔心地區閩客族群裔的空間分布特色之研究〉，頁19～
　　　　20。

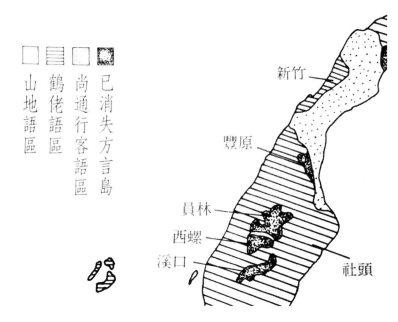

圖 2-2：1989 年中部客家方言島消失示意圖

資料來源：截圖自洪惟仁，〈台灣客家方言島消失示意圖〉，氏著，《台灣方言之旅》
（台北：前衛，2006 修訂版），無著頁碼。

小　結

　　彰化平原原先分布十大平埔番社，隨著漢人強勢入墾，不是同化就是遷移他處以求生存。大致在十七、十八世紀之交，從原住民社會轉變為漢人社會。康熙 35 年（1696）建立漢人半線莊，康熙末年已成立具有商業功能的半線街。彰化平原墾闢情形可將水利設施的開鑿程度視為指標，乾隆 15 年（1750）水田已超越旱田面積，嘉慶年以前土地、水利開發在一定程度以上。社會、經濟一片欣欣向榮的景象下，族群的鬥爭正要開始。平原開墾初期福佬人、客家人共同合作齊心參與社會活動，隨著土地、水源的生存壓力漸逼，族群間的衝突械鬥亦趨嚴重，客家人為求自保，紛紛前往族群優勢地區聚集，建立永靖街是其具體象徵。隨著泉州人的勢力強大，咸豐年間客家人與鄰近的漳州人以宗教信仰為媒介，組織超越祖籍的七十二庄對抗泉人，這一契機加速了客家人福佬化的腳步，主要福佬化的時間約在道光至光緒年間，客家人真正成為了「福佬客」，回不去的客家語言與文化，停留在根深蒂固

的傳統底蘊裡，如腔調、建築、居住空間和一些禮俗祭典上。如果想在彰化平原聽聞到廣泛又流暢客語的對談，就要等到日治時期新竹州南下的客家移民了。

第三章　源成農場的設置與客家新聚落的形成

　　台灣何時開始製糖已不可考，唯荷治時期已具有產業規模。日治時期在日本國內以及當時國際情勢下，台灣成為世界新式製糖工場的重要基地之一。

　　清末彰化平原無法順利從事農耕的土地，日治時期經過防砂、治水等工事改善後，吸引日本、台灣資本家或個人前往墾殖。日本資方因為台灣總督府的協助往往取得大面積土地拓墾，愛久澤直哉也在此浪潮下取得先機，不僅申請大片官有原野地亦購置民有土地成立源成農場。

　　本章將描述源成農場如何成為糖業帝國主義的一環，討論其面積分布、經營模式、私營移民事業以及設置的製糖場與佃農的紛爭。勞動力來源招募自鄰近福佬人以及新竹州客家人。移民的客家人因農場規劃形成聚居型態，其聚落範圍泛稱「源成七界」。

第一節　愛久澤直哉與合資會社三五公司源成農場的設立

一、二戰前台灣糖業概述

　　台灣在荷治時期已有東印度公司提供土地、生產工具等優惠條件吸引閩粵漢人前來台灣墾殖製糖，1636 年曾有外銷日本白砂糖的紀錄。〔註1〕清代傳

―――――――――――――――――

〔註1〕台灣糖業股份有限公司編，《台灣糖業前期發展史》（台北：台灣糖業股份有限公司，1991），頁2。

統製糖處所,稱作「舊式糖廍」。由圓錐形的棚屋(壓榨甘蔗)及熬糖屋(煮糖)兩個部分構成,平均 15 甲蔗田便設有 1 間糖廍,壓榨量約在 10 至 20 噸間,可產 0.5 至 1 噸赤糖,〔註 2〕無論運蔗或轉動石磨等等,大部分運用牛隻畜力。

日治時期台灣總督府一連串的糖業獎勵與改革,是帶領台灣邁向現代工業的劃時代展現。日本國內長期支付大量外匯購買砂糖,日治初期欲以殖民地台灣為砂糖供應來源解決貿易出超的問題。隨後台灣總督府決議採用新式製糖法作為台灣糖業發展方針。〔註 3〕明治 34 年(1901)9 月殖產局長新渡戶稻造提出「糖業改良意見書」,〔註 4〕此報告成為擬定明治 35 年(1902)「糖業獎勵規則」之重要準則,之後又發布「製糖場取締規則」,其重點與影響為(1)申請許可制:製糖獨佔、(2)區域性原料供給制度:原料獨佔、(3)製糖價格間接由製糖會社決定。〔註 5〕

明治 33 年(1900)台灣製糖株式會社在政府的倡導補助下成立,明治 35 年(1902)元月高雄橋仔頭製糖場開工製糖,成為台灣首座新式糖廠。明治 38 年到 42 年(1905〜1909)鹽水港、明治、新高、大日本等新式工場相繼成立。〔註 6〕新式製糖場的生產量在大正初年已獨占鰲頭,屬於台灣資本的舊式及改良糖廍,已被新式製糖會社獲得壓倒性的勝利,台灣糖業成為日本資本家的獨佔企業。〔註 7〕

為爭奪糖業利潤並進一步提高資本集聚、生產集中等因素,日治時期總共發生 3 次的製糖業合併運動,其結果在日治末期台灣製糖業由四大會社(台灣製糖株式會社、明治製糖株式會社、大日本製糖興業株式會社、鹽水港製糖株式會社)所瓜分,完全被日本企業所掌握。〔註 8〕

〔註 2〕林崇仁、楊三和,〈台灣糖業的發展與演變〉,《台灣文獻》,48:2(南投,1997.6),頁 49。

〔註 3〕顏義芳,〈日據初期糖業獎勵政策下的台灣糖業發展〉,《台灣文獻》,50:2(南投,1999.6),頁 233〜235。

〔註 4〕中譯文可詳閱陳西流譯,〈台灣糖業改良意見書〉,收於楊逸農,《台灣甘蔗糖業面面觀》(台北:華岡,1974),頁 92〜131。

〔註 5〕矢內原忠雄著;周憲文譯,《日本帝國主義下之台灣》(台北:帕米爾書局,1985),頁 208〜209;顏義芳,〈日據初期糖業獎勵政策下的台灣糖業發展〉,頁 204。

〔註 6〕台灣糖業股份有限公司編,《台灣糖業前期發展史》,頁 27、33。

〔註 7〕矢內原忠雄著;周憲文譯,《日本帝國主義下之台灣》,210〜212。

〔註 8〕涂照彥著;李明峻譯,《日本帝國主義下的台灣》(台北:人間,1993),頁 284

　　日治時期台灣新式製糖場逐漸朝向混合企業型態發展、〔註9〕進而出現卡特爾組織、〔註10〕加上生產、販賣與金融三者的結合、跨區域發展的資本累積、〔註11〕三大資本系統的壟斷控制等、讓製糖業充分地展現出資本主義的壟斷階段、金融資本主義、經濟的帝國主義等三種特徵。製糖會社積極擴充原料供給地，增加工廠生產能力，並加強在市場的壟斷地位，這與近代國家的擴張行為基本上是相同。資本家壟斷主義的國家表現，展現在糖業就形成「糖業帝國主義」。〔註12〕

二、愛久澤直哉與三五公司

　　愛久澤直哉，日本兵庫縣人，生於明治元年（1868），明治 27 年（1894）畢業於東京帝國大學政治科。明治 35 年（1902）起相繼擔任專賣局囑託以及「臨時台灣舊慣調查會」第二部（經濟部）部長，〔註13〕負責經濟調查工作，因此在產業經濟的領域具有一定資歷與熟悉。

　　明治 28 年（1895）台灣成為日本殖民地，也是日本政府籌劃與推動華南及南洋侵略的南支南洋政策發軔之日，〔註14〕台灣總督府的華南侵略受到明治 33 年（1900）「廈門事件」與明治 38 年（1905）「日俄戰爭」的影響，台灣總督府對岸的經營方針，不再輕言政治與軍事侵略，而改以經濟、文教以及社會經營為主。明治 34 年（1901）在上海的「囑託」澤村繁太郎向兒玉源太郎總督報告，上海江蘇候補道林朝棟獲得福建樟腦製造特許權，但因資金

　　　　～291、307～312、331～335。四大製糖會社演變與合併可參考台灣糖業公司
　　　　編，《台糖五十年》（台北：台灣糖業股份有限公司，1996），頁 20～22，以及
　　　　周俊霖，〈介紹日治時期台灣製糖業四大會社〉，《南瀛文獻》，8（台南，2009.9），
　　　　頁 192～213。
〔註 9〕 不單只有製糖，亦含甘蔗種植、開墾、肥料製造、鐵路軌道、酒精製造、冰
　　　　糖製造等等。
〔註10〕 防止同業間競爭導致價格下跌，明治 43 年（1910）成立「台灣糖業會」組織，
　　　　藉以獨占市場與維持利潤。
〔註11〕 在台灣累積的糖業資本，再前往沖繩、朝鮮、滿州、南洋等地投資發展。
〔註12〕 何義麟，《矢内原忠雄及其帝国主義下の台湾》（台北：台灣書房，2011），頁
　　　　109。矢內原忠雄著：周憲文譯，《日本帝國主義下之台灣》，頁 238～239。
〔註13〕 愛久澤直哉於明治 36～43 年間（1902～1910）任職第二部部長，參閱「台灣
　　　　總督府職員錄系統」，中央研究院台灣史研究所，http://who.ith.sinica.edu.tw/
　　　　mpView.action，檢索日期：2014.5.30。
〔註14〕 梁華璜，〈「台灣總督府」的對岸政策〉，《國立成功大學歷史學報》，2（台南，
　　　　1975.7），頁 137。

不足欲向台灣銀行借款。台灣總督府乃藉資助之名義，展開華南事業經略的第一步，若以官方的機構或其人員經營恐怕效果不佳，評估之後，以中日合資為名，成立負有國策會社之使命的「三五公司」作為對岸經營的全權機構。此時選擇委任的人選顯得十分重要，前述愛久澤直哉擔任專賣局囑託視察各地回台之後，其主張與兒玉源太郎在南洋政策以及後藤新平島內治理的論點不謀而合，故委派三菱派系出身的愛久澤直哉，換化成台灣總督府在華南代言人，全權負責台灣總督府的對岸經略問題。〔註15〕

　　三五公司成立的資金是由外務省、陸軍省所出的機密費、台灣總督府的補貼、及以兒玉源太郎總督名義為擔保向台銀的借款。對外完全隱瞞與台灣總督府的關係，以純私人公司的身分出現，愛久澤直哉得到台灣總督府的全面信賴和委託。若日後事業有成，公司將直屬於台灣總督府，假若經營失敗，則可歸究於愛久澤直哉一人之唐突。〔註16〕「三五公司」的名稱由來，根據三菱會社的岩崎久彌的傳記所示，是因為創設於明治35年（1902），該年愛久澤直哉也正為35歲。〔註17〕

　　明治35年（1902）成立的「三五公司」，源自與林朝棟共同開發樟腦業務，但因承載「國策」之使命，故事業範圍並非侷限一隅，以華南地區的營運機構可分為（1）教育部：廈門東亞書院、（2）調查部：出版《福建事情實查報告》（1907年、1908年）與《福建事情第二回實查報告》（1913年）、（3）事業部：福建樟腦、潮汕鐵路、福建鐵路、龍岩礦山與汕頭水道。此外還有香港、新加坡（昔屬馬來西亞）的橡膠栽培業、佛領東京（法屬越南東京灣）的採貝事業、源盛銀行的業務等等，可謂規模甚大。〔註18〕

　　三五公司在台灣總督府大力贊助的10年間（1902～1911），包括華南與南洋事業前途十分看好。但就華南業務而言，因為外務省對台灣總督府的制

〔註15〕鄭政誠，〈日治時期台灣的國策會社——三五公司華南事業經營之探討〉，《台灣人文》，4（台北，2000.6），頁157～161、178、183。

〔註16〕鍾淑敏，〈明治末期台灣總督府的對岸經營——以樟腦事業為例〉，《台灣風物》，43：3（台北，1993.9），頁207～208。

〔註17〕鍾淑敏，〈明治末期台灣總督府的對岸經營——以樟腦事業為例〉，頁204。

〔註18〕鄭政誠，〈日治時期台灣的國策會社——三五公司華南事業經營之探討〉，頁164～178。其中福建鐵路鄭氏也已作專文探討，〈日治時期台灣總督府對福建鐵路的規劃與佈局（1898～1912）〉，《史匯》，10（桃園，2006.9），頁1～18。樟腦事業可見鍾淑敏，〈明治末期台灣總督府的對岸經營——以樟腦事業為例〉，頁230～197。

約，愛久澤直哉其人性格及奢摩之風遭受非議外，台灣總督府人事如兒玉源太郎與後藤新平相繼調職，繼任的民政長官祝辰早逝，換成不同派系的大島久滿次；總督換上佐久間佐馬太著重在理蕃事務，對三五公司的補助金屢有收回之舉，及至明治44年（1911）停止補助並追討款項，三五公司作為台灣總督府的國策公司也宣告結束。此後三五公司仍繼續營運，並成為專屬愛久澤直哉個人色彩之公司。

　　早在華南事業百般受到限制時，愛久澤直哉已於明治39年（1906）前往馬來西亞謀劃橡膠產業，經營成功並獲得「橡膠王」之稱號。三五公司雖脫離國策會社的保護傘，卻能在自由市場出類拔萃。昭和8年（1933）愛久澤直哉在南洋橡膠園被併入三菱企業，昭和15年（1940）愛久澤直哉以73歲逝世後，三五公司就被併入東山農事會社名下，由三菱企業所掌控。〔註19〕

三、三五公司源成農場土地之取得來源與方式

　　三五公司在台灣經營的農場中，最著名為台中州北斗郡的「源成農場」以及高雄州旗山郡的「南隆農場」。明治41年（1908）成立的源成農場橫跨今日彰化縣的二林鎮、竹塘鄉，少部分在埤頭鄉、北斗鎮和芳苑鄉。隔一年成立的南隆農場位在荖濃溪與楠梓仙溪的沖積河床地，〔註20〕為今日高雄市美濃區的大部分，旗山區之一部份。〔註21〕2座農場的土地來源均是申請開墾官有地與收購民有地同時進行，並辦理日本農民之移民事業，又招募鄰近地區的福佬人與新竹州之客家人予以開墾土地與種植農作物。栽培的作物同樣以稻米、甘蔗為主，兼作雜糧。南隆農場生產的甘蔗供應現今的台糖旗山糖廠；〔註22〕源成農場則有自營的礱磘製糖場。南隆農場面積總共約4,000甲土地，除此之外三五公司還買下台南州新化郡山上庄750甲、高雄州岡山郡500甲，作為栽培橡膠的預定地。〔註23〕愛久澤直哉可說是在台日籍大地主之一。

〔註19〕鄭政誠，〈日治時期台灣的國策會社──三五公司華南事業經營之探討〉，頁182～184。鍾淑敏，〈明治末期台灣總督府的對岸經營──以樟腦事業為例〉，頁209～205。

〔註20〕張二文，〈日治時期美濃南隆農場的開發與族群融合〉，收錄於賴澤涵編，《客家文化學術研討會論文集》（台北：客家委員會，2002），頁235。

〔註21〕林秀昭，《台灣北客南遷研究》（台北：文津，2009），頁260。

〔註22〕張二文，〈日治時期美濃南隆農場的開發與族群融合〉，頁235。

〔註23〕平識善雄，〈台灣ニ於ケル某製糖會社ノ農場經管ニ關スル調查〉（台北帝國大學農林專門部卒業報文，1941），頁4。昭和16年（1941）平識善雄以源成

〔註 24〕源成農場的土地來源和組合，因應開發官有原野地的成功與否而改變，最終以收購民有地爲大宗，加上少部分的原野地，才眞正定型坐落的範圍。

（一）強制收購民有地

日本資本家欲設立農場或製糖場，皆需要買下大面積的土地，於是委靠台灣總督府的幫助藉由警察的勸誘或強逼人民出售土地，此情形在明治 41 到 42 年（1908～1909）中、南部的製糖會社以及私營農場都曾經得到「官憲的援助」。〔註 25〕有關源成農場強制購買土地之情形，《台灣民報》報導這段粗暴的歷史：

> 明治 41 年某月某日，天未明時，二林支廳管區內，警察隊敲打良民的家門。在不當時間襲擊的警察隊，讓從夢中醒來的農民們感到相當害怕，且十分狼狽。記載在筆記上的地主被帶走，妻子哭泣，孩子大叫，但徒勞無功，好像是戰爭中戰地的難民一樣。此時，不知是區長還是保正說早就知道警官隊會來的人們已經逃走了，逃不了的人都被帶走了。一看之下，村中的地主都來了，總算安下心來。但好像會發生什麼事，於是又開始不安。警官說了，要徵收他們要的土地。旁邊有會社的人員拿著文件等著。幾乎所有人都說：「這是祖先傳下來的土地，所以不賣。」〔註 26〕

《蔡氏族譜》亦詳實的記載：

> 三五公司源成農場明治 40 年（1907），突然有彰化廳警務課長帶著大小官吏數十人到二林，下命二林支廳長，傳召犁頭厝、丈八斗、後厝、面前厝等四地段之業主（地主），於二林媽祖宮，面諭：政府欲買此地段之土地作爲模範田，田每甲八十圓，園每甲四十圓，並訂定一週內買收完竣，如不肯賣者，暫歸國庫，並設有臨時刻印所，大地主申請印鑑證明，尚有土地登記所另派多名巡查（警察），按戶

農場作爲研究對象撰寫畢業論文，文中記述了源成農場許多重要資訊，成爲筆者建構其歷史之重要參考史料。

〔註 24〕 參見梁華璜整理的「在台日籍大地主及其土地面積」，氏著，〈「台灣拓殖株式會社」之成立經過〉，《國立成功大學歷史學報》，6（台南，1979.7），頁 206。

〔註 25〕 矢內原忠雄著；周憲文譯，《日本帝國主義下之台灣》，頁 23。

〔註 26〕 〈爭議中の源成農場の罪惡史強制買收に警官隊賣却にも警官利用〉，《台灣民報》（台灣），昭和 3 年（1928）7 月 8 日，第 216 號 10 版。

> 強迫收購辦理過户登記。(當時市價田地每甲值二百圓，園每甲值百餘圓)，吾家田園總共四十餘甲，祇賣一千六百餘圓。翌年，又以同法田地每甲百十圓，園每甲八十圓，強迫收購碥磘、五庄仔、大湖厝等三地段，事後才知此係受日商資本家（愛）久澤直哉借用政府官勢強迫收買，擬投資經營農場與糖廠。〔註 27〕

如同矢內原忠雄的研究、《台灣民報》以及《蔡氏族譜》回到當年現場般眞實的記述。明治 40 或 41 年（1907～1908）起愛久澤直哉在台灣總督府運用統治權搭配警務系統強制收購二林下堡（犁頭厝、後厝仔）、深耕堡（丈八斗、碥磘、面前厝、五庄仔）、東螺西堡（大湖厝）的部分土地成立源成農場。〔註 28〕雖然庄眾一再說明不賣祖宗田，官方卻請來刻印師，強迫收購辦理過戶登記，臨時設立的地政事務所，在現今二林鎮立托兒所。〔註 29〕使得多數人世代祖傳的土地一夕之間喪失。

表 3-1：源成農場購買民有地之地段

大正 9 年前 堡名	大正 9 年後 街庄	大字	今日行政區劃 （2014）
深耕堡	二林街	碥磘	二林鎮復豐里
			二林鎮東華里
		丈八斗	二林鎮西斗里
			二林鎮原斗里
二林下堡		後厝	二林鎮後厝里
		犁頭厝	二林鎮東興里
			二林鎮興華里
深耕堡	竹塘庄	面前厝	竹塘鄉小西村
			竹塘鄉民靖村

〔註 27〕蔡淵騰編，《蔡氏族譜》(無著年代)，由蔡慶欣提供給張素玢。轉引自張素玢，〈私營農場與二林地區的變遷（1900～1945）〉，頁 60～61。

〔註 28〕上述堡名以當時行政區劃書寫，若以大正 9 年（1920）實施的州郡街庄制，則是二林庄（犁頭厝、後厝仔、丈八斗、碥磘）、竹塘庄（面前厝、五庄仔）、埤頭庄（大湖厝）。二林庄在昭和 12 年（1937）升格爲二林街，以下敘述將視年代調整名詞用法。

〔註 29〕張雙喜口述；魏金絨採訪，〈日據時代源成農場的設立與沒落〉，收錄於楊素晴總編輯，《彰化縣口述歷史（二）》(彰化：彰化縣文化局，1996)，頁 303。

		五庄仔	竹塘鄉五庄村
東螺西堡	埤頭庄	大湖厝庄	埤頭鄉大湖村

資料來源：改編自張素玢，〈私營農場與二林地區的變遷（1900～1945）〉，頁 66。彰
　　　　　化市戶政事務所編，《日據時期住所番地與現行行政區域對照》（彰化：彰
　　　　　化縣政府，2000）

　　強制購買民有地的土地面積，在文獻上有多種說法：《台灣總督府官營
移民事業報告書》載 1,569 甲、〔註30〕《二林鎮志》寫征購土地近 2,026 甲，
〔註31〕平識善雄則指出明治 41 年（1908）購買 1,590 多甲，45 年（1912）
從大湖厝再購 600 多甲，此外別處另購 100 多甲，總計買下民有地高達 2,290
甲。〔註32〕

（二）豫約開墾官有原野地

　　明治 28 年（1895）10 月台灣總督府頒布〈官有林野及樟腦製造業取締規
則〉，第一條規定「如無證明所有權之地券或其他確據之山林原野，概為官有。」
將無主地收歸國有，並在明治 31 年（1898）進行土地調查事業，其調查具有
侵占土地的性格，侵占成果是要扶植日本內地資本家前來台灣投資，這是日
本資本征服台灣的基礎工程，使台灣經濟「資本主義化」。〔註33〕

　　為鼓勵個人和會社投入原野地的拓墾，先後頒布數項法規，最重要者是
〈糖業獎勵規則〉與〈台灣官有森林原野豫約賣渡規則〉作為私人開發官有
原野地的法律根據。依法申請開闢原野地，在一定期限內開墾成功後，即可
以用低價購買土地，稱作「豫約賣渡」。在約定期限後，經過調查確定已開墾
成功，便讓申請者購得土地，乃為「成功賣渡」。土地歸還台灣總督府，放棄
拓墾權利則是「返地」。〔註34〕在此歷史背景下，日治時期彰化平原土地開發

〔註30〕台灣總督府殖產局移民課，《台灣總督府官營移民事業報告書》（台北：台灣
　　　　總督府，1919），頁 8。
〔註31〕2,026 甲的數字來源是將《台灣總督府官營移民事業報告書》所寫的申請許可
　　　　地（原野地）456.9739 甲，加上民有地 1,569 甲，而得到 2,025.9739 甲，近乎
　　　　於 2,026 甲。張素玢，〈第六篇農林漁牧〉，洪麗完總纂，《二林鎮志》，下冊，
　　　　（彰化：二林鎮公所，2000），頁 8。
〔註32〕平識善雄，〈台灣二於ケル某製糖會社ノ農場經管ユ關スル調查〉，頁 8～9。
〔註33〕矢內原忠雄著：周憲文譯，《日本帝國主義下之台灣》，頁 17～18。
〔註34〕葉爾建，〈日治時代彰化平原的土地開發特色〉，《台灣人文》，9（台北，
　　　　2004.12），頁 83、86。

的焦點便移轉到傳統耕作技術無法墾殖的「邊際土地」（原野地），依分布地點可分為 3 類（表 3-2）。彰南平原面積廣大的濁水溪浮復地和保安林解除地，在官方的鼓勵下，展開新一波的拓墾活動，並引來企業資本的競爭，尤以製糖會社和私營農場最具分量，〔註 35〕源成農場即一顯例。

表 3-2：日治時期彰化平原之原野地種類及整治工事

類別	形成原因	分布地帶	工事
氾濫原	河道兩側易受洪患影響	大肚溪與濁水溪河岸兩側	【政府治水工事】 1. 1912 年開始興建堤防 2. 1919 年進行「締切」 3. 1920 年主流歸西螺溪
海埔地	大肚溪和濁水溪夾帶大量漂沙堆積於河口兩側	主要在伸港、線西、鹿港、福興 4 鄉鎮沿海地區	【私人興築】 1. 興築堤防 2. 興建排水溝
沙山	東北季風將河砂吹至河川南岸堆積形成「飛砂地」及沙害地	大肚溪南岸塗厝厝以及舊濁水溪南岸地區	【政府防砂工事】 1. 二林地區 1900 年開始 2. 塗厝厝地區 1907 年開始

資料來源：葉爾建，〈日治時代彰化平原的土地開發特色〉，頁 83～99。洪麗完總纂，
　　　　　《二林鎮志》，下冊，頁 2～7。

說明：「締切」指河川截斷工程。「濁水溪」指 1920 年未治理完成前河道。

　　值得注意的是，在大正 9 年（1920）還未治理濁水溪整束在今日河道時，濁水溪河道經過數次變遷；濁水溪在出鼻子頭隘口後，康熙自光緒年間，濁水溪的下游較今日偏向南方，以虎尾溪與西螺溪為主流。明治 31 年（1898）濁水溪支流清水溪上游草嶺潭崩潰，主流遂往北移，以西螺溪與舊濁水溪（亦稱東螺溪、北斗溪、麥嶼厝溪）為主流（圖 3-1）。〔註 36〕大正 9 年（1920）

〔註 35〕有關濁水溪邊際土地的開發，詳閱張素玢，《濁水溪三百年：歷史、社會、環
　　　　境》（新北：衛城，2014），頁 73～87。

〔註 36〕張瑞津，〈濁水溪沖積扇河道變遷之探討〉，《地理學研究》，7（台北，1983.10），
　　　　頁 98～100。氏著，〈濁水溪平原的地勢分析與地形變遷〉，《國立台灣師範大
　　　　學地理研究報告》，11（台北，1985.3），頁 209、212。1898 年的水災可參閱
　　　　張素玢的研究，〈洪患、聚落變遷與傳說信仰──以戊戌水災為中心〉，收錄
　　　　於陳慶芳總編輯，《彰化研究學術研討會：濁水溪流域自然與人文研究論文集》

治水工事完成，舊濁水溪成斷頭河，河川水量減少下爲數眾多的溪底地湧然浮現。

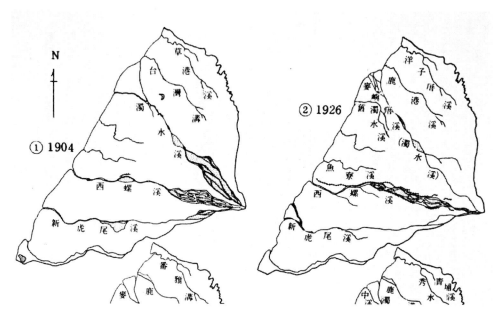

圖 3-1：1904 年與 1923 年濁水溪河道變遷圖

資料來源：張瑞津，〈濁水溪平原的地勢分析與地形變遷〉，頁 211。

《台灣總督府官營移民事業報告書》一書所記載，申請「移民收容條件付豫約開墾許可地」，出願人之一的愛久澤直哉，辦理豫約開墾深耕堡下溪墘庄以及二林下堡草湖庄，許可土地面積 456.9739 甲。〔註37〕其公文乃是《台灣總督府公文類纂》第 6361 卷第 12 冊，但是愛久澤直哉申請案並非僅此 1 件。豫約與經由他人讓受開墾的官有原野地，台灣總督府檔案可查共有 7 件申請案，原野地類型可分爲沙山和氾濫原兩個部分，主要以東北季風堆積形成沙害地的「沙山」爲大宗，地點在二林街、竹塘庄、沙山庄；其次是受濁水溪洪患影響的「氾濫原」，地點在北斗街。豫約開墾官有原野地總面積至少達到 771.0236 甲，而成功開墾僅有 343.2964 甲。（詳見表 3-3）

原野地開關無成，土地歸還台灣總督府的返地位置坐落在竹塘庄（內新

（彰化：彰化縣文化局，2005），頁 7～43。
〔註37〕台灣總督府殖產局移民課，《台灣總督府官營移民事業報告書》，頁 3～4、8。

－50－

厝、番子藔、下溪墘）與沙山庄（草湖），此案是最早申請和最大原野地豫約
456.9739 甲開墾案，〔註38〕經過起業方法變更與許可地坐落訂正後，最後僅
沙山庄草湖成功賣渡 97.6561 甲。此外，單筆開墾成功最大土地坐落在北斗街
187.425 甲。綜觀愛久澤直哉從明治 42 年（1909）起豫約開墾彰化平原的官
有原野地，土地開發成效不佳，一半以上的面積主動申請放棄拓墾。

　　前述三五公司為跨國性大企業，範圍包含中國、台灣、南洋，必須要有
代理人處理相關事務，例如愛久澤直哉申請南隆農場是委由百石喜代治經手
承辦，〔註39〕愛久澤直哉向政府申請開拓彰化平原之原野地時，委託宮內季
子、〔註40〕高橋龍之助、〔註41〕櫛部信一，〔註42〕這 3 位代理人可謂是源成
農場在申請原野地的重要關鍵人，在農場成立的早期宮內季子與櫛部信一先
後擔任主事的角色。在公文類纂上除了高橋龍之助的住址在台北廳大加蚋堡
龍閘口庄以外，其餘 2 人皆曾經登錄在二林庄磘碏，愛久澤直哉的住址轉變
則有東京市麻布區飯倉片町二十五番地、台北廳大加蚋堡龍閘口庄二百零五
番地、旗山郡旗山街手巾寮二十四番地。

表3-3：愛久澤直哉申請開墾官有原野地一覽表

地點		面積（甲）	許可日期		資料來源（台灣總督府公文類纂）	備註
坐落	今地名		豫約賣渡	成功賣渡		
沙山庄草湖	芳苑鄉建平村	成功賣渡 97.6561	1909.01.21	1921.03.23	第 3302 卷第 2 冊第 80、91、93 頁	曾有起業方法變更與許可地坐落訂正
竹塘庄內新厝	竹塘鄉內新厝	返地 427.7272				

〔註38〕此案即是收錄在台灣總督府殖產局移民課，《台灣總督府官營移民事業報告
　　　　書》，頁 3～4、8。
〔註39〕張二文，〈日治時期美濃南隆農場的開發與族群融合〉，頁 239。
〔註40〕詳見愛久澤直哉委任宮內季子的委任狀，所載共 7 件申請案，見《台灣總督
　　　　府公文類纂》，第 6150 冊第 4 件第 108、109 頁。
〔註41〕詳見愛久澤直哉委任高橋龍之助的委任狀，所載共 6 件申請案，見《台灣總
　　　　督府公文類纂》，第 6150 冊第 4 件第 113 頁；第 6361 冊第 12 件第 274、275
　　　　頁。
〔註42〕詳見愛久澤直哉委任櫛部信一的委任狀，所載 1 件申請案，見《台灣總督府
　　　　公文類纂》，第 6992 冊第 2 件第 36 頁。

竹塘庄 番子寮	竹塘鄉 新廣村					
竹塘庄 下溪墘	竹塘鄉 溪墘村				第6361卷第12冊 第244、256、262、263、264頁	
沙山庄 草湖	芳苑鄉 建平村					
二林下堡 山寮	二林鎮 豐田里	1.8726	1909.04.16	1915.07.23	第6155卷第2冊 第48、52、55、53頁	土地原由洪江豫約賣渡，爾後讓受、豫約賣拂處分
二林下堡 山寮	二林鎮 豐田里	4.2221	1909.05.31	1915.05.31	第6357卷第15冊 第269、274頁	土地原由施範其豫約賣渡，爾後讓受。
東螺西堡 北斗庄	北斗鎮 大新里 新生里	187.4250	1909.08.30	1915.02.16	第6375卷第9冊 第156、157頁	氾濫原
二林下堡 犁頭厝庄	二林鎮 興華里 東興里	30.0971	1910.12.28	1916.09.07	第2336卷第11冊 第324、327、328頁	土地來源似乎有他人讓受
二林下堡 後厝庄	二林鎮 後厝里					
深耕堡 面前厝庄	竹塘鄉 小西村					
深耕堡 碥磘庄	二林鎮 東華里 復豐里					
東螺西堡 大湖厝庄	埤頭鄉 大湖村					

東螺西堡 小埔心庄	埤頭鄉 合興村	12.1044	1911.10.09	1915.05.31	第 6150 卷第 4 冊 第 99、100、122 頁	土地原由蘇世珍豫約賣渡，爾後讓受。
深耕堡 𥕢磘庄	二林鎮 東華里					
沙山庄 草湖	芳苑鄉 建平村	9.9191	1921.12.24	不詳	第 6992 卷第 2 冊 第 13、14 頁	
深耕堡 五庄仔	竹塘鄉 五庄村	不詳	1911.12.27	不詳	第 6150 卷第 4 冊 第 109 頁	宮內季子之委託狀所載，查無正式文件，姑且錄之

資料來源：《台灣總督府公文類纂》，文件出處如表格內。彰化市戶政事務所編，《日
　　　　據時期住所番地與現行行政區域對照》（彰化：彰化縣政府，2000）

說明：「豫約賣渡」：依法申請開闢原野地，在一定期限內開墾成功後，即可以低價
　　　購買土地。「成功賣渡」：在約定期限後，經過調查確定已開墾成功，便讓申請
　　　者購得土地。「讓受」：接受他人土地。「返地」：土地歸還台灣總督府，放棄拓
　　　墾權利。
　　　現今地名依據公文所載開墾地番號，對照《日據時期住所番地與現行行政區域
　　　對照》而成。

（三）源成農場的總面積

　　源成農場收購民有地和申請原野地的總面積，在文獻上的各種說法最早
《台灣日日新報》在明治 42 年（1909）已云 3,000 甲、〔註43〕昭和 10 年（1935）
更細緻的報導 3,089 甲，〔註44〕大正 8 年（1919）《台灣總督府官營移民事業
報告書》云 2,026 甲、〔註45〕昭和 3 年（1928）《台灣民報》所寫 3,700 餘甲、
〔註46〕昭和 4 年（1929）矢內原忠雄認爲 3,000 甲，〔註47〕昭和 5 年（1929）

〔註43〕〈源成農場（上）〉，《台灣日日新報》（台灣），明治 42 年（1909）3 月 4 日，
　　　　第 3 版。
〔註44〕〈製糖工場めぐり（十六）社有地に小作する三五公司源成農場輪作と早植
　　　　で甲當收量高い　今期より製糖能率增進〉，《台灣日日新報》（台灣），昭和
　　　　10 年（1935）10 月 11 日，第 3 版。
〔註45〕台灣總督府殖產局移民課，《台灣總督府官營移民事業報告書》，頁 3～4、8。
〔註46〕〈源成農場の爭議土地を製糖會社に賣渡し農民の耕作權を奪ふ策署〉，《台

《台灣に於ける母國人農業殖民》載 2,526 甲，[註48] 但以上都僅僅提出數字值，並無進一步的列出詳細的坐落地段與面積。平識善雄則有詳列土地細目，包含收購民有地與申請官有地，總共 3,030 甲。[註49]

昭和 15 年（1940）平識善雄提出的 3,030 甲，皆在北斗郡轄下的 5 個街庄、10 個大字村莊：（1）二林街（犁頭厝、後厝、丈八斗、礄磘、外蘆竹塘）、（2）竹塘庄（面前厝、五庄子）、（3）埤頭庄（大湖厝）、（4）北斗街（東北斗）、（5）沙山庄（草湖）。（見表 3-4）其中「3 庄街 7 大字」：二林街、竹塘庄、埤頭庄是屬於收購民有地的區段以及農場的核心地帶，北斗街東北斗和沙山庄草湖都沒有與其相連，二林街外蘆竹塘僅 52 甲土地。「3 街庄 7 大字」因為是中心地區，逐漸被代稱和涵蓋源成農場的全部街庄範圍，成為現今人們口中的「源成七界」、「七界內」或「七界」。這一個新興名詞，為何到最後會轉化成代表客家人居住的區域，在下一節有詳盡的說明。

表 3-4：昭和 15 年（1940）源成農場土地面積坐落表

字別 \ 地目別		已簽訂契約							防風林	鐵道敷地	池沼	未墾地	道路	水路	計	合計
		田	畑	蔗園 田	蔗園 畑	池	宅第	移民住地	計								
二林街	犁頭厝	214	79	111	55	4	2	7	472	3	5	0	0	4	24	36	508
	後厝	127	49	57	9	1	2	7	252	4	2	0	0	3	8	17	269
	丈八斗	184	49	88	48	1	6	9	385	1	3	0	0	3	10	17	402
	礄磘	133	149	57	42	2	2	15	400	0	4	0	3	2	10	19	419
	計	658	326	313	154	8	12	38	1,509	8	14	0	3	12	52	89	1,598
竹塘庄	面前厝	182	106	93	71	3	2	6	464	2	3	0	0	4	17	26	490
	五庄子	95	103	34	65	1	1	1	300	0	3	0	1	4	6	14	314

灣民報》（台灣），昭和 3 年（1928）7 月 1 日，第 215 號 11 版。〈爭議中の源成農場の罪惡史強制買收に警官隊賣却にも警官利用〉，《台灣民報》（台灣），昭和 3 年（1928）7 月 8 日，第 216 號 10 版。

[註47] 矢內原忠雄著；周憲文譯，《日本帝國主義下之台灣》，頁 27。原著出版於昭和 4 年（1929）。

[註48] 記載田 1,581 甲、畑 860 甲，其他 85 甲。台灣總督府殖產局，《台灣に於ける母國人農業殖民》（台北：台灣總督府殖產局，1929），頁 256。

[註49] 平識善雄，〈台灣ニ於ケル某製糖會社ノ農場經管ユ關スル調查〉，頁 15。

	計	277	209	127	136	4	4	7	764	2	6	0	1	8	23	40	804
埤頭庄	大湖厝	146	60	51	33	1	0	6	297	0	3	0	0	2	8	13	310
	計	146	60	51	33	1	0	6	297	0	3	0	0	2	8	13	310
小計		1,081	595	491	323	13	16	51	2,570	10	23	0	4	22	83	142	2,712
外蘆竹塘		52	0	0	0	0	0	0	52	0	0	0	0	0	0	0	52
北斗		31	90	0	30	0	0	1	152	0	3	0	26	2	2	33	185
草湖		10	50	0	0	0	0	3	63	11	0	2	0	3	2	18	81
小計		93	140	0	30	0	0	4	267	11	3	2	26	5	4	51	318
合計		1,174	735	491	353	13	16	55	2,837	21	26	2	30	27	87	193	3,030

資料來源：平識善雄，〈台灣二於ケル某製糖會社ノ農場經管ユ關スル調查〉，頁 15。

說明：土地單位爲甲

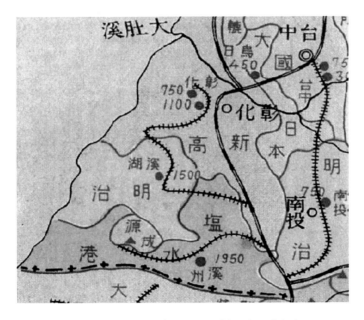

圖 3-2：源成農場地理範圍示意圖

資料來源：台灣總督府殖產局特產課，《台灣糖業統計》（東京：台灣總督府殖產局特
　　　產課，1932～34），封面「台灣糖業圖」。

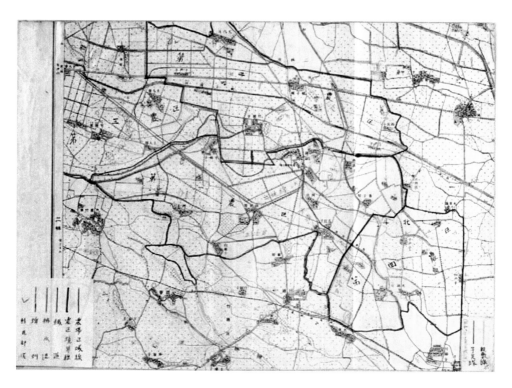

圖 3-3：源成農場 7 個大字村莊核心區域圖 A

資料來源：平識善雄，〈台灣二於ケル某製糖會社ノ農場經管ユ關スル調查〉，無著頁
碼。

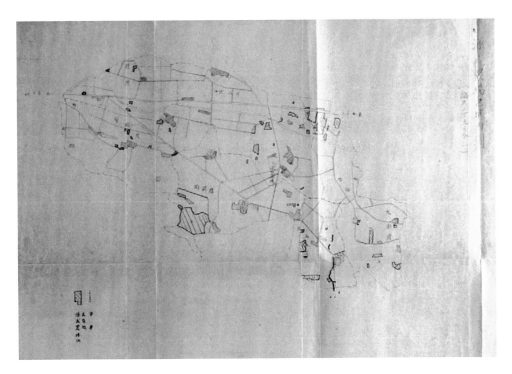

圖 3-4：源成農場 7 個大字村莊核心區域圖 B

資料來源：平識善雄，〈台灣二於ケル某製糖會社ノ農場經管ユ關スル調查〉，無著頁碼。

四、源成農場的設立與經營

　　愛久澤直哉透過官方強硬收購民有地後，在明治 41 年（1908）源成農場正式成立，名稱來源有說法是感謝兒玉源太郎協助收購土地以茲紀念。〔註50〕以愛久澤直哉名義申請的源成農場，在大正 14 年（1925）由新設立的「合資會社三五公司源成農場」承繼。〔註51〕昭和 3 年（1928）《台灣民報》曾報導因爲「昭和金融恐慌」造成源成農場欲將土地一半賣給鹽水港製糖株式會社與明治製糖株式會社，〔註52〕此事應最後沒有成眞，目前文獻上除了這一條

〔註50〕魏金絨，〈史略〉，洪麗完總纂，《二林鎮志》，上冊，頁 51。

〔註51〕〈製糖場事業承繼〉，《台灣總督府府報》（台灣），大正 14 年（1925）12 月 22 日，第 3690 號第 72 頁。三五公司源成農場製糖部編，《三五公司源成農場製糖部沿革並二事業概要》（出版地不詳：三五公司源成農場製糖部，出版年不詳），無著頁碼。

〔註52〕〈源成農場の爭議土地を製糖會社に賣渡し農民の耕作權を奪ふ策署〉，《台灣民報》（台灣），昭和 3 年（1928）7 月 1 日，第 215 號 11 版。〈爭議中の源

報刊外，尚找不到其他報紙或書籍有相關記載。

三五公司源成農場經營核心在今日彰化縣二林鎮復豐里碖碡，該地設有農場事務所與製糖場，工場昔日有兩座大型深水井、兩座四邊形儲水池以及地磅站等等設施，至今存有一座四邊形儲水池（圖 3-10）。日籍幹部的宿舍區位在今日「源成巷」內，目前僅一棟木造建築較為完整，當地人稱此區域為「會社」，源成巷東南方約 500 公尺尚存地名的「試驗場」。

圖 3-5：源成農場事務所

資料來源：北斗郡役所編，《北斗郡概況（二）》（台北：成文，1985；據昭和 12、13年排印本影印），無著頁碼。

成農場の罪惡史強制買收に警官隊賣却にも警官利用〉，《台灣民報》（台灣），昭和 3 年（1928）7 月 8 日，第 216 號 10 版。

圖 3-6：源成巷內保存較完整的日籍幹部木造宿舍

（柯光任攝，2014 年 4 月 1 日）

　　源成農場爲了管理方便將中心地帶規劃成四個農區（表 3-5），農作物種植以水稻爲主、面積亦最廣，甘蔗次之，期間混雜種植甘藷、黃麻、小麥等。昭和 11 年（1936）開始自營農場以來，採取 3 年輪作法，因應水、旱田而有不同的耕種規定：水田是 2 年水稻 1 年種蔗；旱田爲 2 年插蔗 1 年雜作。〔註53〕農場的水利設施並不完善，新築的水利工事可分爲灌漑溝與排水溝。第一，灌漑溝水源可分 2 條：1.引莿仔埤圳，建設 6 公里水道、2.引永基圳，建築 5 公里圳道；第二，排水溝方面共可分成 3 條，共計 28.5 公里。〔註54〕

〔註53〕 平識善雄，〈台灣ニ於ケル某製糖會社ノ農場經管ユ關スル調查〉，頁 68、90
　　　　 ～91。
〔註54〕 平識善雄，〈台灣ニ於ケル某製糖會社ノ農場經管ユ關スル調查〉，頁 16～18。

表 3-5：源成農場四個農區

	第一農區	第二農區	第三農區	第四農區
區域	碾礁、外蘆竹塘、五庄子各一部份	丈八斗、碾礁、後厝各一部份	後厝、山寮、犁頭厝	大湖厝、五庄子
水田	349.19	487.52	441.78	184.73
旱田	384.03	123.81	189.97	255.55
計	733.22	611.33	631.75	440.28

資料來源：平識善雄，〈台灣二於ヶル某製糖會社ノ農場經管ユ關スル調查〉，頁 36。

說明：土地單位爲甲

　　明治 44 年（1911）設立改良糖廍，大正 14 年（1925）以後每甲甘蔗收穫量增加，考慮原料增加以及管制稻米、穀類的緣故，因此致力於種植甘蔗，[註55] 昭和 9 年（1934）改良糖廍更改爲新式製糖，機械壓榨量增加，加上轉作自營農場，植蔗面積才大增。例如昭和 7～8 年（1932～1933）蔗作只有 317 甲，[註56] 到了昭和 14～15 年（1939～1940）增加一倍餘達 702 甲。[註57] 雖然種蔗面積逐年上揚，（參見表 3-8）但是源成農場以水稻爲主要農作物仍未改變，同年（1940）稻作面積 2,149 甲。[註58]

　　農場管理組織方面，以「主事」爲最高指導長官，下設 4 個部門主任（工場、農務、工務、庶務）旗下再分各個單位。（圖 3-8）首任的主事渡邊與一，原爲台北廳稅務課長，於明治 41 年（1908）10 月離職後，[註59] 轉任源成農場主事。[註60] 隨後有宮內季子、櫛部信一相繼任職。昭和 4 年（1929）5 月改由小林正之介擔任主事。小林正之介，日本茨城縣茨城郡人，明治 17 年（1884）生，東京商業學校畢業，曾經供職三五公司廈門本店及福建各出

〔註55〕平識善雄，〈台灣二於ヶル某製糖會社ノ農場經管ユ關スル調查〉，頁 6。
〔註56〕山下久四郎，《昭和十年砂糖年鑑》（台北：成文，2010：據昭和 10 年日本砂糖協會刊本影印），頁 126。
〔註57〕平識善雄，〈台灣二於ヶル某製糖會社ノ農場經管ユ關スル調查〉，頁 75。
〔註58〕平識善雄，〈台灣二於ヶル某製糖會社ノ農場經管ユ關スル調查〉，頁 40。
〔註59〕〈迎來送往〉，《漢文台灣日日新報》（台灣），明治 41 年（1908）10 月 4 日，第 5 版。
〔註60〕《台灣實業家名鑑》，頁 289。引用「台灣人物誌（日治時期）上中下合集（1895～1945）」，漢珍發行，http://tbmc.ncl.edu.tw:8080/whos2app/start.htm，檢索日期：2014.5.30。

張所、支店，昭和 11 年（1936）亦擔任台中州議員，台中州稅調查委員長。
〔註 61〕小林主事到任之後實施土地施肥和除草改良等辦法，生產量大有改
觀，〔註62〕並將改良糖廍更改爲新式製糖，使源成農場經營的有聲有色，一
直任職到日本戰敗將源成農場與北斗機場（大湖厝機場）移交國民政府接
收。〔註 63〕

圖 3-7：日治中後期擔任源成農場主事的小林正之介

資料來源：《北斗郡大觀》，頁 125。引用「台灣人物誌（日治時期）上中下合集（1895
　　　　～1945）」，漢珍發行，http://tbmc.ncl.edu.tw:8080/whos2app/start.htm，檢索
　　　　日期：2014.5.30。

〔註61〕 林文龍，〈第十二篇人物〉，洪麗完總纂，《二林鎮志》，下冊，頁 482。《台灣
　　　　官紳年鑑》，頁 477。《台灣人士鑑》，頁 131、《北斗郡大觀》，頁 125，引用「台
　　　　灣人物誌(日治時期)上中下合集(1895～1945)」，漢珍發行，http://tbmc.ncl.edu.
　　　　tw:8080/whos2app/start.htm，檢索日期：2014.5.30。
〔註62〕 〈三五公司源成農場許可變更製分蜜糖定一月四日開始壓搾〉，《台灣日日新
　　　　報》（台灣），昭和 8 年（1933）12 月 29 日，第 12 版。
〔註63〕 昭和 18 年（1943）日本海軍出面租購源成農場部分土地和民有地建立北斗機
　　　　場，隸屬陸軍第八飛行團，民國 35 年（1946）4 月機場仍停放殘傷飛機 20
　　　　餘架，造成耕種不便，爾後接收問題引起海軍、空軍和縣市政府三方的糾紛，
　　　　詳見何鳳嬌，〈戰後初期台灣軍事用地的接收〉，《國史館學術集刊》，17（台
　　　　北，2008.9），頁 187～194。《行政長官公署檔案》，典藏號：00315100005001，
　　　　件名：「源成農場土地請撥還案」。

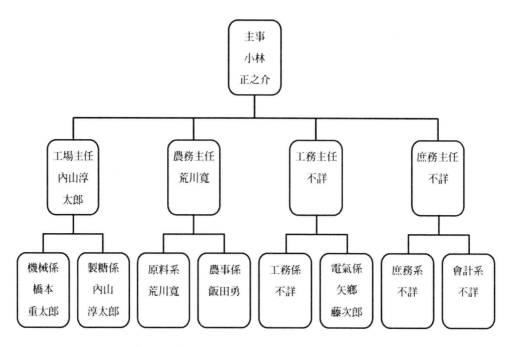

圖 3-8：昭和 17 年（1942）源成農場的管理組織與幹部

資料來源：平識善雄，〈台灣ニ於ケル某製糖會社ノ農場經管ユ關スル調查〉，頁 28
～29。千草默仙編纂，《會社銀行商工業者名鑑（十）（上）》（台北：成文，
2011：據昭和 16 年高砂改進社刊本影印），頁 110～111。千草默仙編纂，
《會社銀行商工業者名鑑（十一）（上）》（台北：成文，2011：據昭和 17
年高砂改進社刊本影印），頁 37～38。

五、源成農場之製糖事業

圖 3-9：源成農場製糖場

資料來源：北斗郡役所編，《北斗郡概況（二）》，無著頁碼。

　　明治 41 年（1908）源成農場設立後，緊接著明治 43 年（1910）5 月向政府上呈公文，表達欲創設 80 噸之改良糖廍，〔註64〕因爲此地區較適合種蔗，〔註65〕同年 7 月獲官方批准設置，栽培的甘蔗約有 400 甲，機械之壓榨能力爲 80 噸，傳聞工場欲設立於礪磋（今日二林鎮復豐里）。〔註66〕同年 8 月如同報紙刊載，開始在礪磋建造改良糖廍，購買營運機械有甘蔗壓榨器、橫置式蒸汽機、多管式蒸汽罐等等，原料採取區域東螺西堡（大湖厝庄）、深耕堡（礪磋庄、五庄仔庄、內蘆竹塘庄、外蘆竹塘庄、面前厝庄、丈八斗庄）、二

〔註64〕〈農場設廍〉，《漢文台灣日日新報》（台灣），明治 43 年（1910）5 月 17 日，第 3 版。

〔註65〕〈源成農場近狀〉，《漢文台灣日日新報》（台灣），明治 43 年（1910）8 月 7 日，第 3 版。

〔註66〕〈糖社批准〉，《漢文台灣日日新報》（台灣），明治 43 年（1910）7 月 23 日，第 3 版。

林下堡（後厝庄、犁頭厝庄、竹圍仔庄）等等。〔註67〕明治44年（1911）1月10日試運轉頗受好評，當日並設宴款待官紳百餘人。〔註68〕首次製糖期甘蔗原料收穫8,916,787斤、產糖量788,859斤，產糖率達到8.85%。〔註69〕

昭和5年（1930）傳出源成農場原在碾磋的改良糖廍，將搬至別處設立新式製糖工場。此風聲一起，二林庄民無不喜出望外，庄民有志人士打算聯名請工場移到二林鬧區附近，如此一來二林的商業狀況必定進步數倍。〔註70〕昭和7年（1932）2月源成農場仍舊決定在碾磋興工新築工場，安置新式製糖機，再向當局稟請由製造赤糖變更為分蜜糖，昭和8年（1933）12月21日由政府許可，〔註71〕單日壓榨能力由80噸大增為350噸。〔註72〕昭和9年（1934）1月5日新式製糖工場正式開工，〔註73〕本次製糖期（昭和8～9年）植蔗面積506甲，甘蔗原料收穫75,308,930斤、產糖量9,061,556斤，產糖率12.03%。〔註74〕數據均較前期改良糖廍增進不少。（歷年製糖成績見表3-8）為了運送新鮮的甘蔗到製糖場，昭和14年（1939）源成農場內的鐵道鋪設達到24.845公里，主要幹線依距離長短為丈八斗線、二林線、大湖厝線、大灣線等。〔註75〕（參考圖3-3、表3-6）

〔註67〕〈源成農場製糖起工〉，《台灣日日新報》（台灣），明治43年（1910）9月7日，第3版。

〔註68〕〈台中糖界之現況〉，《漢文台灣日日新報》（台灣），明治44年（1911）1月17日，第2版。

〔註69〕平識善雄，〈台灣ニ於ケル某製糖會社ノ農場經管ユ關スル調查〉，頁37。

〔註70〕〈糖廍將移庄民謀請設其處〉，《台灣日日新報》（台灣），昭和5年（1930）4月13日，第4版。

〔註71〕〈三五公司源成農場許可變更製分蜜糖定一月四日開始壓榨〉，《台灣日日新報》（台灣），昭和8年（1933）12月29日，第12版。

〔註72〕〈源成農場の新式製糖認可さる一月四日から製糖開始赤糖界には好影響〉，《台灣日日新報》（台灣），昭和8年（1933）12月23日，第9版。

〔註73〕〈其後の壓榨開始〉，《台灣日日新報》（台灣），昭和9年（1934）1月7日，第9版。

〔註74〕平識善雄，〈台灣ニ於ケル某製糖會社ノ農場經管ユ關スル調查〉，頁37。

〔註75〕平識善雄，〈台灣ニ於ケル某製糖會社ノ農場經管ユ關スル調查〉，頁18～19。

表 3-6：源成農場鐵道古今地圖復原

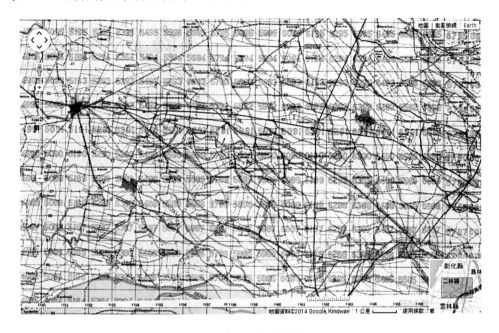

美軍五萬分之一地形圖，1944。

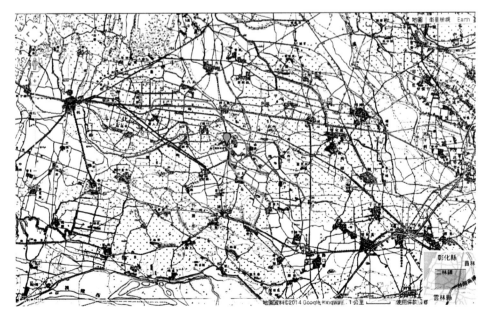

改繪套用自日治五萬分之一地形圖（陸地測量部），1924～1944。

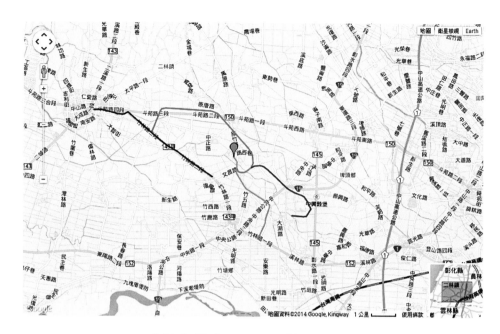

改繪套用自 Google 地圖，2014

資料來源：「台灣百年歷史地圖」，中央研究院人文社會科學研究中心地理資訊科學研究專題中心研發，http://gissrv4.sinica.edu.tw/gis/twhgis.aspx，檢索日期：2014.5.30。

說明：
1.將美軍五萬分之一地形圖所標示之源成農場鐵道，以數位化描繪路線，並套用在日治五萬分之一地形圖、2014 年 Google 地圖。
2.製糖工場。深藍色：二林線。紅色：丈八斗線。橘色：大灣線。綠色：大湖厝線。
3.美軍五萬分之一地形圖（1944）與內文圖 3-3（1933）相互對照，前者增繪大湖厝線，並且無繪二林線面前厝至製糖場的鐵道。

　　日治末期經過三次的製糖業合併運動，昭和 18 年（1943）10 月底止僅存（1）台灣製糖株式會社、（2）明治製糖株式會社、（3）大日本製糖興業株式會社、（4）鹽水港製糖株式會社、（5）合資會社三五公司源成農場，〔註 76〕前四大會社各擁有 7 座以上的製糖工場瓜據著台灣的糖業版圖，而三五公司僅有 1 座工場。當時彰化平原運轉的新式製糖場，計有源成農場製糖場、日糖興業的彰化工場、明治的溪湖工場、鹽水港的溪州工場。

────────────

〔註 76〕台灣總督府編，《台灣事情（五十三）》（台北：成文，1985；據昭和 19 年排印版影印），頁 238。

　　昭和 19 年（1944）8 月 13 日《台灣總督府官報》公告源成農場事業廢止
以及原料採取區域失效。〔註 77〕其後製糖場的本島人工作人員被安排移至明
治的溪湖工場、鹽水港之溪州工場和高雄某鋼鐵會社工作。〔註 78〕合資會社
三五公司源成農場製糖場從明治 44 年（1911）改良糖廍開始營運，昭和 9 年
（1934）更改爲新式製糖，昭和 19 年（1944）結束製糖事業，總計製糖歷史
34 年（表 3-7）。

圖 3-10：製糖場之四邊形儲水池，昔日深度約 3 至 2.4 公尺，位於二林
　　　　鎮原竹路旁

(柯光任攝，2014 年 4 月 1 日)

〔註77〕〈合資會社三五公司源成農場製糖事業廢止二依リ原料採取區域失效〉，《台
　　　　灣總督府官報》（台灣），昭和 19 年（1944）8 月 13 日，第 734 號第 57 頁。
〔註78〕柯瓊的父親原本在源成農場製糖場工作，停工之後便轉到溪湖工場，柯瓊也
　　　　在日治末期經父親游說日本人後進入到該工場謀職。柯瓊口述，2012 年 5 月
　　　　14 日訪問。

圖 3-11：源成農場製糖場之煙囪底座，位於二林鎮原竹路 17 號南方

（柯光任攝，2011 年 2 月 20 日）

　　源成農場製糖場結束經營的原因，眾說紛紜，第一：日本人占領廣東省之後，糖廠遷移到廣東省擴大經營、〔註 79〕第二：二戰末期拆遷設備轉到南洋擴大經營、〔註 80〕第三：二戰期間，國內物資匱乏，到處搜刮鐵器製造槍砲彈藥，工場、鐵軌進而被拆除、〔註 81〕第四：糖廠主機故障拆回日本修理，運送之船在太平洋被美軍炸沉，從此便停止運作。〔註 82〕因應關鍵史料的付之闕如，製糖場結束之因仍有待釐清。製糖設備遭到拆除與 1940 年代的戰時體制存在臍帶關係，源成農場成為少數日治時期的新式製糖工場無法在戰後延續運轉的命運。環觀碾磋一地的發展，日本資本家的到來一度成為輕工業的明日之星，國家主權的易主再度回到寧靜的農莊，如同現今多數已關閉、

〔註 79〕張雙喜口述；魏金絨採訪，〈日據時代源成農場的設立與沒落〉，頁 306。
〔註 80〕洪麗完、李坤北，〈第三篇開拓史〉，洪麗完總纂，《二林鎮志》，上冊，頁 311。
〔註 81〕魏金絨，〈史略〉，洪麗完總纂，《二林鎮志》，上冊，頁 51～52。
〔註 82〕洪長源，〈源成舊地——彰化縣二林鎮復豐里〉，頁 62。

風華褪去的台糖糖廠，只能從耆老的口中，稍稍嗅出蔗糖的香味。

　　源成農場的土地面積組成，大部分是已經墾闢完成的民有地，占少數的官有原野地雖然是生產力不佳的砂害和水患威脅之貧脊地，不過在彰化沿海地區廣植防風林實施防沙工事，以及相關的水利工程（濁水溪整治、埤圳修築）持續的進行，並招募大量的福佬人、客家人移民從事農耕和製糖產業（第二節詳述），在多方面的配合下相輔相成，源成農場得以生存到日治後期，成就可供耕作的農業綠帶，否則就像賀田組經營東台灣之慘痛的失敗。〔註83〕

表 3-7：源成農場改良糖廍與新式製糖比較表

	資本額	日壓能力	政府許可日期	著手製糖日期	營運時間
改良糖廍	250 萬圓	80 噸	明治 43 年（1910）7 月	明治 44 年（1911）1 月	明治 44 年至昭和 8 年（1911～1933）
新式製糖	335 萬圓（昭和 12 年）	350 噸	昭和 8 年（1933）12 月	昭和 9 年（1934）1 月	昭和 9 年至昭和 19 年（1934～1944）

資料來源：三五公司源成農場製糖部編，《三五公司源成農場製糖部沿革並二事業概要》（出版地不詳：三五公司源成農場製糖部，出版年不詳）。平識善雄，〈台灣二於ケル某製糖會社ノ農場經管ユ關スル調查〉，頁6～7。〈源成農場の新式製糖認可さる一月四日から製糖開始赤糖界には好影響〉，《台灣日日新報》（台灣），昭和 8 年（1933）12 月 23 日，第 9 版。杉野嘉助編纂，《昭和三年台灣糖業年鑑》（台北：成文，2010；據昭和 2 年台灣通信社刊本影印），頁 18。山下久四郎，《昭和十五年砂糖年鑑》（台北：成文，2010；據昭和 15 年日本砂糖協會刊本影印），頁 89。〈合資會社三五公司源成農場製糖事業廢止二依リ原料採取區域失效〉，《台灣總督府官報》（台灣），昭和 19 年（1944）8 月 13 日，第 734 號第 57 頁。

〔註83〕賀田組爲賀田金三郎所成立，因政商關係良好得以進入東台灣開發，經營日治時期台灣規模最大的私營移民。製糖方面賀田組仍以舊式糖廍爲主，因爲移民、資本、蔗病等多項問題導致成效不彰，最後移民失敗乃是衛生條件不佳和番害。參見李禮仁，〈賀田組及其在東台灣的開發──日治時期私營移民之個案研究（1899～1908）〉（國立成功大學歷史學系碩士論文，2009），頁 82～86、133～134。

表 3-8：源成農場製糖場成績表

西元紀年	日治紀年	蔗作面積	甘蔗收穫、壓榨量（斤）	產糖量（斤）	產糖率（%）	備註	資料來源
1911	明治 44 年	不詳	8,916,787	788,859	8.85		A
1912	明治 45 年/大正元年	不詳	4,440,628	358,474	8.07		A
1913	大正 2 年	不詳					
1914	大正 3 年	不詳	6,304,723	640,758	10.16		A
1915	大正 4 年	不詳					
1916	大正 5 年	354	22,469,925	2,147,653	9.96		A
1917	大正 6 年	418	29,475,750	2,134,000	7.24		A
1918	大正 7 年	365	17,208,115	1,426,149	8.29		A
1919	大正 8 年	346	15,078,070	1,387,174	9.20		A
1920	大正 9 年	385	10,856,440	881,800	8.12		A
1921	大正 10 年	機械修繕停業				改良糖廍	A
1922	大正 11 年	82	5,023,450	460,103	9.16		A
1923	大正 12 年	206	14,141,980	1,621,181	11.46		A
1924	大正 13 年	210	13,708,035	1,340,100	9.78		A
1925	大正 14 年	197	16,798,495	1,834,700	10.92		A
1926 ～ 1927	大正 15 年/昭和元年～昭和 2 年	206	18,483,025	2,043,764	11.06		A
1927 ～ 1928	昭和 2～3 年	198	19,120,910	2,114,542	11.06		A
1928 ～ 1929	昭和 3～4 年	200	19,322,595	1,993,300	10.32		A
1929 ～ 1930	昭和 4～5 年	169	19,623,330	2,226,100	11.34		A
1930 ～ 1931	昭和 5～6 年	168	19,267,745	2,157,408	11.20		A
1931 ～ 1932	昭和 6～7 年	72.8	9,513,875	1,099,338	11.55		A、D
1932 ～ 1933	昭和 7～8 年	317	30,894,895	4,147,500	13.43		A、D
1933 ～ 1934	昭和 8～9 年	506	75,308,930	9,061,556	12.03	新式製糖	A、F、E
1934 ～ 1935	昭和 9～10 年	590	78,128,880	9,278,900	11.88		B、F、E

1935 ～ 1936	昭和 10～11 年	694	84,008,320	9,028,800	12.75	B、F、E、G
1936 ～ 1937	昭和 11～12 年	702	88,427,140	11,518,300	12.86	B、F、G
1937 ～ 1938	昭和 12～13 年	714	83,726,860	9,695,700	11.58	B、F、G
1938 ～ 1939	昭和 13～14 年	690	90,018,150	10,756,100	11.95	B、C、H、G
1939 ～ 1940	昭和 14～15 年	702	85,135,980	不詳		B
1940 ～ 1941	昭和 15～16 年	不詳		10,400,000	不詳	I
1941 ～ 1942	昭和 16～17 年	不詳				
1942 ～ 1943	昭和 17～18 年	不詳	71,759,640	7,090,500	9.8	J

資料來源：

A：平識善雄，〈台灣二於ケル某製糖會社ノ農場經管ユ關スル調查〉，頁 37。

B：平識善雄，〈台灣二於ケル某製糖會社ノ農場經管ユ關スル調查〉，頁 75。

C：三五公司源成農場製糖部編，《三五公司源成農場製糖部沿革並二事業概要》，〈昭和 13、14 年期（實績）〉（出版地不詳：三五公司源成農場製糖部，出版年不詳），不著頁碼。

D：山下久四郎，《昭和十年砂糖年鑑》（台北：成文，2010：據昭和 10 年日本砂糖協會刊本影印），頁 126。

E：山下久四郎，《昭和十三年砂糖年鑑》（台北：成文，2010：據昭和 13 年日本砂糖協會刊本影印），頁 98～99。

F：山下久四郎，《昭和十五年砂糖年鑑》（台北：成文，2010：據昭和 10 年日本砂糖協會刊本影印），頁 87。

G：山下久四郎，《昭和十五年砂糖年鑑》，頁 96～97。

H：山下久四郎，《昭和十五年砂糖年鑑》，頁 100～101。

I：〈源成製糖十萬四千餘擔〉，《台灣日日新報》（台灣），昭和 16 年（1941）8 月 19 日，第 2 版。

J：台灣通信社編，《台灣年鑑（四十一）》（台北：成文，1985：據昭和 19 年（1944）台灣通信社排印版影印），頁 358。

第二節　源成農場的移民事業與客家人新聚落的形成

　　源成農場強制收購了民有地以及開墾官有地，無處不受到台灣總督府的幫助與保護，進而承接政府的內地人私營移民事業，並且募集鄰近村庄的福佬人為其農場效力，新竹州的客家人也不遠千里迢迢的移民到此處工作，由此可見需要勞力密集的孔急程度。北客的出現，使得彰南平原呈現出一股不同以往的客家聚落新氣象。

一、日本內地人之移民

　　依日本農業拓墾史的角度，移民可分為 3 期，（1）明治元年到 27 年（1868～1894）：明治維新的日本國內移民（北海道）；（2）明治 28 年到昭和 20 年（1895～1945）：日本帝國主義時代的殖民期，移民地區主要為殖民地（台灣、樺太、朝鮮、滿州）；（3）二戰後海外移民期。依移民的「區域」可分「國內移民」和「國外移民」。依「經營」性質可分「契約移民」和「自由移民」。〔註84〕

　　日治時期台灣的日本移民，屬於日本農業拓墾史上移民第 2 期（日本帝國主義時代的殖民期），並是領土內的「國內移民」以及私人企業或政府主導的「契約移民」。由官方經營者稱作「官營移民」；私人企業是為「私營移民」。私人或政府都受到移民獎勵政策的支持，並以實踐國家政策為目標，兩者差別在經營主體，〔註85〕以及是否追求營利目的。〔註86〕在台灣的移民事業又可分為四個時期（表 3-9）。

表 3-9：日治時期台灣移民事業分期

期別	起訖年代	名稱
第一期	明治 28 年～明治 41 年（1895～1908）	初期私營移民
第二期	明治 42 年～大正 6 年（1909～0917）	初期官營移民（花蓮港廳）
第三期	大正 6 年～昭和 20 年（1917～1945）	後期私營移民（台東廳）

〔註84〕張素玢，《台灣的日本農業移民（1909～1945）——以官營移民為中心》（台北：國史館，2001），頁 8～9。

〔註85〕張素玢，《台灣的日本農業移民（1909～1945）——以官營移民為中心》，頁 9～10、21。

〔註86〕林呈蓉，〈日據時期台灣島內移民事業之政策分析〉，《淡江史學》，7、8 合刊本（台北，1997.6），頁 167。

| 第四期 | 昭和 7 年～昭和 20 年（1932～1945） | 後期官營移民 |

資料來源：張素玢，《台灣的日本農業移民（1909～1945）——以官營移民為中心》，
　　　　　頁 10。

　　日本對台灣實施移民的原因，在於（1）日本國內農村問題與人口壓力、
（2）殖民地統治力的加強，提高母國人在台灣的人口數，以穩固殖民政府的
統治、（3）當時的國際情勢。但是日治初期台灣殖民地的經營成為日本財政
的一大負擔，官員認為移民事業應由企業資本家來經營，官府給予必要的保
護和協助。〔註 87〕屬於早期私營移民期在大正元年（1912）年底豫約開墾官
有地附帶收容日本移民共有 38 件，不過實際辦理日本移民事業只有 9 件，而
在彰化平原有愛久澤直哉的源成農場以及辜顯榮的山寮農場。〔註 88〕

二、源成農場的內地人私營移民

　　愛久澤直哉給予台灣總督府草擬的〈起業方法書〉預計收容日本移民 37
戶，〔註 89〕給予的待遇與保護如下：

　　（1）支付移居到農場旅費

　　（2）無息貸款房舍與宅第菜園

　　（3）貸款移民家具、農具、種子、肥料費。

　　（4）貸款移民一段時間的伙食費

　　（5）以上的貸款金額，從移居翌年，分 4 年從移民的年收入裡扣繳。

　　（6）衛生方面，在農場附近特別設立醫療所，招聘醫師，負責診察衛生
　　　　相關事務，另也設置病房，收容重病患，實際收取治療費用及藥費。

　　（7）教育方面，在移民地建設校舍的費用由農場支出，然後交付給政府
　　　　成為彰化小學校分教場，以負責移民子弟之教育。〔註 90〕

　　明治 41 年（1908）11 月中旬源成農場進行試驗性質的移民措施，先從岐
阜縣移來農民 10 人從事開墾。〔註 91〕明治 42 年（1909）岐阜縣、新潟縣、

〔註 87〕張素玢，《台灣的日本農業移民（1909～1945）——以官營移民為中心》，頁
　　　　21～26、40～41。

〔註 88〕辜顯榮的山寮農場範圍在東螺西堡二林下堡、深耕堡，許可面積 809.2249 甲。
　　　　台灣總督府殖產局移民課，《台灣總督府官營移民事業報告書》，頁 3～10。

〔註 89〕《台灣總督府公文類纂》，第 6361 冊第 12 件第 291 頁。

〔註 90〕台灣總督府殖產局移民課，《台灣總督府官營移民事業報告書》，頁 8～9。

〔註 91〕〈二林開墾〉，《漢文台灣日日新報》（台灣），明治 41 年（1908）12 月 20 日，

福岡縣、熊平縣的移民陸續到來，此年達到移民戶數與人口數的最大值，不過文獻上的數值略有不同，戶數大約在118～127戶之間；〔註92〕人口約略在436～460人。〔註93〕但是不到2年的時間，明治44年（1911）12月僅剩22戶、100人。〔註94〕（人口增減參見表3～11）

表3-10：明治42年（1909）6月底，源成農場日本移民人數統記表

原籍地	戶數	人口		小計（人）
		男	女	
福岡縣	3	8	9	17
岐阜縣	62	114	94	208
新潟縣	38	72	72	114
熊本縣	15	33	34	67
合計	118	227	209	436

資料來源：平識善雄，〈台灣二於ケル某製糖會社ノ農場經管ユ關スル調查〉，頁13。

　　日本移民解散、退去的原因，大致可分爲2個部分（1）移民本身的問題：素質不良、〔註95〕懶惰，〔註96〕多爲懷抱一攫千金之夢想而來、〔註97〕或是風土環境不適應；〔註98〕（2）源成農場的缺失：違反當初招募時條件、〔註99〕

　　　　第3版。
〔註92〕台中廳編，《台中廳行政事務並管内概況報告書（一）》（台北：成文，1985；據大正7年版影印），頁67。平識善雄，〈台灣二於ケル某製糖會社ノ農場經管ユ關スル調查〉，頁13。〈彰化雜事〉，《漢文台灣日日新報》（台灣），明治42年（1909）5月16日，第3版。
〔註93〕台中廳庶務課編，《台中廳管内概要（一）》（台北：成文，1985；據大正8年版影印），頁145。平識善雄，〈台灣二於ケル某製糖會社ノ農場經管ユ關スル調查〉，頁13。〈彰化雜事〉，《漢文台灣日日新報》（台灣），明治42年（1909）5月16日，第3版。
〔註94〕〈源成農塲近況〉，《台灣日日新報》（台灣），明治44年（1911）12月12日，第2版。
〔註95〕台中廳編，《台中廳行政事務並管内概況報告書（一）》，頁66～67。
〔註96〕〈台中移民狀況〉，《漢文台灣日日新報》（台灣），明治44年（1911）4月16日，第3版。
〔註97〕台中廳庶務課編，《台中廳管内概要（一）》，頁145。
〔註98〕〈台中近事／源成農場近況〉，《漢文台灣日日新報》（台灣），明治44年（1911）10月13日，第3版。
〔註99〕〈移民吵鬧〉，《漢文台灣日日新報》（台灣），明治42年（1909）11月16日，

農場設計不完全，且農耕法與內地稍異、〔註100〕水田及旱田近乎荒地，鹽分在地表上如雪一般，加上冬季季風危害甚大，農耕收成無望申訴喧囂不斷。〔註101〕移民與預期的安居樂業畫面落差太大，農場方面似乎也提不出更適切的方法以解決紛爭，農場與移民發生重大衝突，主事渡邊與一甚至被砍斷3根手指頭，〔註102〕移民的憤慨可見一斑。日本移民離開源成農場的去處，不外乎回到日本國內和轉住同屬三五公司之南隆農場、〔註103〕或輾轉遷徙成爲台灣的流民。〔註104〕

　　總之，愛久澤直哉向台灣總督府豫約開墾彰南平原的原野地，附帶經營私營日本移民，在明治44年（1911）底碩果僅存的移民已準備歸去，可說明農場的移民計畫歸之水泡矣。〔註105〕按移民成績，內地人比較適合耕作已開墾的土地，反觀執行土地開墾者，則以本島人爲合適。〔註106〕源成農場的失敗並不是孤例，明治39年（1906）到大正元年（1912）早期私營移民的企業無一成功，當私營移民事業與官方殖民事業的目標不一致，〔註107〕兩方的認知和經營上發生嚴重落差，或許是失敗的根本之因。

表3-11：源成農場日本移民人口變遷表

年代	戶數	人口	出處
明治41年11月（1908）	不詳	10	〈二林開墾〉，《漢文台灣日日新報》（台灣），明治41年（1908）12月20日，第3版。
明治42年5月（1909）	116	440	〈彰化雜事〉，《漢文台灣日日新報》（台灣），明治42年（1909）5月16日，第3版。

　　　　第2版。
〔註100〕〈台中移民狀況〉，《漢文台灣日日新報》（台灣），明治44年（1911）4月16日，第3版。
〔註101〕台中廳庶務課編，《台中廳管內概要（一）》，頁145。
〔註102〕林秀昭，《台灣北客南遷研究》（台北：文津，2009），頁264。
〔註103〕明治44年（1911）2月，報載有移民34戶157名轉住南隆農場。見〈民辦移民現況〉，《漢文台灣日日新報》（台灣），明治44年（1911）5月11日，第2版。
〔註104〕張素玢，〈私營農場與二林地區的變遷（1900～1945）〉，頁69。
〔註105〕〈台中近事／源成農場近況〉，《漢文台灣日日新報》（台灣），明治44年（1911）10月13日，第3版。
〔註106〕台中廳庶務課編，《台中廳管內概要（一）》，頁145。
〔註107〕張素玢，《台灣的日本農業移民——以官營移民爲中心》，頁43～44。

明治 42 年 8 月（1909）	118	436	〈農場擷聞〉,《漢文台灣日日新報》（台灣）,明治 42 年（1909）8 月 11 日,第 3 版。
明治 43 年 2 月（1910）	不詳	359	〈源成農況〉,《漢文台灣日日新報》（台灣）,明治 43 年（1910）2 月 15 日,第 3 版。
明治 43 年 8 月（1910）	83	350	〈源成農場近狀〉,《漢文台灣日日新報》（台灣）,明治 43 年（1910）8 月 7 日,第 3 版。
明治 43 年 12 月（1910）	81	350	〈源成農場近況〉,《漢文台灣日日新報》（台灣）,明治 43 年（1910）12 月 10 日,第 2 版。
明治 44 年 4 月（1911）	30	135	〈台中移民狀況〉,《漢文台灣日日新報》（台灣）,明治 44 年（1911）4 月 16 日,第 3 版。
明治 44 年 12 月（1911）	22	100	〈源成農塲近況〉,《台灣日日新報》（台灣）,明治 44 年（1911）12 月 12 日,第 2 版。
大正 4 年 6 月（1915）	19	88	〈中部通信源成農場の近狀〉,《台灣日日新報》（台灣）,大正 4 年（1915）6 月 21 日,第 2 版。
大正 4 年 10 月（1915）	18	不詳	〈源成農場近聞〉,《台灣日日新報》（台灣）,大正 4 年（1915）10 月 2 日,第 6 版。
大正 6 年 7 月（1917）	17	75	〈源成農場成功〉,《台灣日日新報》（台灣）,大正 6 年（1917）7 月 12 日,第二版。
大正 6 年底（1917）	15	74	台中廳庶務課編,《台中廳管內概要（一）》（台北:成文,1985;據大正 8 年版影印）,頁 145。
大正 7 年底（1918）	14	67	台中廳庶務課編,《台中廳管內概要（二）》（台北:成文,1985;據大正 9 年版影印）,頁 156。
大正 8 年 9 月（1919）	14	56	〈源成農場近況〉,《台灣日日新報》（台灣）,大正 8 年（1919）9 月 7 日,第 6 版。
大正 12 年 9 月（1923）	12	55	〈餓死に瀕する二林の內地人農民救濟策を講ずる必要がある〉,《台灣日日新報》（台灣）,大正 12 年（1923）6 月 30 日,第 4 版。

資料來源：同表格出處

說明：同一年度不同編者的版本,記載戶數和人數稍有差異。例如大正 7 年（1918）年底的戶數,台中廳庶務課編,《台中廳館內概要（二）》載 14 戶;台中廳編,《台中廳行政事務並管內概況報告書（一）》為 12 戶,此處採用前者。

三、源成農場的本島人移民

運用便宜的本島人勞力在廣大的土地生產高經濟價值農作物，是日治初期日資企業普遍的概念與進行模式。明治 40 到 41 年（1907～1908）收購民有地並成立源成農場，明治 42 年（1909）1 月愛久澤直哉申請開墾官有原野地，並附帶經營私營移民。從〈起業方法書〉得知，預計移來開墾戶數 147戶中，4 分之 3 的戶數（110 戶）是以招徠本島人為主，反觀內地人只有 37戶。〔註108〕日後日本移民雖然達到百餘戶，但愛久澤直哉欲以本島人為主要勞動力早已確立。招募本島人的族群，福佬人和客家人皆有，福佬人大抵是具有地緣關係的鄰近村落人民；客家人方面則來自新竹州。

（一）福佬人雇工與移民

源成農場以鄰近的福佬人為主要勞力來源，附近村落的福佬人不僅精通土地之事，並且多數居住地窮乏，因此懇請來農場，皆順從地從事農耕。大正 3 年（1914）3 月，二林支廳下的王功庄民因飛砂埋沒耕地而變得窮困、隔年北斗支廳管內窮困居民又因水害喪失耕地，於是農場也招徠他們從事農耕，給予安定之生活。〔註109〕

大正 6 年（1917）7 月，客家移民 1,200 人，而福佬人已達 3,250 人。〔註110〕福佬人是農場的勞力主幹到日治末期仍舊沒有改變，昭和 15 年（1940）本島人（福佬人和客家人）總戶數達 1,187 戶，總計 10,048 人為源成農場效命，鄰村與移民的福佬人共 7,179 人，約佔 71%。〔註111〕以往官方的報告書皆記載福佬人只有約 50 戶、200 餘人，可能是只估計移住農場的福佬人數，未將居住在原址而受僱源成農場的福佬人計算在內。這一點在平識善雄的文章，昭和 15 年（1940）移民的福佬人僅 469 人可得到佐證。〔註112〕

福佬人的移民案例可藉由筆者的曾祖父來說明：林宗平，生於彰化郡和美街的福佬人，昭和 8 年（1933）前往南彰化的源成製糖場工作，起先住在員工宿舍，隨後舉家遷往二林街路口厝租屋定居，直到日治末期農場停止製

〔註108〕《台灣總督府公文類纂》，第 6361 卷第 12 冊。
〔註109〕台中廳庶務課編，《台中廳管內概要（一）》，頁 144～146。
〔註110〕〈源成農場成功〉，《台灣日日新報》（台灣），大正 6 年（1917）7 月 13 日，第 5 版。
〔註111〕平識善雄，〈台灣二於ケル某製糖會社ノ農場經營ユ關スル調查〉，頁 22。
〔註112〕平識善雄，〈台灣二於ケル某製糖會社ノ農場經營ユ關スル調查〉，頁 22。

糖，再轉徙到明治製糖會社的溪湖工場服務。〔註113〕

表 3-12：昭和 15 年（1940）源成農場福佬人、客家人戶數與人口

大正 9 年前堡名	大正 9 年後街庄大字		總戶數（戶）	在地福佬人	移民		計（人）
					福佬人	客家人	
深耕堡	二林街	礦磃	185	1,083	126	192	1,401
		丈八斗	161	861	87	533	1,471
二林下堡		後厝	79	382	11	392	785
		犂頭厝	146	768	24	529	1,321
深耕堡	竹塘庄	面前厝	165	914	94	473	1,481
		五庄仔	158	1,148	0	106	1,254
東螺西堡	埤頭庄	大湖厝	131	736	127	435	1,298
二林下堡	二林街	外蘆竹塘	33	202	0	0	202
東螺西堡	北斗街	北斗	103	626	0	76	702
二林下堡	沙山庄	草湖	26	0	0	133	133
計			1,187	6,710	469	2,869	10,048

資料來源：平識善雄，〈台灣ニ於ケル某製糖會社ノ農場經營ユ關スル調查〉，頁 21～22。

（二）客家人之移民

推拉理論說明造成人類遷移應有推力或拉力，日治時期北部桃園、新竹、苗栗客家區域的地理環境多爲丘陵地、台地或山地，耕作條件遠不如平原地帶，其次社會發展呈現土地過度集中在地主手上，一般農戶耕作地少，造就佃農的比例相當高。山多田少的情況下，人口壓力必然增加，人口過剩問題也一併發生，不巧風災、水災以及地震也頻頻肆虐，主要經濟來源之一的樟腦枯竭和茶價大跌使生活更加困頓。〔註114〕北客生活區域呈現多樣的外推力

〔註113〕〈台中州彰化郡線西庄埤子墘字汴頭四百八番地戶口調查簿〉，戶主柯鄭氏粉。另據其子柯瓊口述，2011 年 11 月 8 日訪問。
〔註114〕林秀昭，《台灣北客南遷研究》，頁 13～23。

量，因此只要某地區具有良好的工作機會等等優良謀生條件，加上西部縱貫鐵路於明治 41 年（1908）通車，交通便利下順勢引導了大批的客家人相繼遷移到新天地胼胝打拼。

日治初期防砂工事與濁水溪的整治工程稍見起色之餘，彰南地區荒蕪之地已有果敢有爲且善於牟利的客家人注目於此，從桃園、新竹、苗栗移住開墾者不在少數，明治 39 年（1906）有 232 名，〔註115〕隔年亦有 215 名，〔註116〕拓墾行爲以自墾爲主，墾者多從事農業，農作物以稻米、甘蔗爲主，另有麥、地瓜、碗豆、蘿蔔等等，不過移民仍舊在原鄉與新墾地之間來回。〔註117〕

約在明治 42 年（1909）源成農場在苗栗、竹北地區貼出告示，說明農場土地面積、招募人數、移墾條件等。並委託苗栗蔡丁財、新竹徐阿憨率領北部客家人集體前來移墾定居。〔註118〕給予的待遇如下：

（1）竹篙厝 1 間、牛 1 頭。

（2）每戶人口數超過 6 人，可申請裝設電力。

（3）其他費用可向會社無息貸款，若干年還清。

（4）租金是活租一甲，如收穫超過 8,000 斤，就按一定比例抽成。〔註119〕

源成農場開墾初期客家移民整戶遷移而來者，房屋、牛隻、農具、種子應有盡有，有一首童謠可說明當時日本人給予的優渥條件：「深耕堡，繳牛隻並傢伙，鍋頭鍋鏟一蓋好，除了餔娘自家討。」〔註120〕其大意爲除了老婆自己想辦法，其他農耕工具、生活必需品一應具全。殆土地開墾完成，可以種植農作物之時則必須繳納田租。〔註121〕在多數人的眼中，農場給得待遇還不

〔註115〕〈開墾中部台灣（下）〉，《漢文台灣日日新報》（台灣），明治 39 年（1906）11 月 15 日，第 2 版。

〔註116〕新竹廳管內 157 名、苗栗廳管內 33 名、桃園廳管內 3 名，此外要注意的是不獨外地的客家人，其他地區和當地的福佬人也加入開墾的行列。見〈彰化廳下之開墾業〉，《漢文台灣日日新報》（台灣），明治 40 年（1907）3 月 1 日，第 4 版。

〔註117〕許世融，〈二十世紀上半彰化平原南部的客家人──統計資料語言與田野調查的對話〉，收入陳允勇總編輯，《2011 年彰化研究學術研討會論文選輯──彰化文化資產與在地研究》（彰化：彰化縣文化局，2011），頁 200。

〔註118〕張素玢，〈私營農場與二林地區的變遷（1900～1945）〉，頁 69。張素玢訪談羅阿龍所得知。

〔註119〕張素玢，〈私營農場與二林地區的變遷（1900～1945）〉，頁 69。

〔註120〕楊國鑫，〈彰化縣客家調查〉，《台灣客家》（台北：唐山，1993），頁 98。

〔註121〕范姜阿榜口述，2012 年 1 月 30 日訪問。

錯，有些早來的人亦會遊說親友前來耕作。〔註122〕因此，北部客來到彰化平原的遷移拉力，是定基於三五公司源成農場提供安身立命的工作以及居住環境。

明治43年（1910）2月，已有393位客家人為源成農場所僱傭，〔註123〕明治44年（1911）12月報載招徠客家人百餘戶。〔註124〕日本移民此時已大部分離開剩餘22戶左右，本島人正式成為農場與製糖場的主力。大正6年（1917）源成農場經營步入佳境，客家人200戶、1,200人。〔註125〕移民人數每年多少都有進出，特別是隨著地方的進步，大部分也已安住。〔註126〕並且多數是整戶攜家帶眷遷徙而來，大正8年（1919）統計客家人男性444人；女性374人；13歲以下446人。〔註127〕昭和3年（1928）357戶、3,283人，是目前所見客家人移民最多的一年。〔註128〕昭和11年（1936）官方報告書便將「農業移民」項轉為記載官營移民的部分，對於源成農場移民狀態不再詳述。可發現昭和2年（1927）起，客家移民大約在2,800人左右，平識善雄最後在昭和15年（1940）記載客家人有2,869人。〔註129〕這是日治時期彰化平原「新」客家人移民在源成農場9個大字客家村莊的最後人口數值。

按移民成績，官方認為本島人從事土地開墾最優良，特別客家族民，不僅最為習慣土地氣候，一家人口多，且個性普遍勤勉。福佬人一家內人口與客家人相較之下不僅較少，勤勞之性情與勞動力等皆較低落。〔註130〕

〔註122〕陳逸君，《流轉中的認同——彰化竹塘地區福佬客族群意識之研究》（台北：客家委員會，2005），頁30。

〔註123〕〈源成農況〉，《漢文台灣日日新報》（台灣），明治43年（1910）2月15日，第3版。

〔註124〕〈源成農塲近況〉，《台灣日日新報》（台灣），明治44年（1911）12月12日，第2版。

〔註125〕〈源成農場成功〉，《台灣日日新報》（台灣），大正6年（1917）7月13日，第5版。

〔註126〕台中廳編，《台中廳行政事務並管內概況報告書（一）》，頁66～67。

〔註127〕台中廳庶務課編，《台中廳管內概要（一）》，頁144～147。

〔註128〕台中州役所編，《台中州管內概況及事務概要（二）》，頁171。

〔註129〕平識善雄，〈台灣二於ケル某製糖會社ノ農場經管ユ關スル調查〉，頁22。

〔註130〕台中廳庶務課編，《台中廳管內概要（一）》，頁146～147。

表 3-13：源成農場招募客家人之戶數、人口變遷表

西元紀年	日治紀年	客家人		備註	出處
		戶數	人口		
1910	明治 43 年 2 月	不詳	393		〈源成農況〉,《漢文台灣日日新報》(台灣),明治 43 年(1910)2 月 15 日,第 3 版。
1910	明治 43 年 8 月	不詳	不詳	總本島人 68 戶、340 人	〈源成農場近狀〉,《漢文台灣日日新報》(台灣),明治 43 年(1910)8 月 7 日,第 3 版。
1910	明治 43 年 12 月	不詳	不詳	總本島人 77 戶、347 人	〈源成農場近況〉,《漢文台灣日日新報》(台灣),明治 43 年(1910)12 月 10 日,第 2 版。
1911	明治 44 年 12 月	百戶	不詳		〈源成農場近況〉,《台灣日日新報》(台灣),明治 44 年(1911)12 月 12 日,第 2 版。
1915	大正 4 年 6 月	130	880		〈中部通信源成農場の近狀〉,《台灣日日新報》(台灣),大正 4 年(1915)6 月 21 日,第 2 版。
1915	大正 4 年 10 月	200	不詳	舊有本島人 600 戶。	〈源成農場近聞〉,《台灣日日新報》(台灣),大正 4 年(1915)10 月 2 日,第 6 版。
1917	大正 6 年 7 月	200	1,200	總福佬人 650 戶、3,250 人	〈源成農場成功〉,《台灣日日新報》(台灣),大正 6 年(1917)7 月 13 日,第 5 版。
1917	大正 6 年底	180	1,264	移民福佬人 49 戶、257 人	台中廳庶務課編,《台中廳管內概要(一)》(台北:成文,1985;據大正 8 年版影印),頁 144～147。
1918	大正 7 年	212	不詳	移民福佬人 52 戶	台中廳編,《台中廳行政事務並管內概況報告書(一)》(台北:成文,1985;據大正 7 年版影印),頁 66～67。
1918	大正 7 年	214	1,709	移民福佬人 50 戶、250 人	台中廳庶務課編,《台中廳館內概要(二)》(台北:成文,1985;據大正 9 年版影印),頁 156。
1919	大正 8 年 9 月	250	1,750	總福佬人 600 戶 3,000 人	〈源成農場近況〉,《台灣日日新報》(台灣),大正 8 年(1919)9 月 7 日,第 6 版。

1925	大正 14 年	279	2,285		台中州役所編《台中州要覽（一）》（台北：成文，1985；據大正 14 年版影印），頁 63。
1927	昭和 2 年	337	3,103		台中州役所編《台中州要覽（二）》（台北：成文，1985；據昭和 2 年版影印），頁 76～77。
1928	昭和 3 年	357	3,283		台中州役所編，《台中州管內概況及事務概要（二）》（台北：成文，1985；據昭和 3 年版影印），頁 171。
1929	昭和 4 年	301	2,815		台中州役所編，《台中州管內概況及事務概要（三）》（台北：成文，1985；據昭和 4 年版影印），頁 176～177。
1930	昭和 5 年	309	2,930		台中州役所編，《台中州管內概況及事務概要（四）》（台北：成文，1985；據昭和 5 年版影印），頁 176。
1931	昭和 6 年	315	2,916		台中州役所編，《台中州要覽（四）》（台北：成文，1985；據昭和 6 年版影印），頁 89～90。
1932	昭和 7 年	284	2,739		台中州役所編，《台中州管內概況及事務概要（五）》（台北：成文，1985；據昭和 7 年版影印），頁 184。
1933	昭和 8 年	280	2,734		台中州役所編，《台中州管內概況及事務概要（六）》（台北：成文，1985；據昭和 8 年版影印），頁 190。
1934	昭和 9 年	278	2,880		台中州役所編，《台中州管內概況及事務概要（七）》（台北：成文，1985；據昭和 9 年版影印），頁 198～199。
1935	昭和 10 年	200 餘戶	2,800 餘人		台中州役所編，《台中州概觀（一）》（台北：成文，1985；據昭和 10 年版影印），頁 46～47。
1940	昭和 15 年	不詳	2,869	總福佬 7,179 人	平識善雄，〈台灣ニ於ケル某製糖會社ノ農場經管ユ關スル調查〉，頁 21～22。

資料來源：同表格出處

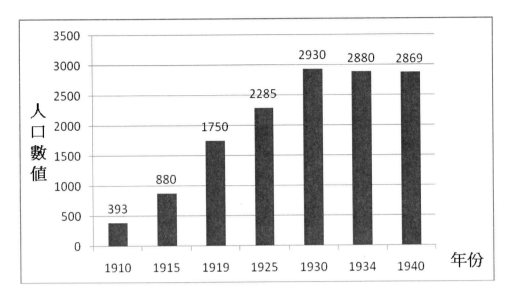

圖 3-12：1910～1940 年源成農場客家人口變化圖

資料來源：同表 3-13 的年份出處。

說明：因無 1920 年資料，故採 1919 年。因無 1935 年準確數值，故採 1934 年。

四、源成農場的新、舊客家人

　　台灣精確的戶口、人口調查始於日治時期，50 年的統治期間共進行 7 次，是該時期唯一具有完整性和連續性台灣客家人口構成、地域分布、語言、教育、家族、居住、社會習俗等基本數據之官方統計資料。〔註 131〕除此之外，尚有明治 34 年（1901）「關於本島發達之沿革調查」項目中的「街庄社居住民族調查表」、〔註 132〕昭和 3 年（1928）《台灣在籍漢民族鄉貫別調查》都可運用的客家人口資料。〔註 133〕

　　明治 38 年（1905）進行第 1 次臨時台灣戶口調查，這時候源成農場的客家人尚未遷入，其人口資料接近於清末客家人的數量，深耕堡、東螺西堡、二林下堡的客家人數，各為 1,084、49、14 人，共計 1,139 人，各佔該堡總人

〔註 131〕廖赤陽，〈台灣總督府戶口、國勢調查與台灣客家〉，《客家文化研究通訊》，9（桃園，2007.10），頁 152。
〔註 132〕《台灣總督府公文類纂》，第 781 卷第 1 冊。
〔註 133〕台灣總督官房調查課，《台灣在籍漢民族鄉貫別調查》（台北：台灣時報發行所，1928）。

數的 4.83%、0.2%、0.16%。〔註 134〕日治中後期源成農場的客家移民漸趨穩定，因此以昭和 10 年（1935）第 6 次國勢調查的客家人口資料來看，竹塘庄 2,955人、二林庄 2,537 人、埤頭庄 727 人、北斗街 690 人、沙山庄 233 人，共計7,142 人，各佔該街庄總人數的 26.56%、10.15%、4.14%、5.13%、1.1%。其中竹塘庄的客家人集中在大字九塊厝、鹿寮、竹塘、面前厝、內新厝、下溪墘；二林庄為犁頭厝、丈八斗、後厝、山寮、磟碡、二林；埤頭庄則是大湖厝；北斗街在東北斗；沙山庄是漢寶園、草湖。〔註 135〕以上客家人集中的大字村莊，除了竹塘庄的清末客家人無法與日治時期的客家移民清楚區分之外，大部分是源成農場招募而來，上述客家人口調查與平識善雄的統計幾乎一致（參見表 3-12）。

　　昭和 10 年（1935）深耕堡、東螺西堡、二林下堡的新、舊客家人口為 7,383人，〔註 136〕新客家人口數中，包含了源成農場所招募之外，還有其他小型私營農場，以及自墾而來的客家人亦總括其中。源成農場所招徠約 2,800 餘人，〔註 137〕約佔新、舊客家人口的 1／3 強（37.9%）。

表 3-14：日治時期深耕堡、東螺西堡、二林下堡的客家人口統計表

堡名／年代	1905	1915	1920	1925	1930	1935
深耕堡	1,084	1,816	2,638	2,815	3,170	3,842
東螺西堡	49	356	593	540	898	1,542
二林下堡	14	514	874	885	1,359	1,999
合計	1,147	2,686	4,105	4,240	5,427	7,383

資料來源：許世融，〈二十世紀上半彰化平原南部的客家人——統計資料語言與田野調查的對話〉，頁 194。

〔註 134〕台灣總督府臨時台灣戶口調查部，《明治三十八年臨時台灣戶口調查集計原表（地方之部）》（台北：台灣總督府臨時台灣戶口調查部，1907），頁 10～11。
〔註 135〕台灣總督府臨時國勢調查部，《昭和十年國勢調查結果表》（台北：台灣總督府臨時國勢調查部，1937），頁 224～227。
〔註 136〕許世融，〈二十世紀上半彰化平原南部的客家人——統計資料語言與田野調查的對話〉，頁 194。
〔註 137〕台中州役所編，《台中州概觀（一）》，頁 46～47。

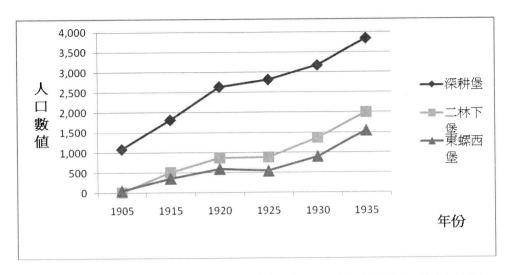

圖 3-13：1905～1935 年深耕堡、東螺西堡、二林下堡的客家人口變化
圖

資料來源：改繪表 3-14

五、彰南平原客家人新聚落的形成

（一）源成七界的誤解與轉化

　　日治時期源成農場的範圍含括 5 個街庄 10 個大字村莊，可是人們往往只關注和記憶收購民有地的區域且位居核心的 3 個街庄 7 個大字村莊：二林街（犁頭厝、後厝、丈八斗、磚磘）、竹塘庄（面前厝、五庄子）、埤頭庄（大湖厝）。農場擁有土地面積較少位居邊陲地帶的 3 大字村莊（二林街外蘆竹塘、北斗街東北斗、沙山庄草湖）逐漸被遺忘。於是當人們將「源成七界」指稱「地域」之時，便是窄化源成農場的範圍面積，曠日長久導致眾人被動性退縮記憶農場只有 7 個大字，事實上涵蓋了 10 個大字村莊。〔註 138〕

　　「源成七界」除了是地域範圍的代名詞，客家移民在農場的安排規劃下聚居形成集村聚落。日治時期源成農場 10 個大字村莊除了外蘆竹塘庄沒有客家人居住外，其他 9 個大字都有客家人村落（表 3-12），〔註 139〕其中核心區

〔註 138〕因為語言名詞的傳播，導致與事實真相不符或誤解的例子很多。例如南投草屯的舊名為「草鞋墩」，似乎是換穿草鞋堆積成墩得名，不過依據古文書的考據並非如此，見陳哲三，〈清代草屯地區開發史——以地名出現庄街形成為中心〉，《逢甲人文社會學報》，3（台中，2001.11），頁 132。

〔註 139〕這裡指的是日治時期。日治末期軍方為興建北斗（大湖厝）機場，強制徵收

域的 7 個大字村莊，更是客家人最主要聚集居之地。客家人的語言、風俗文化等各方面有別於福佬人，人數約 2,800 人營造出獨立的群體，因此「源成七界」遂又可指稱客家人居住的地方社會。簡言之，「源成七界」若轉稱「族群」時，因為客家人並非只住在 7 個大字村莊，所以又統稱分布在源成農場 9 個大字村莊所居住的客家族群，因為人們總是很容易說出某地有客家人居住，只是他們已忘記日治時期該角頭所屬的大字村莊罷了。

總的來說，「源成七界」依不同的指涉對象而轉化其內涵，稱「地域」之時，是被迫窄縮源成農場範圍，因為面積不只 7 個大字，而是涵蓋 10 個大字村莊；轉稱「族群」時，則是擴大代表源成農場的客家移民，散布在 9 個大字村莊的客家聚落和客家地方社會。

（二）彰南平原的客家聚落

日治時期基礎建設相繼完成，社會上各種政經力量的引入，彰化平原的生存謀生機會增加不少，吸引客家人前仆後繼移民至此，遷入彰化的吸引力類型大致可分為 3 種：（1）日本與台灣資本家的招募、（2）主動向業主洽談承租土地耕種、（3）自身前往開墾的客家人。〔註 140〕除了源成農場募集客家人移民至此工作之外，還有大豐拓殖株式會社、〔註 141〕二林辜顯榮農場、〔註 142〕北斗榊原農場、北斗下壩農場、〔註 143〕溪州圳寮農場等等。〔註 144〕

源成農場竹塘庄五庄仔的土地，導致庄內的客家人遷移他處。醒靈宮現任主委余帝珍童年即是居住在五庄仔，他回憶五庄仔搬遷的客家庄角頭是西勢仔，又分成頂庄、下庄，一庄約幾 10 戶，於是西勢仔總共 20 幾戶客家人，以 1 戶 5 人估計，約百餘人，與平識善雄記載五庄子的人數約 106 人大致相符。（見表 3-12）因此現今竹塘鄉五庄村是沒有客家庄的。余帝珍口述，2012 年 3 月 31 日訪問。

〔註 140〕例如北斗吳新鏡乃自行南下開墾，見張哲郎總纂，《北斗鎮志》（彰化：北斗鎮公所，1997），頁 763。許世融，〈二十世紀上半彰化平原南部的客家人——統計資料語言與田野調查的對話〉，頁 201～203。

〔註 141〕昭和 3 年（1928）包含新竹州移民的本島人有 175 戶 1,241 人，參閱台中州役所編，《台中州管內概況及事務概要（二）》，頁 171。

〔註 142〕地點在二林鎮豐田里，見洪麗完、李坤北，〈第三篇開拓史〉，洪麗完總纂，《二林鎮志》，上冊，頁 261～264。葉爾建等撰述：施添福總編纂：國史館台灣文獻館採集組編輯，《台灣地名辭書，卷十一，彰化縣（上）》（南投：台灣文獻館，2006 一版二刷），頁 456。

〔註 143〕張哲郎總纂，《北斗鎮志》，頁 177～178。

〔註 144〕洪長源，《彰化縣溪州鄉客家地圖》（彰化：溪州鄉公所，2005），頁 186～187、227。

在資方的眼裡，客家人比鄰近的福佬人更認真和勤勞，或許深刻體會原鄉的生活比這裡困苦多了，彰化平原儼然成為他們的第二故鄉，並且在定居地建立客屬族群寺廟，例如竹塘醒靈宮、二林廣福宮、埤頭廣興宮、溪州覆靈宮以及福客合建的北斗廣福宮。

1999 年依據曾慶國的田野調查，統計日治時期客家移民至彰化縣的後代人口數約 5,655 人，〔註145〕2011 年再版統計約 6,100 人，〔註146〕兩者差異在（1）二林鎮復豐里清水庄、（2）二林鎮興華里洲仔巷、（3）福興鄉福興村客人仔庄。前兩者是新增加客家角頭，後者是戶數、人數增加。客家人口大約 6,100 人的數值或許有討論的空間，但曾氏的最大貢獻是讓我們瞭解日治時期以來彰化平原的客家移民分布地圖。

日治時期彰化平原客家人的移民聚落分布在今日彰化縣 8 個鄉鎮（表 3-15），其中二林鎮、溪州鄉、竹塘鄉、埤頭鄉這 4 個鄉鎮是客家人的大本營，尤其二林鎮更是其核心地帶，〔註147〕二林鎮客家人數最多的東興里，客家角頭之一的番社之鍾氏來自桃園楊梅、張家原住桃園龍潭，二林鎮興華里水門多數遷自苗栗銅鑼。戰後仍有少數客家人遷入彰化，所依憑便是廖經庭所言之社會網絡或資本，〔註148〕透過親友提供當地訊息因而遷入二林鎮後厝里。〔註149〕北斗鎮、福興鄉亦有客家人聚居在幾個村庄角頭；其次，另有散居在芳苑鄉、大城鄉等地區。

二林鎮、竹塘鄉、北斗鎮，埤頭鄉（山崙頭不計）屬於「源成七界」的客家移民，這 4 個鄉鎮大部分屬於源成農場招募而來，這區域的客家人比例佔彰化平原客家移民總人數相當高的比例，這些客家人共同信奉竹塘鄉民靖村牛稠子以三恩主為主神的「醒靈宮」，並認為是客家人的公廟。因此，從客

〔註145〕曾慶國，《彰化縣三山國王廟》（南投：台灣省文獻委員會，1999），頁 22、40～45。

〔註146〕曾慶國，《彰化縣三山國王廟：客家與福佬客的故事》（台北：台灣書房，2011），頁 8、28～31。書中溪州鄉統計為 1,080 人，但加總後正確數字應是 1,180 人，故總人數為 6,100 人。

〔註147〕二林鎮的客家人可認定皆為日治時期移入。2011 年二林鎮「多重自我認定為客家人」有 5,100 人，會聽或說客語有 2,200 千人，都是這 8 個鄉鎮最多者，見客家委員會編，《99 年至 100 年全國客家人口基礎資料調查研究》（台北：客家委員會，2011），附表 A65～66。

〔註148〕廖經庭，〈鳳林地區日治與戰後客家移民之比較研究初探〉，頁 154～155。

〔註149〕朱翎瑤口述，2011 年 10 月 30 日訪問。

家人的寺廟來觀察其宗教信仰所呈現的客家文化或認同似乎可作爲指標之一。透過研究寺廟探討客家人搬遷到彰化平原後的內部聯繫與外在互動，成爲筆者在以下的章節所要呈現的面向。

表3-15：日治時期以來彰化平原客家移民之角頭分布

鄉鎮	村里	角頭
二林鎮	東華里	五戶、七戶、頂番仔厝、下番仔厝、過溝仔
	復豐里	沙崙腳、清水庄
	興華里	水門、下洲仔、水尾
	東興里	犁頭厝、番社
	後厝里	頂後厝、下後厝、水浸湖
	原斗里	竹圍、清水橋
	西斗里	八間、頭前埔、濁水膏堀仔或稱泥油岡
	豐田里	十一戶庄、十三戶仔、保安林區
竹塘鄉	民靖村	牛稠子、大橋頭
	小西村	巷仔溝、上洲仔
	土庫村	過溝仔
	溪墘村	溪墘
	新廣村	過景仔、謝厝
埤頭鄉	大湖村	公館、十戶、下四戶、頂四戶、六戶
	豐崙村	山崙頭
溪州鄉	成功村	岸角
	西畔村	九甲或稱溪底（廣一、廣二、廣三巷）
	圳寮村	溪埔
	舊眉村	中山巷
	溪厝村	廣東巷
福興鄉	福興村	客人仔庄
	鎮平村	後溪仔
北斗鎮	新生里	流離摳仔或稱溪底
散居	二林鎮中西里及廣興里、芳苑鄉草湖村、大城鄉上山村、北斗鎮大新里、溪州鄉柑園村等等	

資料來源：張哲郎總編纂：張素玢等撰稿，《北斗鎮志》，頁176～180。魏金融、洪長

源等，〈20 世紀的彰化縣客家移民〉，收入《彰化縣客家族群分布調查》，頁 284～309。洪長源，《彰化縣溪州鄉客家地圖》，頁 144～199。曾慶國，《彰化縣三山國王廟：客家與福佬客的故事》，頁 28～33。鐘元發、醒靈宮編，《醒靈宮武聖關公安座大典紀念》（彰化：醒靈宮，1988），頁 19～89，謝四海主編，《彰化縣二林區源成客家庄史前集》、《彰化縣二林區源成客家庄史續集》，加上本研究製表而成。

第三節　源成農場紛爭事件

日治時期台灣蔗農抗爭的因素，約可分爲（1）政治：日本的殖民歧視和中產階級的加入、（2）經濟：土地買收政策的抗爭、原料採取區域制度的抗爭、（3）社會：會社——中間瞨耕人——佃農的租佃剝削結構。〔註150〕亦有言是 1920 年代米糖相剋問題激化所導致的糖業生產體制危機。〔註151〕

大正 13 年（1924）在彰化南部爲抗議林本源製糖會社的甘蔗收購價偏低，蔗農與仕紳成立「二林蔗農組合」而爆發的二林蔗農事件，爲此時期最知名的農民運動之一。雖非台灣最早的農民運動，但喚醒農民遭長期壓迫而起身抗議的引火線，形成深刻的農運記憶。昭和 2 年（1927）辜顯榮農場也發生紛爭，顯現當地社會潛藏失衡的勞資天平以及遍布農民運動的種子。

勞資兩方總是最容易在收購價格上產生爭執，另一方面也代表勞方（佃農或承耕農）不時面臨業主的剝削。源成農場的製糖場也曾經發生類似的紛爭事件，但似乎不被人所注意與陳述，其眞實內容皆記載在當時的報紙《台灣日日新報》，而客家人所建立的醒靈宮，似乎也在其中扮演重要的角色。

一、醒靈宮與源成農場製糖場的業佃紛爭事件（1933～1935）

源成農場製糖場在昭和 8 年至 9 年（1933～1934）的製糖期，改良糖廍轉爲新式製糖工場，此時卻傳出原料價格買收不當的新聞事件，並且要苛扣其他費用。再者，鹽水港製糖株式會社獎勵每甲補助 20 圓，源成農場無此待遇。佃人曾派代表向小林主事請求提高收購價格卻無具體承諾。因此佃人欲聚集召開大會商討對策，竟被源成農場先行探知，而命令中止開會。當時小

〔註150〕何鳳嬌，〈日據時期台灣蔗農抗爭因素之探討〉，《國史館館刊》，13（台北，1992.12），頁 81～104。

〔註151〕盧俊偉，〈1920 年代台灣蔗農抗爭因素的結構分析〉，《中華人文社會學報》，6（新竹，2007.3），頁 184。

林主事要求暫時忍耐，日後決會提高購價。佃人期望在發表下一期原料價格的前 1 個月召開會議，邀請官廳及記者臨席，企求源成農場發表合理價格，體諒佃人境遇，使可維持生活。〔註 152〕

　　隔年昭和 9 年至 10 年（1934～1935）的製糖期，原料收購價仍是 15 圓，栽種蔗苗每甲扣 19 圓，肥料每甲扣 70 圓，田租 2 年每甲 64 圓（要先繳納），排水費每甲 2 年 2 圓、調整費每萬斤扣 3 圓 70 錢。因此每甲採收 10 萬斤，尚屬虧損，對此不平之聲，不絕於耳。報紙云：源成農場如此暴虐，希望政府儘速出面調停。〔註 153〕佃農曾向源成農場抗議無效後。昭和 10 年（1935）5 月 10 日佃人總共 1 千餘名，向二林分室及所管轄的二林、丈八斗、小埔心、路口厝、竹塘各派出所陳情，懇求監督官廳代為農民設想辦法。〔註 154〕

　　昭和 10 年（1935）5 月 27 日早上 10 點，在竹塘庄面前厝牛稠子帝君廟（今醒靈宮），〔註 155〕600 餘名甘蔗小作人舉辦磋商會，有二林分室主任和多數警官在外警戒，源成農場有主事小林正之介、原料係長荒川寬兩位出席。開會之前，由二林分室主任先訓示一場，並勸其蔗農選出代表者，眾佃隨即選出代表 35 名後其餘退出。代表者決議 7 項條文，如下：

　　（1）原料價格，及小作料以明治製糖株式會社、鹽水港製糖株式會社為標準而決定。

　　（2）昭和 10、11 年期（1935～1936）甘蔗原料價格，在未採取前發表。

　　（3）蔗園贌耕科，俟原料採取後清算。

　　（4）最近發表之自作制度，變更為傭雇制度方針宜取消。

　　（5）原料生產方法，與他會社同樣辦理。

　　（6）栽蔗，照從來輪作。

　　（7）昭和 9、10 年期（1934～1935）原料價格，宜速解決。

　　28 日早上 9 時，佃農代表到源成農場向小林主事提出決議文，但小林主事不肯正面答覆，一行人不得要領而離去。〔註 156〕

〔註 152〕〈源成農場蔗價不當與鹽糖比較大差佃人叫苦生活不能安定〉，《台灣日日新報》（台灣），昭和 9 年（1934）5 月 10 日，第 8 版。

〔註 153〕〈源成農場製糖虐待蔗農〉，《台灣日日新報》（台灣），昭和 10 年（1935）5 月 10 日，第 8 版。

〔註 154〕〈源成農場蔗價過廉蔗農千餘名憤慨懇求官廳代為設法〉，《台灣日日新報》（台灣），昭和 10 年（1935）5 月 12 日，第 8 版。

〔註 155〕報載該廟為帝爺廟，其正確名稱應是帝君廟，本文後皆稱醒靈宮。

〔註 156〕〈源成農場諸耕作者決議文交小林主事主事不肯回答失望而歸〉，《台灣日日

　　面對小林主事言託左右，全無誠意。諸位代表隔天 29 日，決定到北斗街請託代書幫忙寫陳情書，欲提交至州、郡當局。但是當地代書，大多不敢接受委託。此後終於有某甲代書承諾爲其執筆，卻被源成農場原料委員某乙先行探知，進而出面奔走買收，導致該代書事後反悔。於此，報紙批評代書業，不肯爲人執筆有違反法律之虞，再次呼籲當局應速出面排解，以解決地方的大事情。〔註 157〕爾後眾人鍥而不捨再到員林託某代書完成。5 月 31 日上午 9 時，佃農代表莊成等 34 名，帶著 710 人的連署陳情書，送達二林分室與北斗郡役所，並在郡役所拜訪兩位課長，誠懇拜託代爲設法排解。〔註 158〕

　　6 月 2 日，源成農場態度有所轉變，經由原料委員轉達佃人，將調整費每萬斤 3 圓 70 錢作割戾金，每萬斤配與 2 圓。聽此消息，蔗農不甚滿意，於 5 日午後 1 點 30 分在牛稠子醒靈宮再次召開佃人代表磋商會。佃人代表出席有 32 名，二林分室高橋特務、竹塘、丈八斗兩警所巡查等臨席，由佃人代表莊成就議長席開會，針對源成農場釋出的辦法徵詢意見，眾代表俱言源成農場經常不照所約實行，故不肯授受。等待昭和 10 年至 11 年（1935～1936）製糖期，源成農場發布原料買收價格再行決定，若有達到佃人的希望，始肯接受。並決定 6 日早上 9 時，再派代表 4 名前往員林，託代書作成陳情表，再向台灣日日新報社陳情。其次，從 7 日至 10 日，在各村莊籌開小作人懇談會，研究日後對策。會議到下午 4 點 10 分閉會。報紙重批：小林主事，乃係商界出身，只思自己利益，而對佃人毫無半點愛顧。〔註 159〕此事件已經過當局數次調停，但是源成農場仍不思反省，尙執高壓態度。小林主事聽到佃農向報社陳情，知道事勢不好，大起恐慌，力求當局出爲緩和，又勸告諸位蔗農，將於 6 月 12 日上午 8 點 30 分在丈八斗警所，開始業佃之妥協，當日二林分室久保主任，田中周、高橋、三高等特務，以及竹塘、丈八斗警所巡查參與，源成農場有工場長內山淳太郎，原料係長荒川寬，土地係長飯田勇 3 人代表，蔗農佃人代表莊成等 7 名（由代表 35 名再選出），妥協結果，雖未能完滿，

　　　　新報》（台灣），昭和 10 年（1935）5 月 31 日，第 4 版。

〔註 157〕　〈源成農場佃人欲作陳情代書皆不引受〉，《台灣日日新報》（台灣），昭和 10
　　　　年（1935）6 月 1 日，第 4 版。

〔註 158〕　〈源成農場爭議問題陳情書提出〉，《台灣日日新報》（台灣），昭和 10 年（1935）
　　　　6 月 2 日，第 8 版。

〔註 159〕　〈二林源成農場製糖發表方針蔗農不滿再開代表會商議對策〉，《台灣日日新
　　　　報》（台灣），昭和 10 年（1935）6 月 9 日，第 4 版。

但似乎透出一線曙光，會議至午後5點30分散會。最近將再開磋商會，並將明治製糖株式會社及鹽水港製糖株式會社的原料買收價格視為標準，由官方代替佃人與源成農場斡旋。〔註160〕

　　日後源成農場為解決紛爭，再提出善意措施，包括割增金3圓50錢，贌耕科免除、栽植獎勵金，綠肥補助等措施，以此請託當局斡旋，起初眾佃人皆不信，因為源成農場屢次要詐騙人，恐其起耕，變更為自作農場。故小作佃人，再連署捺印提出陳情書於當局，至7月26日，源成農場寫出誓約書，解釋斷然無起耕事，亦無設自作農場為理由，提出於郡當局。於是郡守勸告小作佃人讓步。8月6日，午前10點30分，在牛稠子醒靈宮開盛大妥協會。當日出席者，官廳參加者有郡警察課主任、二林分室特務、竹塘、丈八斗兩警所巡查等人。源成農場參與者主事小林正之介、工場長內山淳太郎、原料係長荒川寬、區域內原料員12名，來賓竹塘、二林2位庄長，台灣、台日、台民、東亞各報記者等等。會議首先由佃人代表莊成報告事件經過，次由源成農場小林主事、監督官廳警部、來賓竹塘、二林 2 位庄長先後發表看法與祝辭，到上午 11 點 30 分，再由莊成簡述閉會辭，然後在該廟內，盛開宴會，當日雖值豪雨傾盆，參與者仍有 300 餘名之多堪稱盛況。〔註161〕

二、紛爭事件的後續發展

　　紛爭事件經由源成農場、官方、蔗農三方面妥協開會，小林主事曾聲明決會終止自作農場案，而今又再11月2日欲決定經營自作農場，指定區域內的耕地須返還並種植甘蔗，為預防任意耕種其他作物，要求佃人寫切決書，被指定之佃人，叫苦連天，欲訴無門。〔註162〕隔年（昭和 11 年，1936）10月 30 日，後厝原料委員洪論招集 70 餘戶佃人，說明已選定 3 部落共 800 甲為自作農園，對此引起佃人恐慌，要求土地返還源成農場之時，源成農場每甲當要補助金 300 圓，使佃人可遷移他處生活。〔註163〕另外，當時協定甘蔗

〔註160〕〈源成農場對蔗農紛糾開妥協會議〉，《台灣日日新報》（台灣），昭和 10 年（1935）6月 16 日，第 4 版。

〔註161〕〈源成農場製糖所與佃人紛爭解決六日散式列席者數百人〉，《台灣日日新報》（台灣），昭和 10 年（1935）8月 9 日，第 4 版。

〔註162〕〈源成農場紛議事件雙方妥協圓滿解決料以後難免再發生事端〉，《台灣日日新報》（台灣），昭和 10 年（1935）11 月 30 日，第 4 版。

〔註163〕〈源成農場開磋商會佃人聞條件起恐慌〉，《台灣日日新報》（台灣），昭和 11 年（1936）11 月 1 日，第 4 版。

原料每萬斤，扣除肥料、蔗苗、畑租外，津貼工資 10 圓為條件。不料甘蔗原料割取後，會社每萬斤甘蔗原料，僅津貼 4 至 6 圓而已，故蔗農多憤慨源成農場慣用伎倆欺騙，近日謀求設法並抗議。〔註164〕從這 2 則報導，可見源成農場開出的妥協條件先後跳票，蔗農被欺壓至此顯而易見。

　　除源成農場毀約之外，當初代表與會社對峙，可視為蔗農佃人群的領導人莊成。當初在醒靈宮妥協和解後所開辦的宴會，其費用由蔗農所出的資金支付，日後源成農場對該宴會費用附贈金 210 圓 70 錢被莊成領取，卻無開誠布公而私自藏收，對此碾碻人莊新春與後厝人邱順德在昭和 10 年（1935）10 月 18 日到二林分室控告莊成詐欺橫領，隨後莊成託 6 名蔗農解釋非詐領而是自己保管，二林分室便令莊成要將現金儲於郵便局，待日後適當分配金額。豈知最近卻不見莊成之存款，因此莊新春、邱順德 2 人於昭和 11 年（1936）5 月 5 日再次到二林分室控訴莊成橫領款項。〔註165〕不過日後因無相關的報導，事件的後續發展則有待釐清。

三、醒靈宮扮演的角色

　　漢人社會的村莊公廟本身具有公共空間的屬性，例如大正 13 年（1924）二林事件的開會地點在二林仁和宮，昭和 8 年（1933）開始的源成農場業佃紛爭事件，昭和 10 年（1934）起醒靈宮成為眾佃農議事商討對策、業佃兩方展演大和解的場所，勞方的諸位佃農、資方的源成農場、官方以及報紙輿論，四方力量在醒靈宮角逐、競合，將寺廟所扮演的公共空間角色展現得淋漓盡致。代表客家族群所建立的醒靈宮，無形中已獲二林、竹塘、埤頭等源成農場的農民、地方仕紳、官方認定具有地方公廟的公共性質。因此台灣的公廟不僅為民間信仰的機構，更兼具「地方事務中心」的實質內涵。〔註166〕宗教與社會空間的疊合，在傳統時代裡，廟宇可說是一個民營鄉公所。〔註167〕公廟的宗教性質奠基之後，濃厚社會性隨之產生，這也就是公廟為何在傳統社

〔註164〕〈碾碻蔗戶憤製糖所詐偽設法抗議〉，《台灣日日新報》（台灣），昭和 11 年（1936）5 月 22 日，第 8 版。

〔註165〕〈源成農場紛爭餘波告訴莊成橫領〉，《台灣日日新報》（台灣），昭和 11 年（1936）5 月 8 日，第 8 版。

〔註166〕唐美君，〈台灣公廟與宗族的文化意義〉，《國立歷史博物館館刊》，2：1（台北，1983.1），頁 14～18。

〔註167〕林正珍，〈宗教儀式的展演：以台中市樂成宮旱溪媽祖遶境十八庄為例〉，《宗教哲學》，37（台北，2006.9），頁 76。

會中佔據重要的緣故。

小　結

　　日治時期的南支南洋政策，使得台灣總督府與愛久澤直哉共同成立具有國策會社性質的三五公司，採取經濟為主的華南侵略。愛久澤直哉在此局勢下藉由「官憲的力量」強購民有地，並且順利申請官有原野地加以開發。明治 41 年（1908）在彰化南部「源成農場」於焉誕生。昭和 15 年（1940）總面積達到 3,030 甲。源成農場的農作物以稻米為主、甘蔗為輔。明治 44 年（1911）設置改良糖廍，昭和 9 年（1934）改作新式製糖。製糖場能運作到戰前未被其他製糖會社合併，皆與主事小林正之介善於經營有密切關係。

　　昭和 8 年到 10 年（1933～1935）起發生蔗農紛爭事件，客家人建立的寺廟醒靈宮，成為個人、業主、官方和報紙輿論互動的場所，稱職扮演「地方事務中心」的身分。

　　源成農場兼營日本移民事業是因申請開發官有原野地的附帶條件，屬於日治初期私營移民。愛久澤直哉在計畫書早已確立以本島人為勞動力來源。日本移民與本島人（福佬人、客家人）同時間、同地段共同進入開墾，日本移民不到 2 年時間紛紛離去，移民與農場方面皆有責任缺失，唐突的移民政策未具完善規劃亦是其癥結所在。日後農場的勞動力便以鄰近村莊的福佬人為開發主力，從新竹州移居下來的客家人為輔，在日治中末期客家移民數呈現穩定數值，約在 2,800 人之譜。然而招募客家人來彰化平原的資方不僅源成農場，也有其他農場或個人的拓墾行為，但受雇源成農場的客家人最多，這些客家人多信奉竹塘的醒靈宮，醒靈宮是台灣史上研究日治時期客家移民的重要標誌。

　　「源成七界」的名稱由來，為「源成農場」和「七界內」組合而成。「七界內」是指農場 10 個大字中，從人民手中收購土地的 7 個大字村莊，其行政範圍相互連接而框劃形成的核心地區，客家人的聚落則分布在 9 個大字裡。隨著時間與名詞的流傳以及歷史記憶的模糊散失，人們指稱「源成七界」依據對象的不同而意義發生轉變，指「地域」時，不經意的窄化源成農場範圍，因為農場面積事實上涵蓋了 10 個大字村莊；稱「族群」時，則是擴大解釋源成農場的 9 個大字村莊之客家地方社會。

第四章 醒靈宮及其廟群的發展

清末以來台灣客家地區有一龐大的宗教信仰普遍流傳，是以三恩主崇拜為核心的「鸞堂」系統。〔註1〕位於彰化縣竹塘鄉民靖村的醒靈宮，淵源自日治時期新竹州的客家人，受到彰化源成農場的招募，部分移民從原居地苗栗獅潭攜帶而來並落地生根的鸞堂信仰。

醒靈宮，是對外社會的正式名稱；以所在地而命名之，呼作「牛稠子廟」；以族群別，稱為「客人廟」；日治時期彰化客家移民多親切稱之「帝君廟」。從「客人廟」的稱號就可以知道，信徒基礎是以客家人為主體的寺廟。更深層的意義是代表族群意識的社會展現，存在於我群與他群之間的概念。〔註2〕

本章著重在醒靈宮廟群的發展歷史，首先探究醒靈宮的鸞堂源頭，其次所管轄萬善祠、聖蹟亭、大成殿（孔子廟）、春秋閣、金牛山和月眉池的建立與重建過程，以及醒靈宮得以建造的幕後人物——源成農場的業主愛久澤直哉，其人對於漢人宗教信仰所持之態度。

第一節 醒靈宮客家鸞堂之淵源

彰化縣竹塘鄉醒靈宮廟方指出苗栗縣獅潭鄉的玉虛宮（前身為醒化堂）為其淵源母廟，不過詳觀其說法與文獻資料，似乎疑點重重，第一節目的即為釐清醒靈宮的鸞堂淵源，重新理梳歷史脈絡。

〔註1〕王見川，〈光復前台灣客家地區鸞堂初探〉，收入於王見川、李世偉，《台灣的民間宗教與信仰》（台北：博揚，2000），頁293。李世偉，〈苗栗客家地區鸞堂的調查研究〉，同上書，頁321。

〔註2〕邱秀英曾提到「客家人的神」的稱謂，背後含有族群之意義。族群的出現，可以說是我群與他群的概念隨之而來。氏著，《花蓮地區客家信仰的轉變：以吉安鄉五穀宮為例》（台北：蘭臺，2006），頁134～135。

一、台灣的鸞堂歷史

鸞堂是一種以扶乩（扶鸞）為人神溝通方式的宗教組織，〔註3〕神明會附身在鸞生身上，揮動鸞筆（乩筆）寫出一些筆跡，再由唱砂生將字跡唱讀出來，並經記錄生抄寫整理，信眾以此瞭解神明所要傳達的神意。其中感受神靈進而推動鸞筆的人為「正鸞生」或「正乩生」；運用扶鸞儀式所寫出的詩句，稱作「鸞文」或「鸞詩」；以此著造書籍頒行勸世，稱為「鸞書」，〔註4〕是屬於善書的一種。目前最早的扶鸞記錄可追朔到中國魏晉時期，明清兩代成為文人重要的活動之一，原因在於學子熱衷科舉考試，以扶鸞方式來問其功名，甚至用來猜題。〔註5〕

中國鸞堂傳入台灣的時間頗受爭議，林文龍考察出康熙58年（1719）《鳳山縣志》記載：「仙堂，在長治里前阿社內……祀五文昌，能降乩。」〔註6〕證明台灣在康熙58年（1719）已存在扶鸞儀式。〔註7〕王志宇引此認為若以廣義的鸞堂定義：「泛指使用扶鸞進行人神溝通的組織。」可確定閩粵漢人移民至台灣的同時鸞堂也跟著傳入，決不會晚於咸豐年間。〔註8〕鸞堂從中國或澎湖傳入台灣的路線，早年有多種說法，隨著越多學者投入鸞堂研究，大致上瞭解並非由單一或簡單幾條路線傳入。在清末兩岸漢人的不斷往來，台灣各地的鸞堂不僅來源不同，傳入的脈絡也是多樣性的發展。〔註9〕

鸞堂直到日治初期才在台灣各地廣為流行，乃因台灣總督府的鴉片專賣政策間接引發鸞堂戒煙風潮。明治31年（1898）新竹人彭殿華出資邀請廣東陸豐5位鸞生，在宅處設堂扶鸞戒除鴉片，因為效果顯著信徒絡繹不絕，改移至九芎林文林閣設壇，名曰「明復堂」。〔註10〕這是台灣首間戒除鴉片煙癮的鸞堂，亦是往後客家地區鸞堂戒煙的源頭，此後功效顯著，引起新竹、苗

〔註3〕王志宇，《台灣的恩主公信仰：儒宗神教與飛鸞勸化》（台北：文津，1997），頁29。

〔註4〕王見川，〈台灣鸞堂研究的回顧與前瞻〉，《台灣史料研究》，6（台北，1995.8），頁3。

〔註5〕許地山，《扶箕迷信底研究》（台北：商務，1986），頁7～10、32。

〔註6〕清‧陳文達，《鳳山縣志》（南投：台灣省文獻委員會，1993），頁162。

〔註7〕林文龍，〈台灣最早鸞堂小考〉，《聖德雜誌》，82（台中，1984），頁31。

〔註8〕王志宇，《台灣的恩主公信仰：儒宗神教與飛鸞勸化》，頁32。

〔註9〕王志宇，《台灣的恩主公信仰：儒宗神教與飛鸞勸化》，頁38。

〔註10〕王世慶，〈日據初期台灣之降筆會與戒煙運動〉，《台灣文獻》，37：4（南投，1986.12），頁111～151。另外日本人將鸞堂稱為「降筆會」。

栗等地士紳與豪農的效法，紛紛前往學習或敦請派員指導成立鸞堂，此活動支持者主要為彭殿華，推廣鸞務者為彭錫亮與楊福來。〔註11〕鸞堂宗教體系經此契機引燃後，根據李世偉的估計，從光緒中葉到日治末期，台灣設立的鸞堂在150所以上，平均1年就有3所以上的鸞堂成立，〔註12〕數量之多、成立之快由此可見。

二、客家鸞堂醒靈宮歷史的回溯與重構

彰化縣竹塘鄉醒靈宮曾在民國38年著造一本鸞書《醒世金篇》，造書因緣乃是民國37年冬天至隔年春季連月無雨，農夫種植農作物無雨水可供滋潤生長，影響廣大農民的生計，於是信徒請求三恩主向蒼天乞求降雨，經恩主降旨指示時辰，延請90餘歲耆老范姜洪震由眾人抬轎至廟中，藉由德高望重的長輩代表眾農民向上天乞雨，經過請誥、呈疏文、連續不斷的誦經，一連經過數日，終於感動蒼天隨降甘霖，並經恩主降鸞指示時刻才停止乞雨儀式。〔註13〕眾善信感念恩賜雨露卻苦無方法可酬謝帝德，於是懇請啟造鸞書以勸世挽救人心。醒靈宮、騰化堂、法濟堂、宏善堂，以及騰化堂分堂共5堂宇，〔註14〕於民國38年農曆8月7日子時開期著造《醒世金篇》，同年冬天成書告竣。〔註15〕本書分天、地、人三部，在天部〈本宮小引〉載述：「醒靈宮之由來也，起自光緒丙午年孟秋，蔡登財氏、外數善信，於新竹廳下苗栗內獅潭，創設為：醒世堂。」〔註16〕可知醒靈宮前身為「醒世堂」，明治39年（1906）

〔註11〕王見川，〈光復前台灣客家地區鸞堂初探〉，頁299、303~310。

〔註12〕李世偉，〈清末日據時期台灣的仕紳與鸞堂〉，《台灣風物》，46：4（台北，1996.12），頁114。另一個特色是台灣鸞堂多由仕紳組成，甚至鸞堂就是仕紳的書房。鸞堂的教理與鸞書的內容，也是宣揚儒家的倫理道德，由此可見台灣儒家的宗教化現象。

〔註13〕范姜阿榜口述，2012年1月30日訪問。范姜洪震是范姜阿榜的祖父。范姜阿榜的父親范姜錦秀是醒靈宮第四任堂主，范姜阿榜為第八任堂主。

〔註14〕這5座都是客家鸞堂，至今只有醒靈宮和宏善堂發展成地方宮廟，其他3堂皆已停止鸞務運作。目前由於資料不足，5座客家鸞堂間的互動關係，容後再述。當醒靈宮著造鸞書時，其餘4堂皆前來協助，如同康豹提到不同鸞堂之間，建立與保持聯繫網絡、合作關係十分的重要，特別是訓練新乩生和發行善書之時，其重要性尤其明顯，見氏著，〈鸞堂與近代台灣的地方社群——埔里的個案研究〉，發表於廈門大學主辦，「歷史視野下的中國地方社會」學術研討會，2010年6月28至7月2日，抽印本，頁11。

〔註15〕醒靈宮編，《醒世金篇》（彰化：醒靈宮，1949初版：2001二版），頁1、4、8。

〔註16〕逸雲，〈本宮小引〉，醒靈宮編，《醒世金篇》，頁8。

由蔡登才與信徒創設在今日苗栗縣獅潭鄉，〔註17〕尊祀三相香位，即三恩主，也就是關聖帝君、孚佑帝君、司命眞君。

（一）醒靈宮前身「醒世堂」之誤解

周怡然引五文宮沿革，指出「醒化堂」原本是獅潭十九份地區蔡登才所供奉的三恩主，蔡登才遷居彰化後，在光緒20年（1894）由信徒彭永慶迎回香圓窩，經過人事變遷，推斷「醒化堂」一分爲三，產生了彭阿輝主導的五文宮、胡鼎富扶乩的玉虛宮以及移民至彰化成立的醒靈宮。〔註18〕

上述的說法有兩個問題：第一，依《醒世金篇》所載蔡登才是在明治39年（1906）設「醒世堂」，其堂名確實存在，目前醒靈宮內有一銅鐘可供資證（圖4-1），上頭刻有「內獅潭　醒世堂　戊申年仲秋吉旦」，鑄造年份明治41年（1908），蔡登才既然是創立醒世堂，那「醒化堂」從何而來？第二：光緒20年（1894）「醒化堂」由彭永慶迎回香圓窩，但是蔡氏在明治42年（1909）才遷至彰化，〔註19〕可見時間順序倒置。事實上五文宮與玉虛宮的沿革記載互有出入、行文時間顛倒的問題。如果後續的相關研究者或地方志書直接引用，將使得讀者莫衷一是，因此，有必要理梳與考證獅潭鄉的鸞堂歷史紋理，以澄清醒靈宮的淵源。

〔註17〕蔡登財應爲蔡登才。其姓名見〈北斗郡寺廟台帳〉（出版地、者不詳，昭和年間），以及彰化縣政府民國101年1月11日，府民宗字第1010012374A號公文，附件〈醒靈宮登記經過及沿革〉，該文爲汪慶秀和代書依據蔡登才後代及相關正式文件撰寫而成，具有一定可信度。

〔註18〕周怡然，〈終戰前苗栗客家地區鸞堂之研究〉（國立中央大學客家社會文化研究所碩士論文，2007），頁108、111。

〔註19〕逸雲，〈本宮小引〉，醒靈宮編，《醒世金篇》，頁8。

圖 4-1：醒靈宮的前身醒世堂之銅鐘

（柯光任攝，2012 年 3 月 13 日）

圖 4-2：民國 38 年著造《醒世金篇》

（范姜阿榜提供，柯光任翻攝，2012 年 4 月 15 日）

（二）苗栗獅潭漢人拓墾史及苗栗鸞堂發展脈絡

最初聚居苗栗縣獅潭鄉是賽夏族與泰雅族人，漢人進入開墾的時間相當晚。光緒 2 年（1876）黃南球首先以武裝隘防強力開拓「獅潭、下撈」地區（今百壽村、永興村、新店村、和興村），光緒 10 年（1884）再向南開發八角林、下湖仔（今豐林村、新豐村），同時公館人劉緝光合股組織「金永昌」拓墾今日汶水、桂竹林地區。簡言之，黃南球是由北向南；劉緝光由南向北的墾闢獅潭鄉。〔註 20〕醒世堂的銅鐘刻有「內獅潭」的地名一詞，乃是日治初期作爲今日北四村地理範圍的行政區域名稱，明治 36 年（1903）政府予以簡化稱爲「獅潭」。〔註 21〕蔡登才居住地在十九份，正是當初「內獅潭」的範圍內，今日屬於獅潭鄉和興村。

獅潭鄉以和興、豐林兩村間的獅潭溪與桂竹林溪之分水嶺爲界，分爲北四村和南三村。〔註 22〕目前該鄉的寺廟概況以供奉三恩主的寺廟最爲常見，北四村（和興村五文宮、百壽村宏化宮、新店村靈洞宮）與南三村（豐林村玉虛宮、新豐村協雲宮、竹木村南衡宮）唯獨北四村的永興村沒有主祀或同祀三恩主的廟宇，其他六村皆有。〔註 23〕

醒靈宮源自蔡登才等人在苗栗獅潭設立的鸞堂，由客家人移民至彰化南部的源成農場而遷堂，因此，必須追溯北部客家地區的鸞堂歷史。苗栗地區的鸞堂，追其根本大都屬於新竹三大鸞堂系統，第一，復善堂：源自廣東陸豐五雲洞；第二，宣化堂：傳自宜蘭喚醒堂吳炳珠；第三，代勸堂：以楊福來的鸞法爲主。實際爬梳這三大鸞堂的資料，可發現新竹鸞堂系統是受到廣東五雲洞與宜蘭鸞堂的影響後，在地方文人仕紳共同參與下衍生的體系。苗栗地區還有一些系統不明或是自成一系的鸞堂，例如獅山勸化堂、苗栗市玉清宮、西湖鄉德教堂（聖靈宮）、頭屋明德宮、獅潭仙山靈洞宮、醒化堂、銅鑼修德堂（武聖廟），以上或多或少都有受到新竹三大系統鸞堂的影響。

〔註 20〕 參見曾桂龍，《獅潭鄉志》（苗栗：獅潭鄉公所，1998），頁 66～73，以及林文進總編輯，《山水秀麗獅潭鄉》（苗栗：苗栗縣政府，1996），頁 16～17。

〔註 21〕 林聖欽等撰述；施添福總編纂；國史館台灣文獻館採集組編輯，《台灣地名辭書，卷十三，苗栗縣（下）》（南投：台灣文獻館，2006），頁 605。

〔註 22〕 黃鼎松編纂，《重修苗栗縣志・卷四・人文地理志》（苗栗：苗栗縣政府，2007），頁 51。

〔註 23〕 呂玫鍰，〈祭祀組織與地方社群之形成：獅潭北四村的初步考察〉，收入於莊英章、簡美玲主編，《客家的形成與變遷（上冊）》（新竹：交通大學，2010），頁 378～381。

〔註24〕新竹三大鸞堂帶動苗栗鸞堂的創設，考其原因，大致是（1）扶鸞戒煙之風盛行、（2）地緣關係、（3）同爲客家人，語言溝通不成問題、（4）代勸堂創立後，大量培育乩生，其回鄉後紛紛開堂，藉以提昇社會地位、（5）民智未開，多借助扶鸞解決問題。〔註25〕

（三）「醒世堂」和「醒化堂」之關係辯證

重新將五文宮沿革與《玉虛宮志》梳理後，可知在扶鸞戒煙熱潮爆發之前，光緒 20 年（1894）仕紳彭永慶會同「蔡燈財」、黃天琳、鍾仁義、黃阿成、黃有興、曾鼎煌等人，欲藉神靈之力，防範原住民突襲與環境的瘟疫、瘴氣，在今日豐林村香圓窩開設「醒化堂」，奉祀三恩主。日治時期「醒化堂」屢遭警方查探，大正 11 年（1922）改到同村較偏僻的下湖仔洪阿秋家宅內，請來今苗栗市玉清宮鸞生胡鼎富扶乩執筆，指點徐阿銀鍛鍊正鸞生，鍾阿三爲堂主、洪阿秋是副堂主，並改名「演正堂」。此後人事之間似乎有所變化，大正 15 年（1926）正鸞生徐阿銀受恩主指示再准遷移，附乩尋找新廟址，在今日豐林村大窩建廟，改廟名爲「玉虛宮」。〔註26〕胡鼎富此時回到香圓窩「醒化堂」校練彭阿輝成爲正鸞生，昭和 5 年（1930）前往公館五穀宮分靈神農大帝，昭和 9 年（1934）堂主黃立和、管理人張鼎秀、正鸞生彭阿輝設壇祈雨成功，大湖郡守贈匾「五文宮」，〔註27〕此後變更廟名「醒化堂」爲「五文宮」，並改神農大帝爲主神。光復後草堂破舊，民國 36 年在今日和興村中營興工建廟。〔註28〕

以上是「醒化堂」的變遷，全無提到「醒世堂」；有關於蔡登才此人的記述，只有「蔡燈財」與彭永慶共創「醒化堂」，而且此段是民國 86 年曾桂龍寫《玉虛宮志》新增的，並不見於民國 70 年的〈玉虛宮沿革〉碑記。不獨如此，日治時期昭和年間醒靈宮的碑記、民國 38 年的《醒世金篇》內文與後錄

〔註24〕詳閱周怡然，〈終戰前苗栗客家地區鸞堂之研究〉，頁 62～121。

〔註25〕黃鼎松編纂，《重修苗栗縣志·卷八·宗教志》（苗栗：苗栗縣政府，2007），頁 284。

〔註26〕曾桂龍，《玉虛宮志》（苗栗：玉虛宮管理委員會，1997），頁 11～12。

〔註27〕此段引述五文宮，〈本宮沿革〉，碑記。廟方這段講法可能有問題，因爲「五文宮」匾額，左題時間昭和 8 年（1933），右邊題字「爲祈求甘雨眾信士等同敬叩」，可見此匾非郡守所贈，而五文宮的廟名更在昭和 8 年（1933）已經存在。

〔註28〕參見五文宮，〈本宮沿革〉，碑記，以及〈和興五文宮（醒化堂）沿革〉，收入在張淵智，《2012 年苗栗縣獅潭鄉和興五文宮農民曆》（台南：學理，2012），頁 3～4。

的印送芳名，並無獅潭鄉人士以及醒化堂、演正堂、五文宮或玉虛宮的捐獻紀錄。另外，五文宮碑記〈本宮沿革〉載「十九份人蔡登財，供奉三恩主立堂號醒化堂，隨後蔡氏遷居竹塘，由香圓窩彭永慶迎回」，〔註29〕即前述周怡然引誤之處，此碑記年份不早於民國 72 年 12 月，正巧此年是玉虛宮眾委員遊歷醒靈宮，〔註30〕發現宮內有玉虛宮的信物（將銅鐘「醒世堂」誤認成「醒化堂」），促成民國 73 年的 5 宮「聖鸞聯盟金蘭結義姊妹宮」。〔註31〕有可能是五文宮廟方聽聞消息之後，囫圇吞棗，將蔡登才之事編在沿革最前，卻將姓名和時間錯亂。

　　若以嚴謹的態度視之，「醒化堂」與「醒世堂」無直接證據顯示有任何關係。甚至蔡登才是否參與建立「醒化堂」都是一個問題。因為玉虛宮與醒靈宮未在民國 72 年交集以前，蔡登才在獅潭的事蹟不見於任何碑記，隨後的相關碑碣或文獻更將姓名寫錯，醒靈宮本位認為玉虛宮為母廟的心態，〔註32〕出自中國人追根溯源的深層渴望，不過卻是一場「美麗的誤會」。兩者的關係，應以曾桂龍代表五虛宮的看法，可能較為適當：「雖非同根乃係同源；雖非同穴乃為同脈。」〔註33〕是因為相同的宗教神學體系而結盟，而非淵源子母廟

〔註29〕五文宮，〈本宮沿革〉，碑記。此碑碣無設立時間，但可知不早於民國 72 年 12 月 10 日（農曆 11 月 7 日），此日是五文宮重建廟宇舉行集福法會 5 天，事項日期刻在碑記上。

〔註30〕此事源自獅潭鄉的香客到醒靈宮參拜，發現內獅潭古銅鐘，回鄉告訴玉虛宮，其管委會委員進而到醒靈宮參訪，范姜阿榜口述，2012 年 4 月 10 日訪問。除此之外，民國 72 年醒靈宮新建廟宇的承包商潘善來，也承攬民國 68 年玉虛宮的重建工程，是否潘善來是重要關鍵人？尚未得到其他資料佐證。潘善來的姓名皆刊刻在 2 宮的重建碑碣上。

〔註31〕醒靈宮歷年分爐有南投國姓愣靈宮玉善堂、嘉義中埔義靈宮、彰化溪州覆靈宮，這 3 間宮廟皆屬客家人所建之廟宇。民國 73 年農曆 6 月 10 日玉虛宮發起結義姊妹宮，愣靈宮玉善堂三恩主降筆決定於農曆 10 月 29 日巳時，5 間廟堂在玉虛宮正式結盟「聖鸞聯盟金蘭結義姊妹宮」，見曾桂龍，《玉虛宮志》，頁 68～69。5 座廟宇每年輪流舉辦交流活動，例如 2012 年輪到醒靈宮，便在廟埕設流水席與舞台招待 4 間友廟。

〔註32〕見醒靈宮管理委員會編，〈醒靈宮淵源略圖〉，《竹塘醒靈宮慶安福醮紀念誌》（彰化：醒靈宮管理委員會，1992），頁 64。陳逸君亦注意到醒靈宮與五虛宮的關係，但是並未對醒世堂與醒化堂之間的淵源作進一步的探討，大多也是承襲曾桂龍的看法，似乎也認為醒靈宮的前身就是醒化堂。見氏著，《流轉中的認同──彰化竹塘地區福佬客族群意識之研究》（台北：客家委員會，2005），頁 56～69。

〔註33〕曾桂龍，《玉虛宮志》，頁 16。

堂的關係。

表 4-1：醒靈宮（醒世堂）與醒化堂之各別關係表

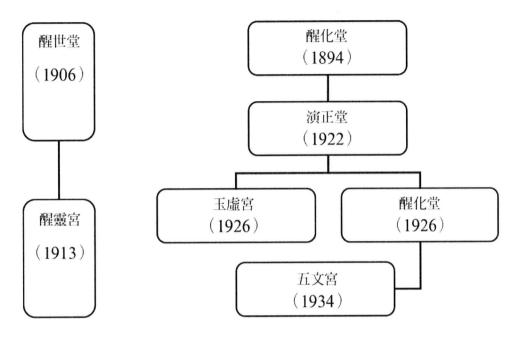

資料來源：醒靈宮編，《醒世金篇》，頁 8。曾桂龍，《玉虛宮志》，頁 12～13。玉虛宮，
〈玉虛宮沿革〉，碑記。五文宮，〈本宮沿革〉，碑記，以及〈和興五文宮
（醒化堂）沿革〉，頁 3～4，加上本研究製表。

（四）歷史的誤解，源自客家原鄉的認同

對於過去發生的事情來說，記憶常常是選擇性、扭曲或是錯誤的，因為
每個社會群體都有一些特別的心理傾向，或是心靈的社會歷史結構；回憶是
基於此心理傾向上，使當前的經驗印象合理化的一種對過去的建構。〔註 34〕
社會記憶不斷的被集體創造、修正與遺忘，因此凝聚一個社會的「記憶」是
一種多元、易變的綜合體。〔註 35〕如同羅香林的研究成果，使得中原南遷的
漢人、移民中轉站的石壁村，被接受為客家歷史共同記憶的一部份。致使客
家族群可以想像自身是一個有歷史、有傳統的族群。於是有了歷史，認同才
有根據，族群才能凝聚，族群作為一個整體的想像才有可能。所以想像不是

〔註 34〕王明珂，《華夏邊緣：歷史記憶與族群認同》（台北：允晨，1997），頁 50。
〔註 35〕王明珂，《華夏邊緣：歷史記憶與族群認同》，頁 418。

虛假，是形成族群認同不可或缺的部分。〔註36〕

　　客家社群有地緣、血緣、語言和文化上等多重認同，認同意識的強化，又與在地社群的歷史情境有關，很多時候是實際狀況的需求，以及心理的認同與想像所致。柔佛客屬公會的倡建以及客家意識的強調，可讓原本鬆散而意識薄弱、祖籍地緣認同較強且分立的客家社會，藉著「客家文化特性」的認同意識建構，爲之整合，壯大客家人的勢力。〔註37〕醒靈宮透過對玉虛宮創造「新」的母廟認同，更深層的內涵意義是顯現移民到彰化的客家人，通過「廟」與「廟」的連結，尋找到對原鄉的緬懷和認同的一條施力線索，並組織「聖鸞聯盟金蘭結義姊妹宮」，將南遷到南投國姓、嘉義中埔的客家人，以相同鸞堂信仰的象徵符號，整併和重塑「我群」的客家認同，「聖鸞聯盟金蘭結義姊妹宮」每年的聯誼活動，將這項認同意識、集體記憶更緊實的延續和保存。

圖 4-3：獅潭鄉豐林村玉虛宮

（柯光任攝，2011 年 11 月 24 日）

〔註36〕張維安，〈族群記憶與台灣客家意識的形成〉，收入於莊英章、簡美玲主編，《客家的形成與變遷（下冊）》（新竹：交通大學，2010），頁 722、739。
〔註37〕安煥然，〈馬來西亞柔佛客家人的移殖及其族群認同探析〉，《臺灣東南亞學刊》，6：1（南投，2009.4），頁 94。

圖 4-4：獅潭鄉合興村五文宮

（柯光任攝，2012 年 3 月 10 日）

三、醒靈宮與楊福來

　　台灣鸞堂發展史上有二位舉足輕重的人物，一是客家鸞堂版圖推手的楊福來，二是閩系儒宗神教創始人楊明機，兩人被稱作「鸞門雙楊」，各在不同時間與地區對鸞堂產生歷史性的巨大影響。楊福來生於同治 13 年（1874），26 歲起擔任正鸞生，在新竹代勸堂著造 6 部鸞書，活動力極強被日警視為新竹地區降筆會的策動者，因此行為備受監視。〔註 38〕另一位楊明機生於明治 32 年（1899），大正 8 年（1919）在三芝智成堂著作《救世良規》扶出「儒宗神教正統真傳法門」。〔註 39〕楊明機運用血緣、姻親以及擬血親方式（結拜兄弟）以台北三芝智成堂、台北贊修宮、竹山克明宮為據點，在嘉義以北的福佬人聚落統合鸞堂系統和推廣儒宗神教。〔註 40〕

　　日治時期中南部興起鸞堂風潮，需才孔急之下，楊福來由於代勸堂內部

〔註 38〕鄭寶珍，〈日治時期客家地區鸞堂發展：以新竹九芎林飛鳳山代勸堂為例〉（國立中央大學客家社會文化研究所碩士論文，2008），頁 110～114。

〔註 39〕王志宇，〈儒宗神教統監正理楊明機及其善書之研究〉，《台北文獻直字》，120（台北，1997.6），頁 43～44。

〔註 40〕王志宇，《台灣的恩主公信仰：儒宗神教與飛鸞勸化》，頁 55、71。

的紛擾便來到中南部訓鸞、協助造書教經懺。大正 13 年至昭和 11 年（1924
～1936）頻頻在台中州員林郡、北斗郡、能高郡活動，尤其是員林郡，例如
永靖醒化堂、埔心三化堂、員林警化堂等，在鸞書上多可見到他的供職。楊
明機亦在彰化的永靖、埔心等地奔波鸞事，結拜兄弟之一的周妙化（名有連）
爲埔心三化堂正鸞生，楊明機曾與周妙化各造 10 部鸞書，也常相約到新竹活
動。「鸞門雙楊」共同推展鸞門而辛勞奔走，楊福來目的爲扶鸞戒煙；楊明機
則是推廣儒宗神教，透過周妙化的關係，兩人有所接觸與交流。〔註41〕

表 4-2：「鸞門雙楊」楊福來與楊明機的生平事蹟

	楊福來	楊明機
生卒年	1874～1947	1899～1985
祖籍 （出生地）	廣東省潮州府城內人 祖父輩來台發展	祖籍：福建省漳州府龍溪縣 華封堡羅溪社 出生地：台北三芝鄉
生平	1. 書房教師 2. 26 歲開始扶鸞 3. 1899 年任代勸堂正鸞及 1904 年創建雲谷寺。 4. 投拜陳榮昌爲金幢佛教開示師，並得新竹東勢存齋堂主持黃清海傳授牒文道場科儀。 5. 1918 年在新竹南門的竹壽寺，從佈教師村上靈順先生處學習；1919 年從岩水哲章先生學習。 6. 1925 年任「法律研究新報社」新竹支局長。	1. 16 歲開始扶鸞，1919 年扶出儒宗神教法門。 2. 1921 年始至台北發展，四處扶鸞闡教。 3. 1958 年從彰化二水搬回台北三重居住，與一貫道合作扶鸞勸世。 4. 1971 年搬離三重遷往台北市，此後與一貫道分途，恢復儒宗神教的教派色彩。
活動範圍	新竹及其以南地區	三芝、台北、彰化（永靖、埔心）、新竹等台灣嘉義以北地區
著作鸞書	6 部	10 部

資料來源：鄭寶珍，〈日治時期客家地區鸞堂發展：以新竹九芎林飛鳳山代勸堂爲例〉，
頁 113～114。

〔註41〕王志宇，《台灣的恩主公信仰：儒宗神教與飛鸞勸化》，頁 55～58。

醒靈宮為客家鸞堂，身為客家人的楊福來曾來協辦鸞事，例如大正 15 年（1926）7 月參加醒靈宮慶讚中元拔渡孤魂法會，以及昭和 10 年（1935）5 月醒靈宮鸞生涂鼎煌為承接香辦入堂供職請來楊福來協助。〔註42〕

四、客家鸞堂醒靈宮與福佬（福佬客）鸞堂之互動

醒靈宮遷至到彰化後，也與彰化平原的福佬（福佬客）鸞堂有所往來與互動，例如昭和 8 年（1933）田尾庄打簾的廣善堂鸞書《照身鏡》，醒靈宮的文衡聖帝降詩：

> 文章顯達世登高　　衡律施行凡可從
> 聖友揮鸞常誘眾　　帝謀佈本感玄穹〔註43〕

離醒靈宮較近的竹塘庄九塊厝闡揚堂，在昭和 10 年（1935）的扶鸞著書《救世新編》，醒靈宮的文衡聖帝亦有詩一首：

> 醒教黎民積善功　　靈山芝草治頑聾
> 宮藏妙訣移民苦　　貝厥崢嶸露光融〔註44〕

民國 38 年醒靈宮著造的鸞書《醒世金篇》，亦有記載竹塘闡揚堂、永靖窄厝底醒化堂等福佬鸞堂神明前來降詩紀錄。〔註45〕

昭和 7 年（1932）竹塘闡揚堂創立，民國 50 年建廟改名闡揚宮。其鸞法傳承自永靖醒化堂，起初設於詹笨、詹昌寶、詹高樹三宅內。〔註46〕闡揚堂三位創堂者之一的詹高樹，曾在日治時期醒靈宮建廟之時有捐款紀錄。〔註47〕再者，闡揚宮另有分香二林至揚宮，〔註48〕民國 60 年代至揚宮建廟落成，醒靈宮亦有贈匾祝賀。可見相同的鸞堂宗教體系，促使日治時期移入的客家人，

〔註42〕鄭寶珍，〈日治時期客家地區鸞堂發展：以新竹九芎林飛鳳山代勸堂為例〉，頁 122、130～133。

〔註43〕廣善堂，《照身鏡（卷壹日部）》（彰化：廣善堂，1932），收錄於王見川等主編，《民間私藏台灣宗教資料彙編・民間信仰・民間文化・第二輯（第八冊）》（台北：博揚，2010），頁 545～546。

〔註44〕闡揚堂，《救世新編》（彰化：闡揚堂，1935），收錄於王見川等主編，《民間私藏台灣宗教資料彙編・民間信仰・民間文化・第二輯（第十七冊）》（台北：博揚，2010），頁 478。

〔註45〕醒靈宮編，《醒世金篇》，頁 36～38。

〔註46〕郭文伯、詹傳厚，〈建築闡揚宮緣起序〉，碑記。

〔註47〕何培夫主編，《台灣地區現存碑碣圖誌・彰化縣篇》（台北：中央圖書館台灣分館，1997），頁 334。

〔註48〕醒化堂，《醒化寶鑑》（彰化：醒化堂，1996 再版），頁 36。

與原先彰南地區的福佬客和福佬人互有聯繫、往來。〔註49〕

第二節　醒靈宮及其廟群的設置與發展

醒靈宮是客家人所建立的寺廟，除了主廟的建築外，還設立了孔子廟、聖蹟亭、春秋閣，以及後方的萬善祠目前也由醒靈宮管理委員會接管廟務。本節陳述重點是醒靈宮廟群的發起因緣與建造過程，以及從各項史料觀察愛久澤直哉面對漢人的傳統信仰時所採取的作法。

一、醒靈宮

（一）日治時期

明治 39 年（1906）蔡登才等人在苗栗獅潭建立醒世堂，經過 4 年餘，明治 42 年（1909）蔡登才、羅阿添、朱阿基、徐元順、朱阿富、羅盛龍、沈學老、黎大冉、謝阿祿、黎細冉、邱阿賢、蔡東光、黃阿新諸氏受源成農場招募，遂將醒世堂遷移到今日二林鎮興華里洲仔巷。〔註50〕一開始奉祀在謝阿祿的宅中，〔註51〕謝阿祿是蔡登才的長工，9 歲隨蔡南遷。〔註52〕不久後傳說關聖帝君顯靈找到位於牛稠子的金牛山好地理，〔註53〕牛稠子位置在竹塘鄉民靖村，其名稱由來，第一，此處草埔地適合放牛，每每有牛販歇腳之處；第二，此地有座牛墟；〔註54〕第三，有座金牛山而稱之。〔註55〕金牛山是天然形成的小山崙，帝君既為靈感顯聖，眾善信於大正 2 年（1913）金牛山麓建造正殿，隔年再新塑三位恩主神像榮登寶殿供眾仰容奉拜，並改「醒世堂」為

〔註49〕竹塘詹姓在清代應是客家人，但是在清末或日治時期，已經變成福佬客。因此筆者稱闡揚堂為福佬客鸞堂、至揚宮為福佬鸞堂。

〔註50〕逸雲撰，〈本宮小引〉，醒靈宮編，《醒世金篇》，頁8。

〔註51〕汪慶秀口述，2012 年 2 月 11 日訪問。

〔註52〕謝阿祿與其子謝阿奇，分別擔任第 6 任、第 7 任堂主。謝阿祿另一子謝阿龍亦是重要的鸞生。陳桂煌，〈竹塘鄉小西村巷仔溝、洲仔客家庄史〉，收入謝四海主編，《彰化縣二林區源成客家庄史續集》（彰化：彰化縣香草吟社，2007），頁 94～95。

〔註53〕范姜阿榜口述，2011 年 10 月 22 日訪問。金牛山風水地理之好，在金牛山未整建步道之前，已幾座墳墓在此，余帝珍口述，2012 年 3 月 31 日訪問。

〔註54〕葉爾建等撰述；施添福總編纂；國史館台灣文獻館採集組編輯，《台灣地名辭書，卷十一，彰化縣（下）》（南投：台灣文獻館，2006 一版二刷），頁 940。

〔註55〕陳桂煌，〈竹塘鄉民靖村牛稠子、大橋頭客家庄史〉，收入謝四海主編，《彰化縣二林區源成客家庄史前集》（彰化：彰化縣香草吟社，2006），頁 93。

「醒靈宮」。大正 5 年、6 年（1916、1917）陳阿忿、徐勤保兩位發起募捐建造廂房與拜亭。大正 12 年（1923）謝錦發、黃阿尊倡導起建三川殿，〔註 56〕大正 15 年（1926）舉辦慶成福醮或相關祭典法會，其熱烈盛況亦有報紙刊載，〔註 57〕考察現今廟內古物，尚存昭和 2 年（1927）正殿舊廟棟對、昭和 4 年（1929）正殿虎爺及三樓內堂一對小石獅。碑記方面，建廟之後曾購買 4 份田地維持廟務運作，昭和 4 年（1929）將其捐獻人刻碑以茲紀念。〔註 58〕信徒捐款建設金爐、獅象、天井，在昭和 6 年（1931）亦以碑記留念，此碑較爲特殊的是以客家女性爲主體，約佔九成五的比率。〔註 59〕對照文物與慶典的年代，筆者認爲醒靈宮古廟整體建築終告完成之時，應於昭和初年。依寺廟台帳所畫平面圖，舊廟建築格局屬於中型廟宇的口字型兩廊帶兩殿式。〔註 60〕

　　醒靈宮所在地位於北斗郡竹塘庄面前厝 291 番地，這塊土地是由源成農場業主愛久澤直哉租借予客家人建廟，無載期限，因此管理人有兩位，一是蔡登才，蔡過世後改陳阿忿；二是源成農場主事櫛部信一，後改小林正之介。土地面積有 1,230 坪，建築物面積 86.3 坪，信徒分布區域有面前厝、五庄仔、�磂、犁頭厝、後厝、丈八斗、大湖厝，皆是源成農場區域內的客家庄。信徒數 1,681 人。主祀神除三恩主外，另有關聖帝君配祀周倉、關平、開台聖王、五谷爺、城隍爺、觀音媽、金府王爺、太子爺、媽祖與配祀千里眼、順風耳。〔註 61〕

〔註 56〕逸雲撰，〈本宮小引〉，醒靈宮編，《醒世金篇》，頁 8。

〔註 57〕報載源成農場之移民客家人建廟在牛稠子並舉行祭典，〈北斗だより／天君廟祭典〉，《台灣日日新報》（台灣），昭和 2 年（1927）1 月 1 日，第 4 版。天君廟之名應爲帝君廟之誤。

〔註 58〕〈捐置醒靈宮香田碑記（甲）〉、〈捐置醒靈宮香田碑記（乙）〉，參見何培夫主編，《台灣地區現存碑碣圖誌‧彰化縣篇》，頁 327～330。

〔註 59〕〈醒靈宮各項建設捐題碑記〉，何培夫主編，《台灣地區現存碑碣圖誌‧彰化縣篇》，頁 331～332。尚有未知年份的〈醒靈宮捐題碑記〉，頁 333～334。以女性爲捐獻主體的碑碣，例如苗栗公館北河茄苳伯公，也有 17 位客家女性捐款紀錄，徐麗雯，《公館家鄉寶：隘寮下的新故鄉》（台北：客家委員會，2008），頁 106。

〔註 60〕〈北斗郡寺廟台帳〉。

〔註 61〕〈北斗郡寺廟台帳〉。

圖 4-5：醒靈宮舊廟

（醒靈宮提供，柯光任翻攝，2012 年 3 月 21 日）

圖 4-6：醒靈宮新廟

（柯光任攝，2011 年 10 月 11 日）

圖 4-7：醒靈宮一樓正殿三恩主神像

（柯光任攝，2012 年 3 月 31 日）

圖 4-8：醒靈宮三樓主祀玉皇大帝及舊恩主神像

（柯光任攝，2010 年 1 月 29 日）

（二）戰後重建

醒靈宮舊廟在 1910 年代啓用以來，到 1970 年代經過 60 餘年的風吹雨打，樑柱牆壁斑駁，廟地低窪每逢雨季便見積水，第一屆管理委員會主任委員林大川，鑒於聖廟不可任其荒蕪，已有重建之議。民國 71 年春天管委會改組，由省議員二林鎮人洪性榮出任主委，二林鎮水門客家人鐘朝相擔任副主委，召開委員大會與信徒大會決議新建廟宇，並選出客家人徐清煥、謝乾德分別擔當重建主任委員、副主任委員。民國 72 年年底拆除舊廟，民國 73 年 1 月 31 日（農曆 12 月 18 日）敦請台灣省議會議長高育仁破土興工。〔註62〕新廟重建決定由何家業者承包的方式，是在三恩主面前擲筊由最多杯數者取得，最後是苗栗潘善來順利承攬新廟營建工程。〔註63〕

新廟建造期間，各委員與鸞生努力奔走相關事宜，尤以范姜阿榜、汪慶秀策畫重建工作吃力最重。〔註64〕民國 77 年管委會聘請客家人鐘元發擔任安座大會會長、余帝珍爲副會長。爲慶祝醒靈宮的重建，特別在正殿完成之際，先舉行入火安座大典，〔註65〕從民國 77 年 11 月 14 日至 11 月 27 日，總共 14 天。期間在 11 月 23 至 25 日舉行 3 天法會。整體程序如下：民國 77 年 11 月 14 日鸞生與信士開始齋戒，11 月 17 日子時新雕神像金尊開光大典，17 日早上 7 點入火安座，23 日子時起建安座祈安植福奏表，3 天法會開始，安斗燈消災解厄並連續演戲 3 天。24 日子時答謝三界並超拔爲國捐軀之國軍英靈、超渡信徒申請的祖先、冤魂等。25 日早上 9 點謝三尊、舉辦秤豬重量、

〔註62〕〈竹塘醒靈宮重建 省議長主持破土〉，《聯合報（地方版）》（台灣），1983 年 2 月 1 日，第 10 版。彰化縣政府民國 101 年 1 月 11 日，府民宗字第 1010012374A 號公文，附件〈醒靈宮登記經過及沿革〉，頁 2。魏金絨，〈彰縣西南角勝景〉，醒靈宮管理委員會編，《竹塘醒靈宮慶安福醮紀念誌》，頁 9～10。謝阿龍，〈醒靈宮廟重建簡介〉，醒靈宮管理委員會編，《竹塘醒靈宮慶安福醮紀念誌》，頁 15～17。

〔註63〕范姜阿榜口述，2011 年 12 月 24 日訪問。承包商潘善來名字可見碑記。他以「神擇」方式擲得最多聖杯取得承包權，此種神蹟表現在潘氏身上並非偶例。例如苗栗南庄鄉南昌宮三官大帝曾經託夢潘氏爲其建廟，參見〈文化資產工作坊：湖口與南庄兩個個案實作〉，收入客家委員會補助大學校院發展客家學術機構研究報告論文，《媒體、文化產業與客家族群建構：研究與實踐的雙重面》，http://www.hakka.gov.tw/ct.asp?xItem=41528&ctNode=1669&mp=298，檢索日期 2012 年 5 月 1 日。

〔註64〕彰化縣政府民國 101 年 1 月 11 日，府民宗字第 1010012374A 號公文，附件〈醒靈宮登記經過及沿革〉，頁 2。

〔註65〕陳逸君，《流轉中的認同——彰化竹塘地區福佬客族群意識之研究》，頁 64。

量羊角長度的比賽活動，11 點長官剪綵以及舉辦歌唱比賽。27 日各寺廟壇私人神尊自請回駕歸殿。隆重神聖的安座大典此時終告完結（以上日期皆農曆）。〔註66〕

建醮是逢有重大事情才舉行的道教法事，依目的不同，可分為祈安醮、謝恩醮、慶成醮、禳熒醮（火醮）、禳瘟醮（王醮或王船醮）。建醮是廟宇所在信仰區的共同宗教活動，法會期間祭區施行齋戒禁屠。〔註67〕慶成醮典是漢人傳統社會的習俗之一，為建築物新建啟用舉行慶成儀式，源自鬼神崇拜，認為各方土地有掌管的神明，在動土（破土）大興土木之後，乃設奠祭拜土神土煞。法事中的「安龍謝土」儀式，則是經過道教儀式的行使安鎮龍神，使建築物安穩無虞，並有祭煞法事，逐除各種不潔的邪魔煞氣，才能使居處平安。安龍謝土具有寓意人們愛惜建築物的心理。〔註68〕民國79年新廟整體建築完工，約面向東南方。在興工期間，恐觸犯地靈、忤逆禁忌，必須舉辦謝土清醮，酬謝天地之恩，超渡孤魂，祈求國泰平安。醒靈宮鸞生及委員奉恩主旨意，在民國81年啟建慶安福醮。〔註69〕從農曆11月份開始進入醮典活動，農曆11月11至13日由正一派道士舉行慶安福醮安龍謝土大典，正一派安鎮龍神的道場特徵於廟宇內適當空間布置龍神，龍神形象以白米堆砌而成。〔註70〕農曆11月16日福醮順利結束。慶安福醮安龍謝土相關流程見表4-3。

表4-3：民國81年醒靈宮慶安福醮流程表

時間日期（農曆）	事項
11月1～7日	報名豬羊競賽。秤大豬重量；量羊角長短。
11月2日7點	搭蓋醮壇
11月3日	停止申報斗燈（每斗2千元）

〔註66〕 詳細情形見醒靈宮管理委員會編，〈安座大典序表〉，《竹塘醒靈宮慶安福醮紀念誌》，頁70～71。

〔註67〕 呂錘寬，《道教儀式與音樂之神聖性與世俗化（儀式篇）》（台中：文建會文化資產總管理處籌備處，2009），頁1～3、1～10。

〔註68〕 呂錘寬，《安龍謝土》（台中：文建會文化資產總管理處籌備處，2009），頁6～19。

〔註69〕 醒靈宮管理委員會編，〈竹塘新民靖村醒靈宮舉辦慶安福醮酬謝聖恩〉，《竹塘醒靈宮慶安福醮紀念誌》，頁72～73。

〔註70〕 安鎮龍神以及謝土是靈寶派道士所無的法術，見呂錘寬，《安龍謝土》，頁15。

11月7日7點	豎立燈篙
11月7日～13日9點	醮務人員與鸞下生齋戒，並請勿殺生。
11月10日～12日	各地眾信士齋戒
11月7日	1. 眾神鑒醮八壇 2. 專派人員至各寺廟迎請神明 3. 私人神明金尊，每尊保管費1千元；帶神龕者2千元。有貴重物品者不受理
11月8日子時 （7日11點）	各地眾信士開啓平安燈（廟方代送） 各地眾信士開啓平安燈彩與灶文表（繳納6千元者）
11月11～13日	慶安福醮安龍謝土大典
11月11日子時 （10日11點）	建醮上表
11月11日9點	安龍謝土
11月12日8點	放水燈（每座5百元）
11月13日 15：30～22：30	普渡
11月15～16日	送神。（公請公送；私請各自迎回）
注意事項	
1. 秤量豬公七界內北斗、二林、溪州、埤頭、竹塘、芳苑、大城。七界外請另補貼費用。 2. 調首金至10月底前繳清，派有專員到府收款。 3. 調首或首事緣金1萬元以上者，刻大理石永久留念。 4. 禁止黃色表演，否則切斷電源。 5. 爲防火災，醮務人員須至梵燈金紙指定位置。 6. 表單看完不要時，請火化金爐內。	

資料來源：醒靈宮管理委員會編，〈竹塘鄉民靖村醒靈宮舉辦慶安福醮酬謝聖恩〉、〈竹
　　　　塘鄉醒靈宮慶安福醮大典日程表〉，《竹塘醒靈宮慶安福醮紀念誌》，頁72
　　　　～75。

二、萬善祠

（一）日治時期

　　醒靈宮金牛山後方是竹塘鄉第3公墓，是一座清代就存在的傳統漢人墓園。無系統的管理下，原先就會散布一些枯骨亂塚。日治時期源成農場開發

以來，農場區域內挖出不少屍骨，民國 85 年統計有 30 餘萬具屍骨。〔註71〕
中國漢人社會的「厲鬼信仰」──對於無人祭祀的孤魂，往往抱持懼怕的心
理，認爲祂們會以威嚇、恐怖的手段，尋求供養、復仇或洩恨。最簡單的平
息方法，則必須透過宗教儀式，讓其集中祭祀享受香煙，破除不安定的情緒
獲得穩定，從「非正常」的狀態下轉化爲「正常」。〔註72〕除此之外，傳統漢
人普遍存在一種行善積德的思維模式與概念，認爲透過捐助救濟等辦理相關
的社會慈善活動，將會「善有善報」。不斷的道德實踐後累積一定的善行，獲
得的福報不僅拔渡祖先與自身更可福蔭子孫。參與設義塚、收埋屍骨，或多
或少都受到宗教功果觀念影響的結果。〔註73〕

　　基於傳統漢人畏懼無祀孤魂以及秉持行善積德的觀念下，當地仕紳或佃
農磋商向源成農場業主愛久澤直哉反映欲蓋祠廟安頓奉祀，此提議也剛好解
決日方在漢人開墾農場四處挖掘到的散亂枯骨之處置辦法，〔註74〕愛久澤直
哉不但答應建祠並且「寄附」（捐獻）1 千圓。〔註75〕昭和 2 年（1927）開始
興工，隔年完竣，建築物有集骨塔 3 棟以及前廳 1 座，〔註76〕正面安奉萬善
諸君靈位，左側排骨先師，右側福德正神，均爲石材打造的神牌造型。

（二）戰後重建

　　醒靈宮拆除舊廟，新廟風光作醮落成之時，萬善祠也發生建材年久失修，
樑柱斑剝漏水的情形，另一方面集骨塔儲存量太多，長時間沒有整理導致雜
亂且空間漸感不足，〔註77〕時任竹塘鄉長劉重華與醒靈宮重要幹部汪慶秀深
感不可讓其荒圮，召集原屬日治時期深耕堡管內的 13 庄村里鄰長開會討論重

〔註71〕〈萬善祠普渡卅萬具屍骨安座：三千多人膜拜熱鬧非凡〉，《中國時報》（台
　　　　灣），1996 年 1 月 14 日，第 17 版。
〔註72〕自然與非自然、正常與非正常的相互關係，可見李豐楙的討論，〈從成人之道
　　　　到成神之道──一個台灣民間信仰的結構性思考〉，《東方宗教研究》，4（台
　　　　北，1994.10），頁 188～192。
〔註73〕探討漢人行善背後的功果觀念之形成因素，可參見王志宇的論述，《寺廟與村
　　　　落：台灣漢人社會的歷史文化觀察》（台北：文津，2008），頁 215～227、287。
〔註74〕范姜阿榜口述，2012 年 4 月 10 日訪問。范姜阿榜提到這段歷史時，更直言萬
　　　　善祠是日本人所蓋。
〔註75〕原載於碑記，但新廟落成後，碑記不見蹤跡，其刻載內容尚有「黃氏杏七十
　　　　六圓，黃天送十二圓」，此條見魏金絨的記述，〈醒靈宮後萬善祠簡介〉，醒靈
　　　　宮管理委員會編，《竹塘醒靈宮慶安福醮紀念誌》，頁 58。
〔註76〕集骨塔爲磚造，形狀類似防空洞半圓形。池松富口述，2015 年 9 月 11 日訪問。
〔註77〕范姜阿榜口述，2012 年 3 月 31 日訪問。

建事宜，從村里鄰長中選舉出重建委員，由汪慶秀當選主任委員，莊木水、詹重明擔任副主任委員，鄉長劉重華及各村里長爲委員，各鄰長爲緣金代表。民國 82 年 11 月成立重建委員會，舊萬善祠於 12 月拆除，改建之時重新剃骨整理裝袋擺放整齊，85 年 1 月 12 日舉行安座典禮，未塑造神祇具像，仍舊採用舊廟的石牌。隔天 13 日舉辦普渡法會，約有 3,000 名民眾參與，擺設 300 張供桌。〔註78〕

表 4-4：萬善祠大事年表

年代日期		事項
1927	昭和 2 年	興工
1928	昭和 3 年	竣工。集骨塔 3 棟以及前廳 1 座
1993	民國 82 年 11 月 9 日	成立重建委員會
	民國 82 年 12 月 6 日	萬善舊祠拆除
1995	民國 85 年 1 月 12 日	巳時安座
1995	民國 85 年 1 月 13 日	普渡

資料來源：魏金絨，〈醒靈宮後萬善祠簡介〉，《竹塘醒靈宮慶安福醮紀念誌》，頁 58～60。萬善祠重建委員會，〈萬善祠重建紀念誌〉，碑記。〈萬善祠普渡 卅萬距屍骨安座：三千多人膜拜　熱鬧非凡〉，《中國時報》（台灣），1996 年 1 月 14 日，第 17 版。

（三）萬善祠與福佬人、醒靈宮客家人的關係

從萬善祠的發展來看，竹塘鄉第 3 公墓從清代就已經存在，不論原先所葬是「舊客家人」或福佬人，至少當時的族群是與日治時期來的「新客家人」有所區別。因此，當年請求建立萬善祠，可分爲兩大主體族群：福佬人（當地人與招募而來）以及客家人。捐獻碑碣除愛久澤直哉亦有黃氏杏和黃天送 2 人，黃氏杏此姓名也在昭和年間的〈醒靈宮捐題碑記〉出現，〔註79〕黃天送則查無。

〔註78〕萬善祠重建委員會，〈萬善祠重建紀念誌〉，碑記。〈萬善祠普渡卅萬具屍骨安座：三千多人膜拜熱鬧非凡〉，《中國時報》（台灣），1996 年 1 月 14 日，第 17 版。
〔註79〕〈醒靈宮捐題碑記〉（昭和年間）見何培夫主編，《台灣地區現存碑碣圖誌‧彰化縣篇》，頁 334。

　　因為查無日治時期萬善祠的寺廟台帳，該時期萬善祠的管理人或廟公是日本人、福佬人或客家人不得而知。不過在戰後有廟公掌管祭祀與整理一切廟務者為客家人，[註80] 可確定至少在民國 50 年代醒靈宮已主導萬善祠中元普施的祭祀活動，使得民國 82 年的重建工作，醒靈宮的幹部觸角深入萬善祠當中，可從重建主任委員汪慶秀、主計池松富、出納范姜阿榜，都是醒靈宮的主要管理幹部兼鸞生。重建之後萬善祠正式由醒靈宮客家人管理，廟務人員必須早午前往上香奉茶。

　　萬善祠的歷史發展脈絡，一開始由福佬人和客家人提議，日本資方源成農場出資主建，戰後初期已有客家人擔任廟公，爾後醒靈宮主辦普渡事宜並納入該廟年度祭典。基於上述歷史傳承，民國 82 年的重建工程便是由醒靈宮客家人所主導。

圖 4-9：萬善祠現貌

（柯光任攝，2012 年 3 月 22 日）

[註80] 范姜阿榜口述，2012 年 4 月 10 日訪問。廟公人稱「阿石仔」，長年住在萬善祠旁，逝世已久。池松富口述，2015 年 9 月 11 日訪問。

圖 4-10：萬善諸君、排骨先師、福德正神香位，均為石牌造型

（柯光任攝，2012 年 3 月 22 日）

三、聖蹟亭（文昌祠或文昌廟）

惜字風俗的起源，源自文字崇拜、造紙術與印刷術的進步、科舉制度的影響三方面。敬惜字紙的風俗從中國經閩粵漢人移民流傳到台灣，但不僅在台灣，如琉球等所形成的漢文化圈，亦有珍惜紙張的風氣。〔註 81〕相傳文字始於伏羲之八卦，之後沮誦參與改進，而倉頡集其大成。〔註 82〕今人多尊稱倉頡為「倉頡聖人」、「倉頡至聖」、「制字先師」、「至字先聖」等，又將文字稱作「聖蹟」，供奉倉頡神位的敬字亭，常稱是「聖蹟亭」；人們也常尊祀文昌帝君、魁星、孔子或五文昌。〔註 83〕這樣一來，敬字亭就有雙重功效，既燒字紙，又達到祈求神明的功能。「敬字惜紙」是先民的文化遺留，用來焚燒字紙的亭子，其名稱多以「敬」、「惜」、「焚」、「聖蹟」等，依建物外觀有「亭」、

〔註 81〕蔡慧怡，〈台灣惜字風俗之研究──以南部六堆客家村為例〉（國立台南大學鄉土文化研究所碩士論文，2003），頁 170～172。

〔註 82〕仇德哉，《台灣之寺廟與神明（二）》（台中：台灣省文獻委員會，1984），頁 20。

〔註 83〕張志遠，《台灣的敬字亭》（台北：遠足，2006），頁 16、26～29。

「爐」、「塔」、「樓」、「台」等組合而成。但「樓」、「台」的稱呼，並不符合型式和功能，另外敬字亭又常供奉上述文教性質的神明，產生的眾多異稱也是不恰當。〔註84〕

　　民國 41 年，由黎阿連、徐清煥、羅文炳、謝乾拔、莊慶賢、陳見發等人發起募捐建築字紙亭一棟，〔註85〕特地到苗栗三灣鄉繪製當地的惜字亭，〔註86〕依其樣式在寺廟東北方約 150 公尺建立，一直到民國 44 年冬季完工，〔註87〕按其正確名稱應是「聖蹟亭」。〔註88〕廟方又稱之「文昌祠」或「文昌廟」。〔註89〕前文已指出施順生認為這是敬字亭又擺奉神明所產生的誤稱，施氏力求辨明指正，期望每座敬字亭都有正確的稱謂。此舉立意良善且貢獻卓越，但會造就這樣的景象，應是民間信仰的雜柔性與活潑性致成，反過來說也才有材料加以撰寫。因此為尊重當代的時空背景也還原歷史的發展，姑且將文昌祠、文昌廟的名稱錄之。

　　張志遠認為醒靈宮所建聖蹟亭是全台灣最大的一座，高達五層的變化形塔體，底層為八卦形，其餘各層為四方形，依功能，塔體分為四個部分，頂層為排煙口，屋頂中央以一隻麒麟裝飾；其下為一個小神龕，尊祀「倉頡聖人」神位，並有對聯「雲台遠兆寒世界，山上金牛吐詩才」，橫批為「乃聖乃神」；其餘各層分兩部分，上層可燃燒字紙，紙灰則囤積於下層。〔註90〕為增

〔註84〕施順生，〈台灣地區敬字亭稱謂之探討〉，《中國文化大學中文學報》，15（台北，2007.10），頁 117～168。

〔註85〕彰化縣政府民國 101 年 1 月 11 日，府民宗字第 1010012374A 號公文，附件〈醒靈宮登記經過及沿革〉，頁 1。

〔註86〕參考三灣鄉惜字亭而建造的說法，見魏金絨，〈二林地區客家族群淵源、特性的探討——二林區客家族群研究之一〉，收於謝四海主編，《二林區地方文史專輯（第二輯）》（彰化：二林社區大學，2004），頁 32。目前三灣鄉內灣村確實有一座惜字亭，是因為風水關係所設置，見蔡慧怡，〈台灣惜字風俗之研究——以南部六堆客家村為例〉，頁 33。

〔註87〕醒靈宮管理委員會編，《竹塘醒靈宮慶安福醮紀念誌》，頁 9、16～17。彰化縣政府民國 101 年 1 月 11 日，府民宗字第 1010012374A 號公文，附件〈醒靈宮登記經過及沿革〉，頁 1。

〔註88〕施順生，〈台灣地區敬字亭稱謂之探討〉，頁 148。聖蹟亭最重要的史料是 9 塊碑碣，可惜風化嚴重使得辨識度十分低。

〔註89〕「文昌祠」見建築物上于右任、黃國書所題，此名應該是廟方所提供的。「文昌廟」是謝阿龍個人所言，見謝阿龍撰，〈醒靈宮廟重建簡介〉，醒靈宮管理委員會編，《竹塘醒靈宮慶安福醮紀念誌》，頁 17。

〔註90〕張志遠，《台灣的敬字亭》，頁 186～187。

生光輝，邀請當時擔任立法院副院長的新竹北埔客家人黃國書題字「文光永照」。所題的對聯有考試院院長賈景德所書「聖域開瀛嶠、文光射斗牛」；監察院院長書法大家于右任「國建隆前代、文光耀遠天」、台灣省主席吳國楨「聖哲崇千祀、光明炤萬方」；彰化縣長陳錫卿「傳來崑嶺簫笙韻、摘取天香富貴花」的書法墨跡。2010 年已被彰化縣文化局認定為歷史建築，期望能加以維護與保存。

推動「敬字」風俗的核心動力為「因果報應」，即是讀書人藉此行為期望感動神祇，進而保佑科舉功名與各種成就，從現代眾多文教神的功能均趨向單一化的庇佑考生，亦可解釋「功利性」動機。清代台灣敬字亭多依附在書院、官衙，毀壞傾頹之後也常隨之消失。但是六堆客家地區隨著風水之說與鸞堂信仰傳播，演化出特有的敬字文化。全台共 122 座，坐落在客庄共 88 座，單六堆地區就有 76 座。目前政府機關將「敬字」風俗，在有意識的選擇操作下，結合客家人「崇文重教」、「晴耕雨讀」的價值理念與自我族群認同，將原屬漢文化逐漸窄化成「客家文化」，這樣的情形來自六堆地區的敬字亭約佔全台 62.3%的強烈印象，另一方面也是客家族群面對文化消失的焦慮感，衍生出追求群族特色的強烈需求。〔註91〕

彰化縣現存共 4 座敬字亭，地點在和美道東書院、員林興賢書院、鹿港龍山寺以及醒靈宮。前兩者書院設立敬字亭原因可想而知，鹿港龍山寺是當地文風鼎盛進而建立，醒靈宮建立聖蹟亭的因素，無疑是鸞堂信仰體系的宗教動力（第五章第一節詳論）。

〔註91〕詳閱吳煬和，《文教、信仰與文化建構：台灣六堆敬字風俗研究》（高雄：麗文文化，2011），頁 293～297、350。

圖 4-11：聖蹟亭

（柯光任攝，2012 年 3 月 22 日）

圖 4-12：大成殿孔子廟

（柯光任攝，2011 年 7 月 27 日）

四、大成殿（孔子廟）

大成殿（孔子廟）的建立，緣起民國 60 年前後關聖帝君降筆指示，必須興建大成殿奉祀至聖先師。彼時擔任竹塘鄉長兼任醒靈宮管委會主委林木川與羅達春等委員和鸞生著手進行興辦事宜，此舉獲得地方信徒與仕紳支持，並籌設各地參贊委員 91 人。擇址在醒靈宮的東側建造大成殿，民國 62 年 10月工程告竣，擇日於 11 月 4 日主神孔子入火安座。〔註92〕或有言民國 63 年建設完成，〔註93〕對照林木川所撰〈大成殿沿革〉碑記落款年代為民國 63 年，或許有此可能。

大成殿主祀神至聖先師——孔子，龍側供奉復聖公顏子、宗聖公曾子；虎側供奉述聖公子思、亞聖公孟子。目前每年於教師節舉辦孔子聖誕祝壽三獻禮（第五章節第三節詳述）。

五、春秋閣、金牛山與月眉池的整建

民國 66 年第一屆管委會主委林木川與羅達春提議在月眉池構造一對春秋閣，於是眾委員和鸞生齊力襄助，選出 33 位參贊委員幫忙建設與籌款事務，這 33 位參贊委員頗多在興建孔子廟時擔任過相同職務。民國 69 年春秋閣建設完成，在月眉池左側，孔子廟的正對面。〔註94〕「古蹟仙」林衡道曾讚嘆其輪奐壯麗，足以媲美高雄左營的蓮池潭春秋閣。〔註95〕

醒靈宮後山的金牛山與廟前月眉池皆是天然形成的山丘與池塘，當年文化局曾撥一筆經費，由竹塘鄉公所代為執行整建周邊景觀，進行的工程有整建月眉池與鋪設金牛山步道等等。這是由文化局、竹塘鄉公所、醒靈宮三方面配合而成的建設工程。〔註96〕

〔註92〕林木川，〈大成殿沿革〉，碑記。
〔註93〕彰化縣政府民國 101 年 1 月 11 日，府民宗字第 1010012374A 號公文，附件〈醒靈宮登記經過及沿革〉，頁 2。
〔註94〕許煥彰，〈春秋閣新建碑記〉，碑記。醒靈宮管理委員會編，《竹塘醒靈宮慶安福醮紀念誌》，頁 9、17。
〔註95〕林衡道，〈竹塘鄉的勝蹟〉，收於氏著《台灣勝蹟採訪冊（第七輯）》（台中：台灣省文獻委員會，1982），頁 83。
〔註96〕余帝珍、陳連本口述，2012 年 3 月 31 日訪問。

圖 4-13：春秋閣

（柯光任攝，2011 年 10 月 11 日）

六、愛久澤直哉對於漢人宗教信仰的態度

　　愛久澤直哉借地給予客家人建立醒靈宮，又為安頓枯骨依前例借地與捐獻大筆金額設置萬善祠。若說是萬善祠的建立是福客兩族群合力促成，那業主愛久澤直哉就是背後的推手。換言之，若無業主的坦率，客家人來到彰化平原短短的 4 年內就要建造屬於自身族群的寺廟以及彌平人鬼不穩情緒功能的萬善祠，恐怕無此容易達成。因此愛久澤直哉對於台灣漢人的宗教信仰態度值得探究。

　　愛久澤直哉除了與醒靈宮、萬善祠有關之外，也在大正 14 年（1925）重修二林地區公廟仁和宮時捐金壹百圓，〔註 97〕更巧的是，南遷到高雄的南隆農場客家人也在其幫助下順利地建設廟宇。此廟緣起苗栗大湖人羅阿東遷居

〔註97〕　〈重修仁和宮捐題碑記（乙）〉，何培夫主編，《台灣地區現存碑碣圖誌・彰化縣篇》，頁 307。

南隆農場當佃農並供奉「三恩祖」畫像（關聖帝君、孚佑帝君、司命眞君），
〔註98〕此畫像從卓蘭徐阿添「三恩祖」私壇分香而來。爾後村民羅正保爲流
行病所苦拜「三恩祖」得以痊癒，此時南遷至南隆農場的北部客家人亦苦無
精神寄託，拜託農場主事白石喜代治撥地建廟，白石主事被輿論感動慷慨撥
地現今廟址，並附加廟前約 1 甲 3 分土地作爲維繫香火之用。廟地、香資皆
齊備，於是眾人在大正 13 年（1924）建廟。因爲瘟疫盛行且希望五穀豐收，
決定從苗栗公館五穀岡（五鶴山）五穀宮神農大帝分香爲主神，並祀「三恩
祖」亦爲鸞堂系統，大正 14 年（1925）12 月安座，廟名「五穀宮」。〔註99〕
該廟在虎側廂房「功德堂」設立愛久澤直哉與白石喜代治及 3 位日本人的祿
位。

　　白石主事的獻地舉動理應報備業主愛久澤直哉，有他的允諾才能撥地建
廟。愛久澤直哉同意源成農場的客家人創建醒靈宮、萬善祠，又捐款二林地
區信仰中心的仁和宮，也接受南隆農場的客家人設立五穀宮，他似乎深諳與
明晰漢人對宗教信仰渴求的心理狀態，尤其是在移居異鄉人們更是容易浮
躁，爲穩定情緒與安心爲農場效力，掌握漢人的心理層面運用宗教來達到業
佃雙贏，確實是愛久澤直哉身爲一企業家領導統御的管理手段以及經營哲
學。

〔註98〕「三恩祖」與「三恩主」應是同音異字，尊奉的神明皆是關聖帝君、孚佑帝
　　　　君、司命眞君。「三恩祖」的寫法是引用原書，徵引書目參見下一個註腳。
〔註99〕黃森松，《輔天五穀宮甲戌年太平福醮紀念誌》（高雄：輔天五穀宮甲戌年太
　　　　平福醮委員會，1996），頁 67～68、71～76。林秀昭，《台灣北客南遷研究》
　　　　（台北：文津，2009），頁 293～297。五穀宮位在高雄市美濃區中壇里。

圖 4-14：高雄市美濃區南隆農場五穀宮

（柯光任攝，2011 年 12 月 19 日）

圖 4-15：五穀宮愛久澤直哉之祿位

（柯光任攝，2011 年 12 月 19 日）

小　結

　　明治 39 年（1906）苗栗獅潭十九份人蔡登才等人創立醒世堂。明治 42 年（1909）蔡氏將醒世堂一同遷居到彰化源成農場，大正 2 年（1913）在竹塘牛稠子建廟，並改名醒靈宮。

　　將醒靈宮的前身醒世堂與獅潭五文宮、玉虛宮的源流「醒化堂」，兩堂宇以史料加以辯證，實無法找到切確的證據來證實兩者有何關係。民國 73 年醒靈宮和鸞法傳承的 3 間客家廟（楞靈宮、義靈宮、覆靈宮），與其視為「母廟」的玉虛宮組成「聖鸞聯盟金蘭結義姊妹宮」。客家移民透過「創造」廟對廟的歷史，得以想像、連結思鄉情懷塑造成集體記憶，並藉由每年聯誼活動加以重溫、延展。

　　醒靈宮後方的萬善祠在漢人的「厲鬼信仰」以及行善積德的功果觀念下，配合源成農場眾多枯骨的處置問題，在日本人主建下昭和 3 年（1928）落成。萬善祠最遲在戰後確定是客家人管理，民國 82 年重建便是醒靈宮所屬的客家人來主導，經此步驟萬善祠整合到醒靈宮管理組織下。

　　業主愛久澤直哉對於漢人宗教信仰的態度頗能拿捏並支持，利用建廟來穩定離鄉背井的客家佃農，從效果看來，是一種成功的統馭治理方法，是醒靈宮與萬善祠能順利建廟的另一主因。

第五章　醒靈宮與客家認同

　　客家人從新竹州四面八方大批遷徙到彰化平原南部，為什麼可以認同來
自獅潭的私人壇宇醒世堂，進而捐獻建立屬於客家人的公廟——醒靈宮，在
艱辛的異鄉生活，此廟宇又帶給他們什麼支撐力量。觀察長期被包圍在福佬
人世界裡的客家族群，如何以醒靈宮為信仰中心，從宗教儀式、祭祀圈，建
廟與重建、經營組織等方面，試圖理解彰南客家人如何建構及認同客家意識
與文化。

第一節　醒靈宮的建廟與重建

一、日治時期客家人的建廟

　　人們為了生計或身家財產的安全，常在某一區域內團結成一個群體，該
群體的表徵多是居民共同祭拜的鄉土主祭神，其寺廟就成為該地域的社會、
經濟、自治等中心。〔註1〕醒靈宮的前身醒世堂，能在短時間內從私人神壇轉
變成源成農場客家人的信仰公廟。對於這種現象，筆者欲從「內在團結」與
「外在威脅」試圖解析之。

　　「內在團結」方面：日治時期雖有一些北部客家人來彰化開墾溪底地，
大多數未做長久居住的打算，仍舊在原鄉之間來回穿梭。直到明治41年（1908）
源成農場成立，大批的客家人受到日本資方的招募，紛紛遷徙到彰化平原謀

〔註1〕許嘉明，〈彰化平原福佬客的地域組織〉，《民族學研究所集刊》，36（台北，
　　　1973秋），頁165～190。

求穩定的生活，隔年（1909）蔡登才等人決定離開苗栗獅潭，並將醒世堂遷至彰化。在移民初期就已移入的醒世堂，在新人群、新地域獲得廟宇信仰成長茁壯的先機，明治44年（1911）客家人移民數達百戶，〔註2〕客家人在大正2年（1913）建醒靈宮，隔年三恩主入火安座。大正4年（1915）有130戶880人，〔註3〕昭和2年（1927）竟然已高達337戶3,103人。〔註4〕村莊公廟的建立過程，其關鍵是否有足夠的財富來支持建廟工作的進行。〔註5〕昭和初期舊廟整體建築終告完工，這一段擴建廟體的期間，剛好是客家人遷移人口數大幅成長的階段，爲醒靈宮的建立帶來急切效應的人力支援與金錢幫助。再者，該廟奉祀神明爲三恩主，是客家人在原鄉廣爲流佈的鸞堂系統，對其神明職能、宗教儀式、神學體系等頗爲熟悉，免去摸索或適應宗教信仰的本質，可視爲一種鄉土神。基於原鄉神的熟捻與原鄉人的親切，進一步達到庄民認同建廟的神聖行爲。例如入墾南隆農場的北部客家人，在物資缺乏、生活困頓面臨極大身心理挑戰下，墾民移植原住地的信仰作爲守護神建立五穀宮，使其成爲昔日高雄縣客家鸞堂信仰的另一支系。〔註6〕吉安鄉五穀宮也是因爲客家移民初到陌生之地，唯一熟悉僅有家鄉神明，於是能打從心理信賴和支持。〔註7〕

「外在威脅」方面：清代彰化平原的客家人與福佬人，經歷共同開墾、築城、宗教信仰、宗族活動，拉近彼此距離達到融合的效果。另一方面福客對立與衝突隨著土地、水源的生存壓力漸逼亦趨嚴重，產生遏不可止的族群械鬥，以致客家人得隱藏眞實身分，漸漸地在日治初期大部分成爲了「福佬客」。但是對於客家人的刻板印象並未隨福佬化腳步而淡化，福佬人看待客家人往往有著無形的偏見以及有形的歧視，仍舊漫布在彰化平原歷史記憶中。

〔註2〕〈源成農塲近況〉，《台灣日日新報》（台灣），明治44年（1911）12月12日，第2版。

〔註3〕〈中部通信源成農場の近狀〉，《台灣日日新報》（台灣），大正4年（1915）6月21日，第2版。

〔註4〕台中州役所編，《台中州要覽（二）》（台北：成文，1985；據昭和2年版影印），頁76～77。

〔註5〕王志宇，《寺廟與村落：台灣漢人社會的歷史文化觀察》（台北：文津，2008），頁270。

〔註6〕張二文，〈高雄縣客家鸞堂的起源——月眉樂善堂與其鸞書之研究〉，《台灣學研究》，5（台北，2008.6），頁33。

〔註7〕邱秀英，《花蓮地區客家信仰的轉變：以吉安鄉五穀宮爲例》（台北：蘭臺，2006），頁112。

溪湖鎮傳說發生過客家人村莊一夜之間被泉州人屠殺焚莊，〔註8〕又如同曾慶國所採集的多種族群械鬥的傳說，〔註9〕無論真實性如何，此類故事不斷地流傳與再添附的過程中，營造出溪湖鎮、埔心鄉和永靖鄉是泉客的分界線。筆者的祖母生於昭和5年（1930），從小成長於溪湖，就曾告誡不可娶「客人」（福佬話），帶有歧視言語似乎不是個例，是真實存留在彰化禮俗的偏差印象。〔註10〕其次，彰南地區盛傳漳泉或漳泉客三分媽祖廟的說法，王志宇指出可能是清代族群對立械鬥的集體記憶結合洪水等因素，使媽祖廟在不斷遷移的史實中發展出來的歷史傳說。〔註11〕日治初期客家人遷居到彰化平原時，可以說福佬人社會瀰漫一種對客家人不友善的態度與行為，甚至到戰後因為兩方族群使用語言的不同，福佬人抗議並拒絕與客家人同一學校的案例。〔註12〕總言之，這是清代族群整合的餘毒。另外，從第三章表3-12的統計中，可以發現在源成農場裡受雇工作的本島人，從一開始福佬人的人數始終是超越客家人許多，這些福佬人皆來自鄰近的街莊。在共同的工作場合，福佬人來自清代既有的偏頗觀念，難免會因工作職位或相關競爭之時佔據族群優勢。面對此種社會氛圍與工作環境，都是北部客家人南遷到彰化謀生，必須真實面臨與碰撞的社會情境。

外遷人口到新的地域之後，與原先生活或同樣從外地遷來的人群發生接觸，可能因為爭奪生存資源發生矛盾與衝突，使得移民與當地社會便會產生一條無形邊界，使得遷移的人民連結成了群體，群體符號也隨之誕生。〔註13〕

〔註8〕 許嘉明，〈彰化平原福佬客的地域組織〉，頁172。

〔註9〕 曾慶國，《彰化縣三山國王廟》（南投：台灣省文獻委員會，1999），頁128。依口述徵錄的各種族群間的械鬥傳說，見頁32～35、125～120。

〔註10〕 賴志彰，〈從二次移民看台灣族群關係與地方開發〉，《客家文化研究通訊》，2（桃園，1999.6），頁22。

〔註11〕 王志宇，〈清代台灣彰南地區的媽祖信仰——以東螺街及悅興街的發展為中心〉，《逢甲人文社會學報》，15（台中，2007.12），頁154～157。族群分取媽祖廟的各項傳說，見頁153～154。

〔註12〕 這是政治大學王雅萍教授的親身經歷，小時候王教授的妹妹分配就讀溪州鄉溪畔分校而非成功國小本校時，還自到校抗議，當年學校也接受福客不共學的請求。溪畔分校目前已是客家傳統文化生活學園。王雅萍，〈從隱形到顯形——彰化客裔足跡：評介曾慶國《彰化縣三山國王廟：客家與福佬客的故事》〉，《彰化文獻》，18（彰化，2012.12），頁152。

〔註13〕 劉大可，〈群體認同與符號：以客家地區為中心的考察〉，收錄於江明修、丘昌泰主編，《客家族群與文化再現》（台北：智勝，2009），頁451。

移民所造成的新族群環境，原本沒有共同「歷史」的人群，會以創造新的集體記憶，來凝聚新的族群認同。〔註14〕在過去的研究裡，跨國移民經驗和地域性社區瓦解等情境下，以宗教團體中的象徵符號或情感連帶為媒介，可能讓「去地域化」之後所發生的疏離人際關係重新連結，並有助於在新環境中建立自我認同。〔註15〕台灣鄉村的寺廟擔負起整合村莊社會的任務，使台灣漢人社會從傳統、封建的祖籍意識解放出來，進而在新的移民環境建立新的社會秩序。〔註16〕

　　結合上述「內在團結」與「外在威脅」，北部客家人來到異鄉生活打拼，心靈的反射需要一處宗教場所提供精神上的慰藉，並作為客家族群交流聯繫之處。大正初年到昭和初期客家人共同支持醒靈宮的建廟舉動，乃是擁有共通語言、生活風俗以及遷居中部打拼的相同背景下，打破來自不同行政區劃的地域觀念，維繫與團結成為新的社會群體，重新塑造新的社會秩序。此時，也正是彰南客家移民形成與凝結「彰南客家共同體」的重要階段。其具體的展現，便是醒靈宮建築的硬體空間，藉由宗教信仰建構了客家族群意識與認同。另一方面，源成農場客家莊最早建立的醒靈宮，也成為「源成七界」客家人的信仰中心以及形塑了客家群體的符碼。

二、戰後客家人的廟宇重建

　　大正2年（1913）到昭和初年醒靈宮完建之時，因為昭和年間的碑記上並無記載捐獻信眾的居住村莊或角頭名，無法斷定除了源成農場9個大字客家村莊之外，尚有其他農場招募或個人來彰化墾拓的客家人，是否有參與建廟行動。其他如日治時期所建的萬善祠、戰後建造的聖蹟亭和孔子廟，一直到民國77年的入火安座大典，81年舉行慶安福醮，相關的碑記眾多，卻都是相同的刊錄方式，使我們無法得知醒靈宮的信仰區域：只侷限在源成農場有客家人居住的七界內，或是已經擴散到日治時期移入彰化南部的客家人皆認同醒靈宮是信仰中心。

〔註14〕王明珂，《華夏邊緣：歷史記憶與族群認同》（台北：允晨，1997），頁58。

〔註15〕丁仁傑，〈民間信仰的當代適應與重整：會靈山現象的例子〉，收於氏著《當代漢人民眾宗教研究：論述、認同與社會再生產》（台北：聯經，2009），頁110。

〔註16〕陳其南，〈清代台灣社會的結構變遷〉，《中央研究院民族學研究所集刊》，49（台北，1980春），頁128。

　　雖然碑碣無法進一步提示相關的訊息，但仍有資料確實顯示民國 77 年入火安座大典之時，醒靈宮已成為彰化南部客家人的共同信仰中心。當年管委會主任委員鐘元發與廟方編撰一小冊子，記錄了各鄉鎮村里角頭的經副理、安座代表名單。這 2 份名單皆載其人所居住的角頭名稱，大部分都重複，少部分沒有，例如二林鎮新湖巷、竹塘鄉溪墘、埤頭鄉四戶等，可相互彌補成為一份共同參與入火安座的客家角頭名冊（表 5-1）。將表 5-1 與表 3-15「日治時期以來彰化平原客家移民之角頭分布」一起對照，可說是近九成的客家角頭都參與這次盛會，少數沒有參加的角頭，如埤頭鄉豐崙村山崙頭、二林鎮豐田里十一戶庄和保安林區、溪州鄉舊眉村中山巷、福興鄉福興村客人仔庄以及鎮平村後溪仔等等。值得注意的是有一些小角頭會合併成大角頭，例如埤頭鄉大湖村水茱籃可能就整編了公館、十戶、四戶、六戶等等，才會有高達 94 位經副理。再者，編列在溪州鄉溪厝村的陳金富、徐阿六、邱其昌等人，實際上是溪州鄉成功村岸角人士。諸如此現象，若不加以仔細推敲觀察，這些隱性的客家角頭就會被忽略。羅列以上的例子，幾乎可推斷大部分彰化南部平原的客家人都參加這場宗教盛會。

　　集體記憶有賴於某種媒介，例如文物、圖像或各種集體活動來保存、強化或重溫；一個族群，常以建立永久性的實質紀念物來維持集體記憶。[註17]建廟於日治時期的醒靈宮，民國 70 年代經歷 4 年餘的重建，在眾人引領期盼下，先行舉辦三恩主入火安座大典，在廟方廣發訊息極力號召，日治時期移民到彰南平原的客家人，無論是受資方招募或自主來墾，基於語言、在台原鄉、生活風俗的共通性，以及醒靈宮長久以來被大部分客家人視為公廟的歷史記憶下，選擇在秋後季節舉辦安座儀式與 3 天法會，農業社會藉此慶典解放長久的農事繁忙，客家人熱烈地以客語交談並交換訊息，醒靈宮所屬的客家人寺廟網絡也藉此宗教儀式交陪活絡感情，展演了一齣不同於福佬人世界的客家氣象。在秋收涼爽的季節裡，竹塘鄉牛稠子醒靈宮以三恩主安座大典，展現與凝聚彰南平原的客家意識及歸屬認同感，並且再次體現「客家氣質」。[註18]

〔註17〕王明珂，《華夏邊緣：歷史記憶與族群認同》，頁 51、57。
〔註18〕例如屏東市頭份埔的北客信仰中心「萬福宮」，其主神謝府元帥雖然來自閩南人的私佛，但是透過客家乩童「詮釋」發源自江西省客家區，遂將謝府元帥理解成具有客家意象之神明，藉此凝聚客家人的族群意識，並經由重建「萬福伯公廟」重塑出「客家氣質」，見徐孝晴，〈臺灣南邊北客社群的客家認同：

表 5-1：民國 77 年經副理、入火安座大典代表的客家角頭

二林鎮								
村里	無載	東興里	東興里	後厝里	後厝里	後厝里	豐田里	西斗里	西斗里
角頭	市內	番社	犁頭厝	下後厝	上後厝	水浸湖	田厝	泥油岡	丈八斗
人數	37	55	64	26	45	14	25	15	25
村里	西斗里	原斗里	原斗里	東華里	興華里	興華里	興華里	復豐里	
角頭	八間	竹圍	清水橋	五戶	水門	水尾	洲仔	沙崙腳	
人數	44	41	12	26	20	21	11	12	
竹塘鄉								
村里	民靖村	民靖村	小西村	小西村	土庫村	土庫村	新廣村		
角頭	大橋頭	牛稠子	洲仔	巷仔溝	過溝仔	無載	廣福庄		
人數	30	32	10	14	13	13	27		

	埤頭鄉			溪州鄉			北斗鎮
村里	大湖村	大湖村	無載	溪厝村	圳寮村	西畔村	無載
角頭	水茭籃	十戶	街內崙子	無載			無載
人數	94	25	6	63	55	16	35

入火安座大典代表	二林鎮	番社、犁頭厝、水門、水尾、上後厝、下後厝、洲仔、沙崙腳、清水橋、竹圍、丈八斗、八間、田厝、新湖巷、西斗、原斗。
	竹塘鄉	大橋頭、洲仔、巷仔溝、土庫、新廣、溪墘、牛稠子、白廟仔、面前厝
	埤頭鄉	公館、十戶、四戶
	溪州鄉	溪州

資料來源：鐘元發、醒靈宮編，《醒靈宮武聖關公安座大典紀念》（彰化：醒靈宮，1988），頁 19～89。

說明：二林鎮興華里「水尾」原載「水尾佃」。竹塘鄉民靖村「牛稠子」原載「外牛稠」。

三、客家認同、福佬化現象與鸞堂色彩

目前醒靈宮廟群中，屬於日治時期只剩零散構件，最早的是（1）明治 41 年（1908）銅鐘、（2）大正、昭和年間匾額 11 塊、（3）昭和年間舊廟碑記 4 塊、〔註19〕（4）昭和 2 年（1927）正殿棟對一副、（5）昭和 4 年（1929）正

以屏東市頭份埔地區的信仰活動為中心之探討〉（國立高雄師範大學客家文化研究所碩士論文，2014），頁 114～119。

〔註19〕昭和年間的舊廟碑記，新廟建成之後被放置在角落，關心地方文化歷史的二

殿虎爺、(6) 昭和 4 年（1929）三樓玉皇大帝殿一對小石獅、(7) 昭和 12 年
（1937）供桌一張。〔註20〕無著年代有（1）舊廟三恩主神像三尊、（2）萬善
諸君靈位等 3 座石牌神位、（3）散落在金牛山被裁成數段充當石椅的舊廟石
柱。其餘有疑似者，三樓的三恩主木牌、〔註21〕總結來說是無存日治具體完
整之建物。

圖 5-1：歲次甲寅大正 3 年（1914）三恩主入火安座「乃聖乃神」匾額

（柯光任攝，2011 年 7 月 27 日）

　　在福佬人包圍下的客家廟，欲探求原汁原味的客家建築並非無跡可尋。
客家宗教信仰的特質到了民國 70 年代建立新廟亦有所堅持，新廟正殿內堂的
棟對是原先舊廟所有，神龕底下有一塊龍神石牌供祭祀。民國 60 年代完工的
大成殿，若仔細往內殿一瞧，必然可見客家建築風格的「棟對」，神龕下也有
「龍神」的擺置。以上在在展現了客家人在建築物體遵照客家傳統文化。

　　正殿神龕下方的龍神前方設置一尊石雕虎爺，底座刻有年代「昭和己巳

林商工國文老師魏金絨進而投報提醒，但 3 年後廟方在整理環境才自覺加以
保護。〈古廟改建棄置百年舊碑竹塘醒靈宮作法遭保護文物人士非議〉，《中國
時報》（臺灣），1993 年 1 月 7 日，第 13 版。〈竹塘醒靈宮舊石坪出土：紀錄
日據時代信徒捐款深具歷史價值〉，《中國時報》（臺灣），1996 年 10 月 19 日，
第 16 版。

〔註20〕這一張供桌書寫廟名為「醒靈堂」。查醒靈宮日治時期、戰後各項史料，僅只
一供桌書寫此名，其因目前不詳。

〔註21〕此為騰化堂的三恩主木牌，二林鎮水門李家不再經營後，迎請至「大廟」醒
靈宮供奉，范姜阿榜口述，2012 年 3 月 31 日訪問。

年」為昭和4年（1929），顯示虎爺應是日治時期舊廟時已存在，代表客家人遷至彰化後，也學起福佬人供奉虎爺，龍神與虎爺共存，可觀察到客家移民在宗教信仰上的福佬化現象。〔註22〕

圖 5-2：正殿神桌下龍神與虎爺並祀

（柯光任攝，2011 年 7 月 27 日）

〔註22〕黃子堯提出老虎崇拜原屬漳、泉地信仰，虎爺祭祀未曾見於客家原鄉，客家人不拜虎爺而奉祀龍神，是因為相信風水地理中的龍脈有關。客家寺廟拜虎爺是受福佬祭祀文化影響，見氏著，《台灣客家與三山國王信仰——族群、歷史與民俗變遷》（台北：客家台灣文史工作室，2005），頁 138～140。筆者認為這是客家人「福佬化」在宗教信仰中可觀察到的面向之一。

圖 5-3：醒靈宮正殿棟對

（柯光任攝，2012 年 2 月 17 日）

表 5-2：醒靈宮與大成殿之棟對

地點	棟對	
醒靈宮 正殿內堂	三聖具慈悲暮鼓晨鐘警醒庸愚夢不少	天運丁邜仲夏吉立
	一堂垂救濟沙盤柳揮造成善信福其多	沐恩弟子陳維叩謝
大成殿 正殿內堂	德被寰球浩蕩儒風令貊化	
	功高日月恢弘聖蹟見河清　醒靈宮管理委員會主任委員林木川敬題	

資料來源：2012 年 3 月 21 日現場抄錄。

　　醒靈宮奉祀「三恩主」，還有大成殿孔子廟祭祀「孔子」與聖蹟亭尊奉「倉頡聖人」，普世認為這是客家人崇文重教的生活態度，其傳統文化風氣影響至宗教信仰，藉此表彰客家人的溢美讚頌之辭或許可作為解釋的一種方式，但可能未探討歷史的關鍵因素。第四章曾引用吳煬和說明六堆地區因為風水之說與鸞堂信仰，造就廣布的敬字亭並有組織運作字紙的送聖蹟儀式。吳氏另一篇文章更指出如果沒有鸞堂的支持及維護，六堆敬字亭不會保持如此完整。〔註23〕張志遠也認為鸞堂是保存敬字文化的主流之一。〔註24〕鸞堂從日治初期大興以來，成為興建敬字亭著力最深的宗教團體。醒靈宮客家人歷年來建造文教神明的孔子廟與聖蹟亭，實與鸞堂信仰有密切關係，其中以鸞堂具有儒家的本質影響最鉅。日本人以「儒教」來稱呼鸞堂可說是準確把握其特質，除了成員多為雅好儒家思想的仕紳外，鸞堂宣揚的教理與鸞書的內容多是儒家的倫理道德，這是清末以來台灣儒家宗教化的現象，「鸞堂」是具有儒家特質的宗教組織。〔註25〕楊明機所創的儒宗神教，對教名解釋更是開宗明義地闡述「以儒為宗，因神設教」，不單意詞含有濃厚儒家色彩，加以研究神學體系，更是以儒家思想為基礎銳變而成，並以儒家文化的傳承者自居。〔註26〕將儒家倫理道德理念廣佈到民間社會，藉以教化庶民。當日治末期如火如荼的皇民化運動，鸞堂成為傳播漢學與宣揚儒教的據點，無論是從慈善救濟、宣講勸善、鸞書著造，都可觀察到儒家教化活動的進行，〔註27〕而這 3 項指標性活動，醒靈宮皆有從事。〔註28〕醒靈宮穩實地從事鸞堂應有的儒家教化的工作，無論是神明旨意或鸞堂最終關懷的核心動力，建立與尊奉儒家性質濃厚的神明「孔子」大成殿以及「倉頡聖人」聖蹟亭，可說是充

〔註23〕 吳煬和，〈內埔地區鸞堂信仰之研究〉，美和技術學院通識教育中心編，《六堆信仰及宗族的在地實踐研討會論文集》（屏東：美和技術學院通識教育中心，2005），頁 106。

〔註24〕 張志遠，《台灣的敬字亭》（台北：遠足，2006），頁 13、19。

〔註25〕 李世偉，〈清末日據時期台灣的仕紳與鸞堂〉，《台灣風物》，46：4（台北，1996.12），頁 115、129。

〔註26〕 王志宇，《台灣的恩主公信仰：儒宗神教與飛鸞勸化》（台北：文津，1997），頁 56、229～230。

〔註27〕 李世偉，〈日據時期鸞堂的儒家教化〉，《台北文獻直字》，124（台北，1998.6），頁 59～79。

〔註28〕 「慈善救濟」方面，可見辦公室裡政府頒勵從事社會慈善事業的獎狀；「宣講勸善」：曾舉辦鸞訓奧義講解，見醒靈宮管理委員會，〈竹塘醒靈宮鸞訓奧義講解〉，宣傳單；「鸞書著造」：民國 38 年出版《醒世金篇》。

分的實踐與展現鸞堂本色與風格。

第二節　經營與管理組織

一、鸞生組織

一座堂宇或寺廟，必須要有制度、健全的宗教組織加以統合和分派職責，才能經營順遂與推廣廟務，楊明機曾在《儒門科範》建立各種職務以及職司，作為組織發展的基礎，其階級有堂主、總理、董事、正鸞生、抄錄生、謄真生、校正生、司香生、司茶生以及迎送生等。〔註 29〕目前筆者承蒙廟方提供《醒靈宮鸞生名冊》共兩份，因為無刊錄年份，不過詳看鸞生的資料且經廟務人員的解讀，可分成最新版與其前一版，為方便行文暫且稱之新、舊兩版本。兩版本所列組織階級職務與《儒門科範》相差不遠，設有正副堂主、正副監堂、正副乩（鸞）生、請誥生、錄生、砂生、外女生（即女鸞生，含誦經團），〔註 30〕以上的階級職稱，經過觀察與訪談，發現鸞生組織有九成以上為客家人，或能以客家話交談者。

第一任堂主是蔡登才，即是苗栗獅潭醒世堂的創堂堂主，醒靈宮建廟後蔡登才成為管理人，〔註 31〕蔡氏於昭和 13 年（1938）過世後，堂主之位由其子陳傳秀繼任，〔註 32〕陳傳秀在民國 38 年祈雨、著造鸞書《醒世金篇》效力頗多，卻於此年往生，並在著書期間現身降詩給予眾鸞生勉勵真心求道，並期望兒子陳見發對於廟務能盡心盡力，〔註 33〕在此錄詩一首：

欲別陽間愁塞衷　滿懷惟望力修功

沐恩能得今宵會　所咐深言在意中〔註 34〕

第三任堂主為蔡登才之孫、陳傳秀之子陳見發，不過後來發生車禍，使得堂

〔註 29〕楊明機編，《儒門科範》（台北：贊修宮、智成堂，1973 第 3 版），頁 31〜33。

〔註 30〕醒靈宮編，《新．醒靈宮鸞生名冊》、《舊．醒靈宮鸞生名冊》（寺廟內部文件皆未出版，未載年份）。

〔註 31〕〈北斗郡寺廟台帳〉，昭和年間。

〔註 32〕彰化縣政府民國 101 年 1 月 11 日，府民宗字第 1010012374A 號公文，附件〈醒靈宮登記經過及沿革〉，頁 1。

〔註 33〕醒靈宮編，《醒世金篇》（彰化：醒靈宮，1949 初版；2001 二版），頁 59〜61。

〔註 34〕醒靈宮編，《醒世金篇》，頁 61。

主之位必須另謀人選。第四任堂主范姜錦秀，因非「醒世堂」嫡系傳人，持非議者多，終因帝君欽點而獲接納。第五任堂主是謝阿祿，是蔡登才的長工，9歲隨蔡南遷。第六任由謝阿祿其子謝阿奇接任堂主。第七任陳鼎火，原是副堂主，爾後升任接棒。第八任堂主是范姜阿榜，有感於其父當年前車之鑑，曾再三婉拒。不過蔡登才及羅添子孫，例如陳見發之弟已遷往台東，兄弟散居各地聯繫不易。其他子孫多婉拒堂主之責，後因帝君再三點名，范姜阿榜終告同意擔任堂主。〔註35〕目前第九任堂主為汪慶秀，在醒靈宮及萬善祠重建出力貢獻頗多，早已為資深核心幹部，故范姜阿榜逝世之後，由汪慶秀接任堂主一職（表5-3）。

從早期堂主的歷屆人選，可以發現醒靈宮雖已成公廟，但是內部的鸞堂組織之主位，仍具有濃厚的家族經營之傾向。唯家族內部不再熱衷廟中鸞務之後，堂主之位才由族外之人承接。現今堂主汪慶秀與錄生池松富皆醒靈宮內最資深的鸞生之一。正鸞生（正乩生）目前只有汪慶秀1位。2005年陳逸君前往調查時有2位，〔註36〕是為陳松芳與汪慶秀。〔註37〕陳松芳因為妻子過世，認為神明未保佑，因此便少來堂下效勞。〔註38〕

每月3期的期日，鸞生和管理組織來堂效勞者約在20至25位之譜，〔註39〕目前醒靈宮與一般鸞堂面臨的問題相同，就是鸞生的年齡層都偏高，大部分是60歲以上。原因涉及很多層面，例如客家人數原本就偏少，鄉下也苦無工作機會，年輕人皆外流，有者也不一定來參加廟內活動。醒靈宮在莊嚴的祭典儀式進行時，例如請誥、念疏文、誦經、三獻禮，皆講客語，可謂語系獨佔的族群性極強。客家族群的特性以及鸞生皆呈現高齡狀態，老鸞生池松富曾無奈的表示：「做到死就算了」〔註40〕因此他們是持開放的態度歡迎各族群來廟內效勞三恩主。從以前就有福佬人加入，比較熱衷參加與練習者，甚至可以用客語請誥。〔註41〕目前鸞生有2、3位是福佬人，有1位較年輕者約41

〔註35〕陳桂煌，〈竹塘鄉小西村巷仔溝、洲仔客家庄史〉，收入謝四海主編，《彰化縣二林區源成客家庄史續集》（彰化：彰化縣香草吟社，2007），頁95。

〔註36〕陳逸君，《流轉中的認同——彰化竹塘地區福佬客族群意識之研究》（台北：客家委員會，2005），頁35。

〔註37〕醒靈宮編，《舊‧醒靈宮鸞生名冊》，頁1。

〔註38〕池松富口述，2011年10月22日訪問。

〔註39〕管理委員會的主委和副主委幾乎每期必到，其他委員則較少。

〔註40〕池松富口述，2015年9月11日訪問。

〔註41〕陳連本口述，2012年5月3日訪問。

歲入堂效勞已 4 年有餘。〔註42〕廟務幹部有 1 位是戰後來台的人士，曾任教職並娶客家人為妻，自民國 78 年退休即來廟服務。〔註43〕

以女性為參加主體的「外女生（女鸞生）」組織，含括誦經團與跟拜的女信徒。其成員大部分是福佬人嫁入客家家庭後，前來客家人公廟參加誦經、跟拜等工作。以誦經團的中尊高月真為例，他是福佬人嫁給前東興里里長李東義成為客家媳婦，民國 100 年李東義因病過世進行里長補選時，經里民投票當選承繼其夫續為東興里里長，至今東興里的福客比例，大約是 2：1。〔註44〕

女鸞生組織的福佬人比例雖較高，但多是嫁入客家家庭，客家話的簡易交談上並不成問題。尤其是每當重要祭典和消災之期，所念各項經文皆為客家話發音，高月真表示曾敦請客語老師教學，以正確的客家話誦讀各類經文。〔註45〕

表 5-3：歷任堂主、正鸞生及管理委員會正、副主任委員

	堂主	正鸞生			主任委員	副主任委員
第一任	蔡登才	陳鼎傳	黎玉麟	第一屆	林木川	無
第二任	陳傳秀	朱登華	羅源豐	第二屆	洪性榮	鍾朝相
第三任	陳見發	徐慶生	黎玉和	第三屆	鍾元發	余帝珍
第四任	范姜錦秀	陳松芳	◎汪慶秀	第四屆	鍾元發	余帝珍
第五任	謝阿祿			第五屆	余帝珍	陳連本
第六任	謝阿奇			第六屆	◎余帝珍	◎陳連本
第七任	陳鼎火					
第八任	范姜阿榜					
第九任	◎汪慶秀					

資料來源：醒靈宮管理委員會編，《竹塘醒靈宮慶安福醮紀念誌》，頁 98。醒靈宮編，《新‧醒靈宮鸞生名冊》（內部文件未出版，未載年份）。醒靈宮編，《舊‧醒靈宮鸞生名冊》（內部文件未出版，未載年份）。陳桂煌，〈竹塘鄉小西村巷仔溝、洲仔客家庄史〉，頁 95。池松富口述，2011 年 10 月 22 日訪問。

〔註42〕洪欽祥口述，2012 年 5 月 15 日訪問。
〔註43〕許明亮口述，2012 年 4 月 10 日訪問。
〔註44〕高月真口述，2012 年 5 月 3 日訪問。
〔註45〕高月真口述，2011 年 9 月 28 日訪問。

汪慶秀口述，2012 年 3 月 12 日訪問。范姜阿榜口述，2012 年 3 月 31 日
訪問。余帝珍口述，2012 年 3 月 31 日訪問。

說明：「◎」為現任。

表 5-4：2015 年醒靈宮鸞生組織

職稱	堂主	副堂主	監堂	副監堂	正鸞生	副鸞生	請誥生	錄生	砂生	女鸞生
姓名	汪慶秀	謝清俊	官有亮	張世雄	汪慶秀	9 位	3 位	7 位	29 位	54 位

資料來源：《新・醒靈宮鸞生名冊》（寺廟內部文件未出版，未載年份）。2015 年 9 月
11 日田野調查。

說明：醒靈宮的扶鸞由正鸞生自行唱字，無看砂生的實質作用。因此看砂生之職稱，
應是通稱內外堂服務效勞的鸞生。

二、地方菁英與管理委員會

陳世榮過去研究清代地方菁英，包括業主、莊主、地主或漢佃戶，或傳統漢人社會中的耆老、族長、民隘首、義首、約長、業戶管事（租館職員）、大型合資墾號。還包括地方公廟的爐主、各類祭典醮儀的總理、董事、緣首和神明會的首事等。由於國家政權介入，出現另一批具有官方或半官方身份的地方菁英。他們不支領薪水也不隸屬行政體系，但卻是行政措施的實際執行者，即為鄉治代理人，約可分為兩類「指派」：如官設對保差役、屯目；經官方「驗充」者，譬如墾首、領有官方牌戳的墾戶與業戶、總理、副總理、地保、董事、保正、管事、職員、甲長、牌長、街庄正（長）、屯丁首、官隘首、團練紳董等。另外具有功名身分的菁英分子即是「士紳」或「紳士」，包括退休官員、具有生員以上科舉學銜的紳衿，或以捐納或軍功取得學銜或官銜者。這一批身分、地位與影響力不同於一般民眾的地方菁英透過民間組織（宗族、開墾、神明會）、關係（姻親、租佃、親戚），來建構「文化權力網絡」，維持、擴大在地方社會的影響力。地方公廟常扮演公共空間的角色。讓社會中各種力量運作、互動、競爭；地方菁英與官方投資「象徵資本」，建構「文化權力網絡」。地方公廟也因此參與、建構地方社會。〔註46〕黃翠媛擴大

〔註46〕 參閱陳世榮的論述，氏著，〈清代北桃園的地方菁英及「公共空間」〉，《政大歷史學報》，18（台北，2001.6），頁 203～241。氏著，〈近代大料崁的菁英家族與地方公廟：以李家與福仁宮為中心〉，《民俗曲藝》，138（台北，2002.12），頁 239～278。

解釋地方菁英的範疇，從清代、日治直到戰後現今社會，凡是在地方上擁有較大權力、較多財富、較多聲望，具有影響力的人士，都可稱之。透過五通宮的案例，發現與該廟有關的地方菁英，大致可分兩類：第一，經濟雄厚之人物，對其興築有實質上財力援助；第二，地方上的領導人物，為支持五通宮廟務的重要人士。〔註47〕

日治時期醒靈宮昭和年間建廟 4 塊碑記的捐獻主體雖以客家族群為主，但是亦有二林地方菁英、仕紳福佬人參與其中，例如詹仁華、邱菊花為「二林蔗農組合」理事；〔註48〕詹福曾經擔任竹塘庄協議會員、竹塘庄保正、竹塘區總代、保甲聯合會長、竹塘庄協議會員社會教化委員等職；〔註49〕莊日的職務有竹塘庄長、竹塘信用組合理事、二林振業株式會社監事、公共埤圳永基巡視員、內蘆竹塘保甲聯合會長、內蘆竹塘農業組合長、竹塘庄協議會員等，〔註50〕並且也是源成農場委員。〔註51〕

戰後民國 60 年代醒靈宮成立管理委員會，第一屆邀請當時竹塘鄉長林木川擔任主任委員，無設副主任委員一職。民國 71 年改組，由第七屆省議員二林鎮人洪性榮出任主委，二林鎮興華里水門客家人鐘朝相擔任副主委。〔註52〕期間主持新廟重建以及安座、福醮大典。民國 80 年改選第三屆管理委員會，客家人鍾元發、余帝珍分別擔當主、副委員。〔註53〕至今第六屆主任委員是余帝珍、副主任委員陳連本（表5-3）。以第四屆管委會為例，旗下編有總務、主計、出納、交通組長各 1 名，委員 18 名，監察委員 3 名。〔註54〕

〔註47〕黃翠媛，〈寺廟與地域社會——以彰化縣大村鄉五通宮為中心探討〉（國立台灣師範大學歷史學系在職進修專班碩士論文，2006），頁 128、131。

〔註48〕洪麗完總纂，《二林鎮志》，下冊，（彰化：二林鎮公所，2000），頁 630～631。

〔註49〕《台灣官紳年鑑》，頁 339、477。《北斗郡大觀》，頁 133。《自治制度改正十週年紀念人物志》，頁 113。引用「台灣人物誌」資料庫，漢珍發行。

〔註50〕《台灣人士鑑》（日刊一週年版），頁 103。《台灣實業名鑑》，頁 130、145。引用「台灣人物誌」資料庫，漢珍發行。

〔註51〕《台灣人士鑑》，頁 205。引用「台灣人物誌」資料庫，漢珍發行。

〔註52〕彰化縣政府民國 101 年 1 月 11 日，府民宗字第 1010012374A 號公文，附件〈醒靈宮登記經過及沿革〉，頁 2。謝阿龍，〈醒靈宮重建簡介〉，醒靈宮管理委員會編，《竹塘醒靈宮慶安福醮紀念誌》（彰化：醒靈宮管理委員會，1992），頁 17。

〔註53〕醒靈宮管理委員會編，〈醒靈宮文武廟第三屆管理委員會委員名冊〉，《竹塘醒靈宮慶安福醮紀念誌》，頁 98～103。

〔註54〕醒靈宮編，〈醒靈宮第四屆管理委員會委員名冊〉，《新・醒靈宮鶯生名冊》，頁 11～13。

　　觀察醒靈宮的管理委員會，除了民國 60 至 70 年代的主任委員是延請福佬人鄉長和省議員政治人物擔任，並非客家人執掌此職位。地方菁英介入醒靈宮的發展，從寺廟經營的觀點看來有十分大的助益。例如林木川會接下第一屆醒靈宮主委似乎與羅達春有關。羅達春是源成七界客家人，在竹塘鄉公所擔任課長級職務，〔註55〕林木川運用鄉長的聲望，羅達春主力協調與廟方相關問題，兩人搭配合作下，成功號召客家人與二林、竹塘等地方人士出錢出力共建孔子廟與春秋閣，例如擔任參贊委員有二林福佬人洪能傳、蔡淵騰、楊玉麟、〔註56〕北斗客家人吳新鏡、〔註57〕福佬人竹塘鄉長及議員詹賜、竹塘鄉代主席莊成等人。第二屆管委會主委敦請省議員二林福佬人洪性榮，就任期間完成醒靈宮舊廟拆除新廟重建落成，其影響力不可言喻。當初肩負重建大任的范姜阿榜坦言政治人物比較有力量，新廟相關工程招標時黑道比較不來亂事，〔註58〕陳連本也說呈送政府相關的公文較為順利等助益事項。〔註59〕管理委員會擁有掌控與決策廟宇各項事務的權力，與擔任公職與民意代表的性質類似，對外亦可利用擔任公職或民意代表的優勢替廟宇宣傳或募款擴張廟宇規模，〔註60〕為我們揭示寺廟由政治人物擔任主委，帶來各方面的幫助可說是相當的大。寺廟藉由地方菁英或政治人物的聲望與影響力，透過號召與支持得到眾人的響應，更成功者配合媒體的宣傳報導，作為行銷廟宇與建立影響力的方法。〔註61〕

　　從民國 80 年代後，管委會的主委、副主委便改由客家人擔任。第四屆的主委鍾元發在二林經營棉被廠、帆布與綱架公司。余帝珍初期任副主委，隨後在第五屆、第六屆當選主任委員，與副主委陳連本皆是客家人。

三、經營、管理組織與客家認同

　　寺廟經營經過長久的歷史發展，本身會有一套職務分配系統達到管理的

〔註55〕陳連本口述，2012 年 3 月 31 日訪問。

〔註56〕林文龍，〈第十二篇人物〉，洪麗完總纂，《二林鎮志》，下冊，洪能傳見頁 487、蔡淵騰見頁 490、楊玉麟見頁 495。

〔註57〕此人為搬遷至北斗新生里之苗栗客家人，非源成農場招募。見張哲郎總編纂：張素玢等撰稿，《北斗鎮志》（彰化：北斗鎮公所，1997），頁 763。

〔註58〕范姜阿榜口述，2012 年 3 月 31 日訪問。

〔註59〕陳連本口述，2012 年 5 月 3 日訪問。陳連本當時擔任委員一職。

〔註60〕徐碧霞，〈鸞堂型村廟的儀典與組織：以苗栗頭屋雲洞宮為例〉（國立交通大學客家文化學院客家社會與文化學程碩士論文，2011），頁 125。

〔註61〕這部分可以參考洪瑩發討論大甲鎮瀾宮與媒體之間的關係。氏著，《解讀大甲媽：戰後大甲媽祖信仰的發展》（台北：蘭臺，2010），頁 334～341。

作用；今日的寺廟管理委員會，源自日治時期日人引進現代管理觀念及方法，並由戰後國民政府所沿用，〔註62〕官方依照法律和章程規定將職責確立並統一，以達到管理的目的。徐碧霞討論雲洞宮的組織時，發現鸞堂組織中的鸞生與管委會的委員，其中有一半重疊即同時肩負2項職位與身分。〔註63〕醒靈宮則是鸞生與廟務組織重疊：重要的鸞生，比如正副堂主、正副監堂、正鸞生、筆錄生；主要的廟務幹部，如總務、主計、出納等，兩者組織似乎是一體兩面的人事安排（除了主委和副主委），幾乎同時或曾經兼任2項職務。

　　因應政府法令，民國60到70年代籌組的管理委員會，醒靈宮的主任委員與副主任委員是委請政治人物來擔任。其職務到民國80年代回歸原本是客家人主掌管理人的角色。分析管理委員會的委員、監委的居所，以二林鎮最多數，竹塘次之，埤頭和溪州亦有，北斗則無。〔註64〕觀察鸞生的居住地，都是離廟較近的源成七界地域範圍內，大部分在二林、竹塘，少數在埤頭；溪州、北斗則無。〔註65〕因此，從委員們與男性鸞生的組成幾乎為客家人，並且來自彰南客家人所居住地區，醒靈宮為彰化客家人的宮廟無庸置疑；平日的宗教祭典、鸞堂活動有賴「源成七界」的居民財力、物力以及精神面的支持。遇有重要慶典，例如醮典，其信仰中心的角色才會再次的展現。

　　鸞生組織中，男性成員以客家人居多佔九成左右，福佬人亦有之。誦經團為主導的女鸞生組織，大多數是福佬人嫁入客家庄前來廟宇效勞。在廟內交談的語言是福客各半，有時候福佬話甚多一些。不過在莊嚴宗教儀式中，例如請誥、三獻禮、誦經等，擲筊爐主首事，皆是堅持使用客家話進行，若是福佬人也必須練習以客語誦讀。客家話是客家社會的現象、符號系統以及思維工具，客家話是客家社會獨有的產物，是文化也是內心深處的根。〔註66〕宗教場所成為學習、延續客家話的地方，無形中寺廟兼具了傳承以及實踐客

〔註62〕陳秀蓉，〈戰後台灣寺廟管理政策之變遷〉（國立台灣師範大學歷史研究所碩士論文，1998），頁143。

〔註63〕徐碧霞，〈鸞堂型村廟的儀典與組織：以苗栗頭屋雲洞宮為例〉，頁119～121。

〔註64〕醒靈宮編，〈醒靈宮第四屆管理委員會委員名冊〉，《新‧醒靈宮鸞生名冊》，頁11～13。第三屆則有一位徐清木為北斗人，見醒靈宮管理委員會編，〈醒靈宮文武廟第三屆管理委員會委員名冊〉，《竹塘醒靈宮慶安福醮紀念誌》，頁101。

〔註65〕醒靈宮編，《舊‧醒靈宮鸞生名冊》、《新‧醒靈宮鸞生名冊》。

〔註66〕羅肇錦，〈客家的語言——台灣客家話的本質和變異〉，收入徐正光主編，《徘徊於族群和現實之間：客家社會與文化》，頁18～12、24。

家文化的積極功能。

醒靈宮的廟務長久以來依靠有行政、管理能力的客家人支撐與經營，而非福佬人。說明了共同參與醒靈宮宗教活動的鸞生，是因爲彰化南部的客家人認同了醒靈宮是客家人之公廟，進而樂意入廟效勞成爲鸞生，基層的客家族群源源不絕的供需，使得鸞生來源不虞匱乏，其各種儀式進行得以流暢地運用客語不受牽制，客家認同也經此不斷的重複體驗、凝聚與再生產，使福佬化的程度大大降低了。乘載宗教信仰的寺廟，扮演積極演練群體意識的基地，在彰南客家人所建立的醒靈宮裡，成爲實踐客家認同的場域。

第三節　祭典儀式與祭祀圈

彰化南部大部分的客家人崇信以三恩主爲主祀神的醒靈宮，並且擁有多位神祇以供膜拜祝禱。觀其原因乃一間地方公廟除主神外，奉祀多尊職能不盡相同的神明，以滿足不同宗教信仰需求的信徒，常見有主司婦女生育功能的註生娘娘、保佑農民農作物豐收的土地公等等。爲答謝神明庇佑爐下眾村民以及允應所求，通常會在誕辰之日舉辦千秋祭典予以作戲答謝，慶典相關費用便由聚落居民共同支付舉辦，即口語所稱的收「丁口錢」，通常以戶或人頭爲計數單位，需繳納丁口錢的區域內，成爲目前學界通稱的「祭祀圈」。過去借用祭祀圈理論，探討漢人聚落以宗教信仰結合成某一種地域、社會組織，在台灣最早研究是日治時期的岡田謙〈台灣北部村落之祭祀範圍〉調查日治時期的台北士林地區，發現不同人群利用不同儀式，祭祀不同的主祭神。例如媽祖、土地公、三官大帝成爲小祭祀範圍，中元祭時，數地方形成一大祭祀範圍；這一種地域範圍可能成爲通婚、市場交易的範圍。除此之外尚有祭祀公業、神明會、父母會。台灣人依靠各種祭祀活動，來團結整合一個地方範圍的情感、勢力。〔註67〕王世慶〈民間信仰在不同祖籍移民的鄉村之歷史〉調查清代樹林地區不同族群的移民如何整合出共同的主祭神，進而形成祭祀圈。在這一個祭祀圈裡，各角頭廟與濟安宮的從屬、神明會關係，描述地方開發歷史與祭祀圈的發展關係。〔註68〕

〔註67〕岡田謙著，陳乃蘗譯，〈台灣北部村落之祭祀範圍〉，《台北文物》，9：4（台北，1960），頁14～29。

〔註68〕王世慶，〈民間信仰在不同祖籍移民的鄉村之歷史〉，《台灣文獻》，23：3（南投，1972.9），頁1～38。

　　祭祀圈研究到了 1970 年代「濁大計畫」有突破性的發展，許嘉明〈彰化平原福佬客地域組織〉以祭祀圈概念討論地方群體組成因素。發現同姓氏之間的字姓戲、客家村落彼此間的遶境祭祀活動（溪湖霖肇宮、永靖永安宮）以及超越祖籍的七十二聯莊和南瑤宮的會媽會，以上的地域組織，說明了各種地方團體的組成與存在，可以說是一種社會情境形成的產物。而當社會情境和人際關係改變，或是原有整合人群的功能被取代，這些地域組織就會喪失其功能，而逐漸消失。〔註 69〕施振民提出「祭祀圈與聚落發展模式」說明祭祀圈是以主神爲經，以宗教活動爲緯，建立在地域組織上的模式。可以運用祭祀圈，以主神、村廟或宗祠組織，分析地域組織、宗族發展以及人群分布。〔註 70〕許嘉明在〈祭祀圈之於居台漢人社會的獨特性〉強調主祭神和圈內成員的權力義務關係，提出 4 項指標（1）頭家爐主資格、（2）請神資格、（3）巡境、（4）共祀主祭神。〔註 71〕張珣的〈祭祀圈研究的反省與後祭祀圈時代的來臨〉提出祭祀圈研究只描述宗教組織，未解釋其造成因素。歸結未來應以祭祀範圍爲主軸，結合親屬、政治、經濟等層面材料，展開「後祭祀圈研究」，其發展方向有兩項，第一，結構功能理論：考察市場、宗族、村落祭祀三者的關係；第二，文化象徵理論：視村落祭祀爲民間權威，探討與國家官方權威的互動研究。〔註 72〕

　　上述學者應用了祭祀圈研究，呈現各區域亮眼的成績，但眾人對祭祀圈的概念似乎有著不一樣的定義。談到運用祭祀圈最知名、著作最豐富的學者莫過於林美容,從 1987 年草屯鎮土地公廟的祭祀圈展現研究成果,〔註 73〕1988 年創立嶄新「信仰圈」的概念。〔註 74〕並依此逐年擴大研究範圍，譬如彰化

〔註 69〕許嘉明，〈彰化平原福佬客的地域組織〉，頁 165～190。

〔註 70〕施振民，〈祭祀圈與社會組織──彰化平原聚落發展模式的探討〉，《中央研究院民族學研究所集刊》，36（台北，1973），頁 191～208。

〔註 71〕許嘉明，〈祭祀圈之於居台漢人社會的獨特性〉，《中華文化復興月刊》，11：6（台北，1978.6），頁 59～68。

〔註 72〕張珣，〈祭祀圈研究的反省與後祭祀圈時代的來臨〉，《國立台灣大學考古人類學刊》，58（台北，2002.6），頁 78～111。

〔註 73〕林美容，〈土地公廟──聚落的指標：以草屯鎮爲例〉，《台灣風物》，37：1（台北，1987.3），頁 53～81。氏著，〈由祭祀圈來看草屯鎮的地方組織〉，《中央研究院民族學研究所集刊》，62（台北，1987.12），頁 53～114。

〔註 74〕林美容，〈由祭祀圈到信仰圈：台灣民間社會的地域構成與發展〉，《歷史月刊》，9（台北，1988.10），頁 59～63。

媽祖信仰圈、〔註75〕民間佛教「巖仔」、〔註76〕高雄縣媽祖廟與王爺廟等等地區。〔註77〕林美容定義祭祀圈:「地方社區居民基於天地神鬼的共同祭祀,所形成的義務性祭祀組織」;信仰圈:「單一神明及其分身的信仰為中心,由區域性的信徒或區域範圍內的庄社所形成的志願性組織。」若將兩者加以對照,「祭祀圈」是多神的、地方社區的、義務性的,例如地方公廟(土地公廟、莊廟、大廟);「信仰圈」是一神的、區域性的、志願性的,比如南瑤宮會媽會。〔註78〕

依照林美容的研究成果,「祭祀圈」是(1)共(多)神信仰、(2)共同祭祀活動且是屬節目性與例年性、(3)具有一定的地域單位、(4)共同祭祀組織(爐主頭家)、(5)共同分擔祭祀經費。〔註79〕依此來嘗試解析醒靈宮的「祭祀圈」不失為一有效方法。

一、共神信仰

醒靈宮的管理及負責範圍,有醒靈宮本廟、大成殿孔子廟、聖蹟亭、月眉池前方福德正神祠,金牛山後的萬善祠,6個地方都有放置香爐供祈禱奉香,醒靈宮的廟務人員必須清晨、下午前往上香奉茶。若到醒靈宮,廟方張貼紅色告示單告知需要祭拜的3個香爐,分別在一樓正殿、三樓玉皇大帝殿、孔子大成殿,〔註80〕到這3處上香參拜眾神,即是醒靈宮的共神信仰(表5-5)。

〔註75〕 林美容,〈彰化媽祖的信仰圈〉,《中央研究院民族學研究所集刊》,68(台北,1990.6),頁41~104。氏著,〈彰化媽祖信仰圈所表現的台灣人宗教文化〉,《現代學術研究》,3(台北,1990.7),頁193~220。氏著,〈彰化媽祖信仰圈內曲館與武館的社會史研究〉,《台灣史田野研究通訊》,19(台北,1991.6),頁10~11。

〔註76〕 林美容,〈從南部地區的「巖仔」來看台灣的民間佛教〉,《思與言》,33:2(台北,1995.6),頁1~40。「巖仔」的相關文章收入在氏著,《台灣的齋堂與巖仔》(台北:台灣書房,2008)。

〔註77〕 林美容,〈媽祖信仰與地方社區——高雄縣媽祖廟的分析〉,收於台灣省文獻會編,《媽祖信仰國際學術研討會論文集》(南投:台灣省文獻會,1997),頁91~109。氏著,〈高雄縣王爺廟分析:兼論王爺信仰的姓氏說〉,《中央研究院民族學研究所集刊》,88(台北,2000.6),頁107~133。

〔註78〕 林美容,〈台灣的民間信仰與社會組織〉,收於氏著,《祭祀圈與地方社會》(台北:博揚,2008),頁10。詳閱氏著,〈由祭祀圈到信仰圈:台灣民間社會的地域構成與發展〉,《祭祀圈與地方社會》,頁324~353。

〔註79〕 林美容,〈由祭祀圈到信仰圈:台灣民間社會的地域構成與發展〉,氏著,《祭祀圈與地方社會》,頁327~330。

〔註80〕 紅色告示單在三川殿龍側放置功德箱、拿取金紙與香的地方。

羅烈師在討論客家宗教信仰時，說明除主神之外，其他祀神方面，王爺廟必備的五營，南部客家稍有影響，北部客家則幾乎未有所聞；相反地，土地龍神是客家廟宇必備的陪祀神，閩南地區卻是屈指可數。〔註81〕醒靈宮身為客家人所建立的客家廟，廟中有尊祀土地龍神，並且無設置五營。不過並非彰南客家廟都是如此，例如埤頭廣興宮就有設置五營，其統領為「辛甲大將軍」竟曾經失竊2次並且登上報紙。〔註82〕

表 5-5：醒靈宮管轄廟群與共神信仰

		位置	正位	龍側	虎側	其他
醒靈宮廟群	共神信仰	一樓正殿	三恩主	天上聖母	五谷大帝	關平、周倉、太子元帥、龍神、虎爺
				城隍爺	福德正神	
		三樓玉皇大帝殿	玉皇大帝三恩主	觀音佛祖	三官大帝	關平、周倉
				楊、廖、曾公先師，鬼谷、巧聖、華佗、荷葉、陳孫、魯班先師暨列先師神位	圓明斗姥天尊、五方五斗、當年太歲、六十甲子、本命元辰星君暨列星君神位	
					安太歲名單	
		大成殿	孔子	顏子、曾子	子思、孟子	龍神
		聖蹟亭	倉頡	無	無	無
		牛稠子福德宮	福德正神	無	無	無
		萬善祠	萬善諸君靈位	排骨先師	福德正神	無

資料來源：2012 年 3 月 21 日現場抄錄。

二、年例祭典儀式

　　醒靈宮的宗教祭典，依據祭祀圈內居民、鸞生是否義務參加來區分兩部

〔註81〕羅烈師，〈宗教信仰篇〉，收入徐正光主編，《台灣客家研究概論》（台北：台灣客家研究學會，2011 二刷），頁 196。

〔註82〕〈廣興宮的「守衛神」兩度失竊辛甲大將軍自身難保〉，《中國時報》（台灣），1991 年 1 月 20 日，第 14 版。至於為何廣興宮會設置五營，可能是該廟的創立與同村福佬人的廟宇仁德宮有密切的關係。

分討論，第一：居民、鸞生皆有義務：屬寺廟、住民、地域相關密切的祭儀，祭祀圈內信徒必須抽丁口錢以及當日準備祭品奉拜，鸞生必須到廟幫忙。例如 7 項神明誕辰、叩許及叩謝天神良福、中元 2 場普渡、年終圓堂法會等等；第二：僅鸞生義務參加：廟內部鸞堂系統的宗教儀式之運作機制，如新開龍筆、請玉旨、期日扶鸞、清爐等，鸞生須來廟效勞服務。每月 2 次消災日則是誦經團以及女鸞生須來堂協助相關事務。以 2011 年為例，綜合整理成表 5-6。

表 5-6：2011 年醒靈宮祭典儀式與鸞堂宗教活動

日期（農曆）	祭典儀式名稱	活動內容
1 月 5 日	開印、迎神、新開龍筆	新年首次扶乩採雙人指示請玉旨時間
1 月 8 日	天上聖母 往北港進香	前往北港朝天宮刈火，中午前往爐主家用餐並繞境番社、犁頭厝，下午回廟三獻禮祝壽。
1 月 9 日	玉皇大帝聖誕	請誥、誦經、三獻禮祝壽。
1 月 15 日	叩許天神良福	請誥、誦經。
1 月 16 日	消災	啟點光明燈、安太歲，誦經。
1 月 20 日	客家天穿日	配合客家委員會「全國客家日」，舉辦客家 12 大慶典之一的天穿日。
1 月 30 日亥時	請玉旨	三川殿設臨時壇，雙人扶乩。 此後，每月 3 次的期日照常舉行。
2 月 10 日	期日	新年首次期日，採單人扶乩金指妙法。
4 月 14 日	孚佑帝君聖誕	請誥、誦經、三獻禮祝壽、誦經。
4 月 26 日	五谷神農大帝聖誕	請誥、誦經、三獻禮祝壽、誦經。
6 月 24 日	關聖帝君聖誕	請誥、誦經、三獻禮祝壽、誦經。
7 月 7、8 日	城隍爺聖誕中元普渡	初七請誥、誦經、三獻禮祝壽、誦經。 初八請誥、誦經、普渡場在醒靈宮。
7 月 29 日	萬善祠中元普施孤魂	請誥、誦經、普渡場在萬善祠。
8 月 3 日	司命真君聖誕	請誥、誦經、三獻禮祝壽、誦經。
9 月 26 日	聖鸞聯盟金蘭結義姊妹宮	請誥、迎接 4 間宮廟造訪，中午流水席同歡。
9 月 28 日(國曆)	孔子聖誕紀念	請誥、誦經、三獻禮祝壽、誦經。
10 月 15 日	叩謝天神良福	請誥、誦經。
11 月 22～24 日	歲暮圓堂法會	請誥、誦經、連續 3 天法會。超渡九玄

		七祖、父母親、兄弟姊妹、親戚、子女、冤親債主、亡魂、地基主等等。
12 月 16 日	消災（圓滿）	年終最後 1 次誦經消災
12 月 20 日	期日（施方告竣）	年終最後 1 次期日
12 月 24 日	封印	恭送眾神駕返天境
12 月 26 日辰時	醒靈宮清爐	
12 月 27 日巳時	各村福神（福德正神）清爐	
12 月 28 日巳時	各家戶清爐	
逢 10、20、29 或 30	期日	請誥、神明降詩、信眾問事。（農曆七月照常舉行）
每月 3、16	誦經消災	《醒靈宮誦經讀本》

資料來源：《辛卯民國 100 年扶乩紀錄簿》、《醒靈宮誦經讀本》（醒靈宮內部文件皆未出版），以及各項祭典活動現場記錄。

（一）寺廟、居民、地域密切相關的祭典

　　神明誕辰祭典儀式，舉農曆 6 月 24 日關聖帝君聖誕千秋為例，儀式在前 1 天（23 日）晚上約 9 點開始到 11 點結束。流程依序是初誦經、請誥、舉行三獻禮祝壽大典、再誦經即結束，並擲筊下 1 年度爐主與首事。每位神明誕辰儀式都相同，只是誦經內容、疏文等依神明不同略有差異。任何一項慶典，各角頭首事皆需迎請該角頭的福德正神（伯公）之香牌至宮內齊享香煙，結束再送回祠祀。

　　神明誕辰的慶典都是選擇在前 1 天晚上舉行。不過有 2 位神明誕辰是白天進行，分別是農曆 1 月 8 日天上聖母前往北港進香、國曆 9 月 28 日孔子聖誕。醒靈宮的重大祭典，準備供品來廟祭拜者多為客家人。歲暮圓堂法會、萬善祠中元普施孤魂則福客各佔一半，前往北港朝天宮進香亦是，因為進香活動是廟宇活動中，比較不排除祭祀圈的信徒參與的活動。〔註83〕

〔註83〕林美容，〈由祭祀圈到信仰圈：台灣民間社會的地域構成與發展〉，氏著，《祭祀圈與地方社會》，頁 342。

圖 5-4：農曆 6 月 24 日關聖帝君聖誕

（柯光任攝，2011 年 7 月 23 日）

圖 5-5：農曆 7 月 29 日萬善祠中元普施孤魂祭典之各角頭福德正神香牌

（柯光任攝，2015 年 9 月 11 日）

1. 農曆1月8日天上聖母前往北港朝天宮進香

日治時期已經舉行為期 2 天前往北港朝天宮進香的宗教活動，[註84] 早年交通不發達之時，乃是農曆 1 月 7 日坐糖鐵五分仔車前往北港，過一晚後 8 日刈火再回醒靈宮。[註85] 現今改為 1 天，改搭遊覽車到北港媽祖廟，當場擲筊請示刈火時間，在中午前回到值年爐主家辦桌吃中餐，並繞境該爐主居住的角頭。2011 年值年爐主是二林鎮東興里番社人池松華，[註86] 中午在宅處用餐後隨即遶境東興里的番社和犁頭厝。[註87] 2012 年值年爐主為埤頭鄉公館人邱金土，[註88] 因此中午安排在友廟埤頭鄉大湖村公館廣興宮用餐，並舉行交香等相關儀式。因有庄廟廣興宮守護村莊與靈力賦予儀式，故取消繞境角頭的活動（2012 年流程表參考表 5-7）。

漢人社會的寺廟進香儀式，其價值在於香火傳承，以此獲取老廟的歷史記憶與象徵靈力。[註89]「香火儀式」以人、神、火三者為核心要素。「刈火」（神→火）：行動主體是「神」，訴求對象是「火」。到分靈祖廟或香火鼎盛的廟宇，拿取靈火（香灰）。藉由每年一度去「割火」，獲得源源不絕的靈火與靈力，神明獲得「聖火」，才有「靈力」，信徒祈求的事物才會「靈驗」；簡單的說：「神明刈火就是去『充電』！」[註90]

表 5-7：2012 年農曆 1 月 8 日醒靈宮前往北港朝天宮進香流程表

編號	時間	地點	內容
1	7：55	醒靈宮廟埕	4 台遊覽車自醒靈宮出發
2	9：00	朝天宮停車場	抵達北港朝天宮停車場
3	9：15	朝天宮	隊伍：開路鼓、香擔、神轎、信徒。徒步抵達朝天宮，香擔、神像、令旗依序入廟。

[註84] 池松富口述，2012 年 5 月 3 日訪問。
[註85] 廖楊連口述，2012 年 1 月 26 日訪問。陳連本口述，2012 年 1 月 30 日訪問。
[註86] 醒靈宮編，《民國辛卯年 1 月 8 日慶祝北港進香登記簿》（內部文件未出版，2011）。
[註87] 汪慶秀口述，2012 年 5 月 15 日訪問。
[註88] 醒靈宮編，《民國壬辰年 1 月 8 日慶祝北港進香登記簿》（內部文件未出版，2012）。
[註89] 張珣，〈無形文化資產：民間信仰的香火觀念與進香儀式〉，《文化資產保存學刊》，16（台南，2011.6），頁 37。
[註90] 參閱黃美英的論述，《台灣媽祖的香火與儀式》（台北：自立晚報，1994），頁102、108、203～205。

4	9：20～26	朝天宮正殿	宣讀疏文，完畢宣布 10：20 交香。
5	10：20～24	朝天宮正殿	交香（刈火）
6	10：24～27	朝天宮正殿	香擔、神像、令旗依序出廟。
7	10：35～43	朝天宮停車場	抵達停車場，依序上車離開。
8	11：55	廣興宮	抵達坤頭大湖村公館廣興宮
9	12：05～56	廣興宮	廣興宮誦經團誦經、醒靈宮信徒用餐。
10	13：20～23	廣興宮	交香回駕
11	13：46	醒靈宮	抵達醒靈宮，香擔、神像、令旗依序入廟。
12	13：55	醒靈宮	擲下 1 年度北港進香爐土首事
13	14：10～39	醒靈宮	請誥
14	14：45～15：07	醒靈宮	天上聖母祝壽三獻禮
15	15：08	醒靈宮	北港進香活動結束，工作人員用餐。

資料來源：2012 年 1 月 30 日手稿紀錄

2. 國曆 9 月 28 日孔子聖誕

孔子聖誕原訂在農曆 11 月 4 日舉行，民國 80 年起時任竹塘鄉長劉重華倡議應依政府所制訂日期舉行「釋奠」，改到國曆 9 月 28 日教師節舉辦，[註91] 並且擴大舉行客家祭孔典禮，當年由縣長周清玉擔任主祭官。[註92] 所謂擴大舉辦的內容是加附官方或民間宣傳促銷攤位架設舞台提供團體表演，並邀請縣府首長擔任主祭官，醒靈宮三獻禮儀式內容未受影響與改變。民國 87 年至 89 年連續 3 年官方挹注經費盛大舉辦，[註93] 政府未再倡舉擴大辦理活動後，醒靈宮的孔子聖誕便回復到宗教儀式的祈福祝壽本質。民國 99 年和 100 年，主祭官皆由竹塘鄉長蔡永稽、竹塘鄉農會總幹事詹光

[註91] 吳秋奇，〈獨樹一格的客家祭孔典禮〉，《竹塘醒靈宮慶安福醮紀念誌》，頁 19。〈各界秉心大「誠」祭孔典禮至「盛」：客家祭禮少了佾舞多了民俗〉，《中國時報》（台灣），1996 年 9 月 29 日，第 17 版。

[註92] 〈竹塘醒靈宮祭出客家習俗北管合奏三獻禮簡單隆重〉，《聯合晚報》（台灣），1991 年 9 月 28 日，第 10 版。

[註93] 〈各界秉心大「誠」祭孔典禮至「盛」：客家祭禮少了佾舞多了民俗〉，《中國時報》（台灣），1996 年 9 月 29 日，第 17 版。〈醒靈宮迎接祭孔大典〉，《中國時報》（台灣），1997 年 9 月 28 日，第 16 版。〈各界紀念孔子誕辰吾愛吾師：竹塘醒靈宮傳統客家祭典別出心裁〉，《中國時報》（台灣），1998 年 9 月 28 日，第 19 版。

信 2 位擔任。民國 100 年孔子聖誕祝壽從早上 9 點開始誦經、請誥、三獻禮祝壽大典、誦經 11 點結束，進行時間 2 個小時、流程與醒靈宮一般神明誕辰慶典無異。

　　台灣目前「三獻禮」的使用，可見於兩個部分，第一，縣市政府每年舉辦的祭孔大典；第二，民間的祭祀。〔註 94〕然而客家人的三獻禮經過特定族群長時間的使用後，涵化了該族群的特色，進而發展出一套專屬於特定區域、特定族群的祭祀文化。〔註95〕民國 80 年在竹塘鄉長劉重華的鼓吹下，醒靈宮將農曆 11 月 4 日舉行的孔子誕辰起改期至國曆 9 月 28 日教師節舉辦，若從歷年報紙刊載內容看來，醒靈宮的客家祭典似乎是放在「正統」祭孔典禮下的民俗活動。因為與正統相異，且富饒傳統俗民性，並且全程使用客家話進行，給予了地方縣政府、鄉公所發揮觀光效益之絕佳環境與話題。簡言之，劉重華與當地政府機關的宣揚，正是以「官方」的角度來看「民間」——醒靈宮的祭孔三獻禮，使得官方力量介入了地方社會的宗教活動。因此，若是放在今日以客家意識為主流、客家文化極力推崇和蓬勃發展的當下，醒靈宮的傳統客家祭孔三獻禮仍舊會被提倡，唯一不同的是，將不會追隨國曆 9 月 28 日「正統」的祭孔典禮，仍舊會在農曆 11 月 4 日舉行，最大的因素就是將客家文化放在主位，而不是放在祭孔典禮的框架下討論彰化客家人傳統祭孔儀式的奇特性與稀物性。

　　何艷禧指出埔里昭平宮育化堂，因為祭孔大典得到官方的支持，使得該鸞堂呈現興盛的情形。因為地方政府參與宗教祭典活動與社會教育，助而提升地位，使其成為埔里地區的重要信仰中心。〔註 96〕以昭平宮育化堂與醒靈宮的發展比較，醒靈宮在官方支持下擴大舉辦，最大助益應是觀光效益與宣傳，往後官方停止補助後，醒靈宮的祭孔儀式依舊回歸到單純彰南客家人的宗教慶典，並無據此擴展祭祀圈或有更多福佬人前往備品祭祀，因此呈現了與何艷禧研究的不同發展面向。

〔註 94〕柯佩怡，《台灣南部客家三獻禮之儀式與音樂》（台北：文津，2005），頁 11。
〔註 95〕柯佩怡，《台灣南部客家三獻禮之儀式與音樂》，頁 22。
〔註 96〕何艷禧，〈台灣鸞堂的經營與發展：以埔里昭平宮育化堂為例〉（國立中興大學歷史學系所碩士論文，2010），頁 147。

圖 5-6：農曆 1 月 8 日前往北港朝天宮進香之香擔

（柯光任攝，2012 年 1 月 30 日）

圖 5-7：竹塘鄉長蔡永稽、竹塘鄉農會總幹事詹光信擔任祭孔主祭官

（柯光任攝，2011 年 9 月 28 日）

（二）鸞堂系統的宗教活動（扶鸞）

扶鸞是屬於鸞堂的內部宗教儀式，鸞生必須到堂效勞神明以及服務問事之民眾，一般信徒並無強制性的要求參與。醒靈宮的扶鸞活動以民國 100 年為例，一年之始農曆 1 月 5 日新開龍筆、30 日請玉旨均是雙人扶乩置砂盤飛鸞。請玉旨過後的每月 10、20、29 或 30 日，舉行期日開始為信眾施方勸世。大抵的流程從晚上 7 點開始，信徒有何疑難雜症此時陸續到來報名，其內容可分成「問事」與「看日子」兩大類。問事抄錄在《外錄簿卷》，所求之事，多為工作運途、身體健康或婚姻愛情等；看日寫在《涓日課簿》，此部分多是請神明擇定結婚的相關時辰。此時鸞生也接續到達準備事宜，約 8 點至 8 點 15 分進入內堂開始向神明請誥，約半小時結束，全體鸞生與信徒合掌朝廟門外屏息以待迎請神明降乩，正鸞生單人持桃筆在金屬板上扶鸞降詩，無設看砂生，而是由正鸞生自行唱出字句，有一記錄生記錄與其他鸞生校對。神明降詩勸世結束後，下一步驟為信徒解答疑難雜症，此時信士問事的內容已整理好呈送字條至內堂，有一鸞生負責開口陳述問事內容，正鸞生持桃筆扶鸞念字回答，記錄生抄錄。扶鸞神聖儀式進行當中，請誥、報字、吟唱皆使用客語陳述。結束之後傳送到辦公室，有鸞生負責解釋神意，以及說明藥籤、神符（黑龍、紅龍）、看日的使用方法。另外有一鸞生會將神明扶鸞詩句抄寫在白板上供人閱讀教化大眾，結束時間大約在晚上 9 點 30 分左右。逢月底期日，廚房會準備消夜點心慰勞眾鸞生。前往醒靈宮問事的族群福客約各半，詢問福佬人多表示因某人介紹，乃因靈驗性質前來。觀察身份年齡多是中年婦女，她們煩惱家庭經營、夫妻感情以及子女事業、健康與婚姻的發展。以呈稟的人數來計，約在 5 個人以內。〔註97〕顯示信徒來者不多，曾有鸞生表示，近年來問事的人數呈現越來越少，代表著大家越平安不用尋求神明幫助和解惑生活雜事，可說是件好事。然而醒靈宮已是公廟，擁有基層居民的祭祀圈，不用如私壇一般得以靈驗為號召吸引信徒，才能有收入來源撐起一間宮堂之經營。況且醒靈宮無論有無信徒來問事，鸞生皆要前往效勞迎接神佛扶鸞降詩。

〔註97〕以上的敘述是前往醒靈宮觀察期日活動數 10 次所整理歸納。

圖 5-8：期日單人扶乩金指妙法

（柯光任攝，2012 年 4 月 10 日）

圖 5-9：請玉旨雙人扶乩

（柯光任攝，2012 年 2 月 24 日）

三、祭祀圈與祭祀組織

（一）祭祀圈分配模式

1 年例行性祭典共有 11 項，必須抽丁口錢的祭典，有 9 項（1 月 8 日天上聖母往北港進香、1 月 15 日叩許天神良福、4 月 14 日孚佑帝君聖誕、4 月 26 日五谷神農大帝聖誕、6 月 24 日關聖帝君聖誕、7 月 8 日城隍爺聖誕中元普渡、7 月 29 日萬善祠中元普施孤魂、10 月 15 日叩謝天神良福、年尾不定期圓堂法會）。目前已取消收取丁口錢但儀式照常舉行，有 2 項（8 月 3 日司命眞君聖誕、9 月 28 日孔子聖誕紀念）。〔註98〕

醒靈宮的祭祀圈，以該廟所在地理方位爲中心，分成東部、中部、西部，〔註99〕這三個區域的眾角頭分別擔負 3 位恩主聖誕千秋，即東部——孚佑帝君聖誕、中部——關聖帝君聖誕、西部——司命眞君聖誕。三恩主的聖誕，包括收丁口錢、祭品等相關事宜。這三區域的丁口錢各爐主、首事自行控管祭祀費用以及決定祭祀流程。〔註100〕除中部剩餘金額會繳回醒靈宮外，東、西二區域款項由爐主自主處置，可見三區域的自主能力相當高，應是建廟以來的傳統。所以醒靈宮並無存孚佑帝君及司命眞君的丁口錢登記簿；再者，天上聖母、五谷神農大帝、城隍爺、萬善祠中元普施孤魂、圓堂法會，5 項祭典則是全祭祀圈的角頭皆要參加；〔註101〕其次，年初的叩許天神良福與年底的叩謝天神良福是角頭自由參加（表 5-8）。

（二）23 個角頭與收支費用

義務參與祭祀活動的角頭可分爲 24 組爐主首事，但廟方將犁頭厝與番社各分爲 2 組，又將五戶、七戶合爲 1 組，所以實際上的客家角頭數是 23 個。即牛稠子、犁頭厝、番社、下後厝、泥油岡、巷仔溝、丈八斗、五戶、七戶、新湖巷、十戶、八間、大橋、土庫、田厝、水門、水尾、公館、竹圍、洲仔、新廣、溪墘、後厝，總共涵蓋二林鎮、竹塘鄉、埤頭鄉 3 鄉鎮 13 村里（表 5-8）。

〔註98〕8 月 3 日司命眞君聖誕不抽收丁口錢，將在本節「四、祭祀圈的變化」詳論。9 月 28 日孔子聖誕紀念乃因民國 80 年改至教師節舉辦就停止。

〔註99〕汪慶秀口述，2012 年 1 月 13 日訪問。亦有以灌溉水的流向，分爲水頭、水中、水尾三區，即是東區、中區、西區，詳見曾慶國，《彰化縣三山國王廟》，頁 302～305。

〔註100〕例如 2012 年東區辦理孚佑帝君聖誕，將最先進行的誦經省略，流程減爲請誥、三獻禮、誦經。

〔註101〕汪慶秀口述，2012 年 4 月 10 日訪問。

表 5-8：2011 年醒靈宮 11 項祭典祭祀圈

日期／祭典	祭祀圈	備註
1月8日 天上聖母往 北港進香	牛稠子、犁頭厝（1）、犁頭厝（2）、番社（1）、番社（2）、下後厝、泥油岡、巷仔溝、丈八斗、五七戶、十戶（1）、十戶（2）、八間、大橋、田厝、水門、水尾、公館、竹圍、洲仔、新廣、溪墘。【22】	少新湖巷、土庫、後厝，多1組十戶
1月15日 叩許天神良福	牛稠子、犁頭厝（1）、犁頭厝（2）、番社（1）、番社（2）、巷仔溝、八間、大橋、土庫、水門、水尾、外竹、竹圍、洲仔、新廣、溪墘。【16】	角頭自由參加
4月14日 孚佑帝君聖誕	公館（1）、公館（2）、十戶、五七戶。【4】	東區承辦
4月26日 五谷神農大帝聖誕	牛稠子、犁頭厝（1）、犁頭厝（2）、番社（1）、番社（2）、下後厝、泥油岡、巷仔溝、丈八斗、五七戶、新湖巷、十戶、八間、大橋、土庫、田厝、水門、水尾、公館、竹圍、洲仔、新廣、溪墘。【23】	少後厝
6月24日 關聖帝君聖誕	牛稠子、新湖巷、巷仔溝、大橋、土庫、水門、水尾、竹圍、洲仔、新廣、溪墘。【11】	中區承辦
7月8日 城隍爺聖誕 中元普渡	牛稠子、犁頭厝（1）、犁頭厝（2）、番社（1）、番社（2）、下後厝、泥油岡、巷仔溝、丈八斗、五七戶、新湖巷、十戶、八間、大橋、土庫、田厝、水門、水尾、公館、竹圍、洲仔、新廣、溪墘、後厝。【24】	23 角頭全參加
7月29日 萬善祠 中元普施孤魂	牛稠子、犁頭厝（1）、犁頭厝（2）、番社（1）、番社（2）、下後厝、泥油岡、巷仔溝、丈八斗、五七戶、新湖巷、十戶、八間、大橋、土庫、田厝、水門、水尾、公館、竹圍、洲仔、新廣、溪墘、後厝。【24】 民靖村1～8鄰、小西村6～9鄰。	23 角頭全參加。民靖、小西村有先人收納萬善祠，所以參加
8月3日 司命眞君聖誕	本由西區（後厝等村莊）辦理，約3—4年前西區不願繳納丁口錢，因爲庄廟廣福宮亦有舉辦相同祭典。	無丁口錢，祭典照常舉行
9月28日 孔子聖誕紀念	民國80年改至教師節舉辦後，廟方不再收取丁口錢。	無丁口錢，祭典照常舉行

10月15日 叩謝天神良福	牛稠子、犁頭厝（1）、犁頭厝（2）、番社（1）、番社（2）、巷仔溝、八間、大橋、土庫、水門、水尾、外竹、竹圍、洲仔、新廣、溪墘。【16】	角頭自由參加
11月22～24日 圓堂法會	牛稠子、犁頭厝（1）、犁頭厝（2）、番社（1）、番社（2）、下後厝、泥油岡、巷仔溝、丈八斗、五七戶、新湖巷、十戶、八間、大橋、土庫、田厝、水門、水尾、公館、竹圍、洲仔、新廣、溪墘、後厝。【24】	23 角頭全參加

資料來源：《民國辛卯年1月8日慶祝北港進香登記簿》、《民國辛卯年1月15日慶祝叩許天神良福登記簿》、《民國辛卯年4月26日慶祝五谷神農大帝聖誕登記簿》、《民國辛卯年6月24日慶祝關聖帝君聖誕登記簿》、《民國辛卯年7月8日城隍爺聖誕中元普渡慶祝登記簿》、《民國辛卯年7月29日慶祝萬善祠中元普施孤魂登記簿》、《民國辛卯年10月15日慶祝天神良福登記簿》、《民國辛卯年11月22、23、24日慶祝圓堂法會登記簿》（醒靈宮內部文件皆未出版，年份皆2011年）。

備註：【】內數字代表幾組首事。「五七戶」，是五戶與七戶合作1組。1月15日叩許天神良福與10月15日叩謝天神良福，值年爐主首事需承辦2項祭典。

　　「7月8日城隍爺聖誕中元普渡」、「7月29日萬善祠中元普施孤魂」有完整24組首事（23個角頭）參與的祭典，來說明一場神明聖誕廟方的收入有3種來源：（1）23角頭義務繳納的丁口錢、（2）約6,000元的豬羊份、（3）散客捐獻的「散緣」（表5～9）。丁口錢以每戶為最小單位隨意繳納，每戶捐獻的金額在1百至3百元左右，擔任爐主、首事之人捐獻金額會高一些。早年豬羊份廟方會宰殺各1頭豬、羊慶賀神明生日，目前取消羊隻，一般神明生多以1頭豬、普渡場以2頭豬作為「豬羊份」。並將豬隻分為60份，一份100元，信徒可自由購買。另外，東、西部主辦之祭典款項由該年爐主統籌不回流到醒靈宮，豬羊份也僅該區域可購買。

　　「7月29日萬善祠中元普施孤魂」有民靖村、小西村、竹塘官方或仕紳等捐金，原因是日治時期源成農場整地，將「面前厝埔」（竹塘鄉第四公墓）無主骨骸收納於萬善祠，而竹塘民靖村1～8鄰、小西村6～9鄰先人葬於「面前厝埔」，故參加萬善祠的中元普施（表5-9）。

表 5-9：2011 年城隍爺聖誕中元普渡、萬善祠中元普施孤魂之收入明細

	24 組首事（客家）	民靖村 1~8 鄰	小西村 6~9 鄰	竹塘官方或仕紳等	散客捐獻	豬羊份	總計（元）
萬善祠中元普施孤魂	95,900	44,500	15,000	18,500	1,600	6,800	182,300
城隍爺聖誕中元普渡	91,000	0	0	0	1,600	5,400	98,000

資料來源：《民國辛卯年慶祝 7 月 8 日城隍爺聖誕中元普渡登記簿》、《民國辛卯年 7 月 29 日慶祝萬善祠中元普施孤魂登記簿》。

表 5-10：城隍爺聖誕中元普渡、萬善祠中元普施孤魂的祭祀圈戶數與姓氏

首事	A	B	姓氏	首事	A	B	姓氏
牛稠子	21	21	劉、陳、羅、莊、廖、蔡、汪、徐、許、林、歐、王、高、傅	八間	43	48	廖、張、楊、譚、劉、葉、羅、黃、賴
犁頭厝(1)	21	21	葉、彭、鍾、洪、劉、陳、羅、邱、林、徐、盧	大橋	17	18	汪、黎、吳、徐、羅、黃、鍾、陳、劉
犁頭厝(2)	23	26	李、徐、劉、黃、陳、梁、張、葉、盧、田、邱	土庫	7	4	黃、蕭、張
番社(1)	22	22	張、鍾、廖、洪、胡、賴、許	田厝	17	14	余、彭、王、吳、曾、邱、湯
番社(2)	38	39	張、鍾、黎、池、許、楊、林、陳	水門	20	19	陳、謝、羅、李、黃、徐、汪、鍾
下後厝	24	24	邱、彭、陳、周、謝、徐、廖、孫、陳、張、胡	水尾	36	33	鍾、高、陳、任、洪、林、黃
泥油岡	17	17	葉、傅、徐、宋、謝	公館	31	13	徐、張、邱、呂、翁、林
巷仔溝	10	9	范姜、江、官、傅、吳、劉	竹圍	25	26	徐、吳
丈八斗	13	14	謝、張、傅、劉、陳、葉	洲仔	17	17	謝、羅、黎、古、朱、陳
五七戶	18	24	鍾、徐、陳、蕭、江、李、莊、張、廖	新廣	6	5	謝
新湖巷	18	12	劉、廖、許、林、吳、洪、葉、陳	溪墘	9	10	徐、黃
十戶	20	16	羅、詹、鍾、曾、賴、黃、魏	後厝	26	20	劉、葉、張、林、黎、吳、李、黃、洪
7 月 8 日城隍爺聖誕中元普渡，計 472 戶。7 月 29 日萬善祠中元普施孤魂，計 499 戶。							

資料來源：《民國辛卯年 7 月 8 日城隍爺聖誕中元普渡慶祝登記簿》、《民國辛卯年 7 月 29 日慶祝萬善祠中元普施孤魂登記簿》。

說明：A：參加 7 月 29 日萬善祠中元普施孤魂的戶數。B：參加 7 月 8 日城隍爺聖誕中元普渡的戶數。

（三）取消抽丁口錢的祭典

抽丁口錢的祭典原先應有 11 項，取消的有（1）孔子聖誕紀念：自民國 80 年改至國曆 9 月 28 日教師節舉辦後，廟方自行取消收取丁口錢。（2）司命真君聖誕：約 3、4 年前西區角頭不願繳納且不辦理司命真君聖誕祝壽大典，廟方被迫停止對西區抽取丁口錢。但 2 位神明的聖誕千秋祭典照常舉行，祭祀相關費用廟方支出。

（四）萬善祠中元普施的祭祀圈與地方社會

萬善祠中元普施孤魂的普渡儀式，不再單單只是客家人的宗教活動，而是鄰近村莊以及竹塘鄉境重要「公眾」大事。萬善祠前廣場舉辦農曆 7 月 29 日萬善祠中元普施孤魂之祭典的時間點已不可考，〔註102〕最早可知在民國 50 年代已存在並納入醒靈宮年例重要祭典直到今日。〔註103〕此時原有客家角頭祭祀圈，再擴大包含福佬人的竹塘鄉民靖村 1～8 鄰、小西村 6～9 鄰，這是因為「面前厝埔」（竹塘鄉第四公墓）有福佬人村落的先祖，源成農場在「面前厝埔」整地挖出的枯骨收藏於萬善祠，所以這些福佬人聚落也參與萬善祠中元普施，並且會繳納義務性質的丁口錢。正是林富士所說的有應公信仰帶有道德上的悲憫與同情死難的孤魂，產生的信仰祭祀圈形成一個命運共同體，具有凝聚群體、消弭族群隔閡，使生者與死者間產生共同依靠、和平共存的信仰關係，表現在具有義務性質的祭祀圈範圍上。〔註104〕蔡志祥也提到在馬來西亞華人移民社會中，會館運用類似普渡性質的「萬緣勝會」，其功能除了將無祀孤魂歸屬到祭祀群體之外，也是消彌、解除不同語系的移民族群與社會階級間的緊張關係之儀式行為。〔註105〕

〔註102〕鄭寶珍的碩士論文提到楊福來於大正 15 年（1926）參加醒靈宮「慶讚中元拔渡孤魂」，並無法判斷這是城隍爺聖誕中元普渡或萬善祠的中元普施。見鄭寶珍，〈日治時期客家地區鸞堂發展：以新竹九芎林飛鳳山代勸堂為例〉（國立中央大學客家社會文化研究所碩士論文，2008），頁 131。

〔註103〕汪慶秀口述，2012 年 3 月 31 日訪問。

〔註104〕林富士，《孤魂與鬼雄的世界》（台北：台北縣文化局，1995），頁 51～52。

〔註105〕蔡志祥，〈靈魂信仰、儀式行為與社群建構：以馬來西亞檳榔嶼的廣東暨汀州

每年 7 月 29 日的萬善祠中元普施孤魂,不僅 23 個客家庄頭全部參加,其祭祀圈也涵蓋了非客家族群的角頭,所在地竹塘的地方社會中,例如政府單位、地方組織或仕紳也會參與及捐獻金額,2011 年有竹塘鄉長、竹塘前鄉長、竹塘鄉代表、竹塘農會總幹事等(表 5-9)。公眾性質的中元普渡,主要源自地方社會的無祀孤魂流竄,其屬鬼靈力壟罩與影響在當地社會和庄眾。另一方面戰後萬善祠已有客家人管理,民國 50 年代萬善祠中元普施由醒靈宮主辦,於是客家人透過萬善祠中元普渡的公眾性質,成功整合客家人、福佬人以及竹塘地方社會。醒靈宮提供公共空間給予兩方族群與社會的各種力量在此運作、互動,客家人寺廟也參與了竹塘地方社會的建構。

四、祭祀圈的變化

醒靈宮祭祀圈分成東部、中部、西部,分別負責孚佑帝君聖誕、關聖帝君聖誕、司命真君聖誕。目前東西二區域,都有其客家庄廟,東部是埤頭鄉大湖村公館廣興宮;西部是二林鎮後厝里後厝廣福宮,2 間庄廟的祭祀圈大部分與醒靈宮的東、西部祭祀圈重疊。埤頭廣興宮祭祀圈範圍有 6 角頭,寺廟所在地公館之外、尚有十戶、頂四戶、下四戶、六戶、廣東巷。〔註106〕其範圍在埤頭鄉大湖村、溪州鄉溪厝村(廣東巷)。二林廣福宮的祭祀圈有後厝、下後厝、田厝、番社、泥油岡(濁水膏掘仔)、八間、新湖巷、新華巷、新里巷、清水橋、頭前埔仔等等,〔註107〕範圍在二林鎮後厝里、西斗里、豐田里、東興里。

民國 100 年的農曆 1 月 8 日天上聖母往北港進香,少了新湖巷、土庫、後厝。新湖巷、土庫這兩個角頭,可能是爐主首事沒有確實執行收丁口錢,〔註108〕或是轉往參加二林廣福宮同日舉辦的北港進香;五穀神農大帝聖誕少後厝。後厝不辦理司命真君聖誕後,也一併退出天上聖母及五穀神農大帝千秋慶典。

屬於醒靈宮西部祭祀圈的廣福宮,約 3、4 年前西區不願繳納丁口錢,

會館為例〉,收錄於江明修、丘昌泰主編,《客家族群與文化再現》,頁 107。
〔註106〕廣興宮林姓廟公口述,2012 年 4 月 2 日訪問,林姓廟公是創堂堂主林阿祥的姪子。曾慶國則記錄有 7 角頭,增加五戶(二林鎮東華里),見氏著,《彰化縣三山國王廟》,頁 310~311。筆者針對此詢問林姓廟公,回答曰否。但是陳連本為東華里五戶居民,又直言五七戶皆有參加祭祀圈。
〔註107〕2012 年 3 月 22 日詢問廟內耆老。
〔註108〕汪慶秀口述,2012 年 4 月 10 日訪問。

因為廣福宮管理幹部認為亦有舉辦相同的祭典，於是醒靈宮只好收回自辦，並且沒有再委由其他庄頭抽丁口錢，其他儀式照舊舉行。〔註 109〕二林廣福宮與醒靈宮的祭典多有重複之處，廣福宮的神明誕辰祭儀分公辦和私辦 2種，公辦是廟方鸞生統籌辦理，較為盛大者為玉皇大帝聖誕以及接後的請旨三日，三位恩主聖誕以及年終圓堂法會，私辦則是信徒私人負責，達 54 次之多，〔註 110〕還有一些宗教活動，例如農曆 1 月 8 日，廣福宮與醒靈宮都會前往北港朝天宮進香刈火。

　　廣福宮幾乎與醒靈宮西部的祭祀圈範圍重疊，也因此廣福宮抽丁口錢的祭典只有「請旨施方圓堂告竣」與「天上聖母北港進香」。早期客家人小廟廣福宮依附大廟醒靈宮，基於族群屬性與宗教信仰的相同，2 間廟相互幫助的情誼，〔註111〕恐怕日後在寺廟經營上的競爭產了磨擦，從民國 73 年「聖鸞聯盟金蘭結義姊妹宮」並無該宮的參與可以說明，在醒靈宮方面，表示曾邀請其加入，但是廣福宮拒絕；另外廣福宮信徒曾告知是因為兩者廟方的執事或管理人員的細故導致，加上後來西區祭祀圈為主導的廣福宮表示不再參加司命真君聖誕的祭典儀式，所在地後厝角頭接連退出 1 月 8 日天上聖母往北港進香、4 月 26 日五谷神農大帝聖誕。似乎可看出當年的同助情義產生了撕裂狀態，進而呈現在寺廟祭祀圈與交流網絡上（聖鸞聯盟金蘭結義姊妹宮）。當外在環境的社會情境、人際關係改變，或是原有整合人群的功能被取代，這些地域組織（祭祀圈）就會喪失其功能。〔註 112〕內在因素乃因老鸞生凋零、新一代的經營組織較無 2 間宮廟共事經歷的人事變遷下，導致西部祭祀圈部分的祭典脫離了醒靈宮的祭祀圈。例如呂玫鍰說明獅潭鄉百壽村脫離北四村一年三節的活動，源自過去迎媽祖繞境的人事糾紛上，說明了祭祀組織並不是固定不變，會隨著人群關係的變化而改變。〔註 113〕另外北客南遷至六龜、

〔註 109〕汪慶秀口述，2012 年 1 月 13 日訪問。

〔註 110〕見廣福宮，〈廣福宮四大聖誕請旨圓堂鸞生輪值表〉以及無標題的神明誕辰祭典一覽表，皆在廣福宮虎側廂房內。

〔註 111〕池松葦，〈客家移民的守護神（客家族群研究之三——二林區客家廟宇之探討〉，收於謝四海編，《彰化縣二林區地方文史專輯（第二輯）》（彰化：二林社區大學，2004），頁 188。以及 5 座客家鸞堂聯合著造鸞書《醒世金篇》。

〔註 112〕許嘉明，〈彰化平原福佬客的地域組織〉，頁 187。

〔註 113〕呂玫鍰，〈祭祀組織與地方社群之形成：獅潭北四村的初步考察〉，收入於莊英章、簡美玲主編，《客家的形成與變遷（上冊）》（新竹：交通大學，2010），頁 396。

甲仙初期仍堅守原鄉信仰（義民爺），不過到了 3、4 代受到時空、社會環境的變遷，產生處境式或選擇性的在地化混合信仰以及彈性客家認同的行為。〔註114〕二林廣福宮、埤頭廣興宮正是處在「族群邊界」的廟宇，東西兩區是人數眾多的客家聚落，又是處在客家、福佬兩方族群的邊界上，福佬話較客家話強勢，〔註115〕其社會文化也占優勢的危機意識，促使客家意識的增強與高漲。因此戰後二林廣福宮與埤頭廣興宮的建立，添附一條寺廟多重認同的分散線索，導致當地客家居民產生宗教信仰的重置與在地化，進而增強對自己庄廟的認同感，而與公廟醒靈宮的脫離性也逐漸發酵。

2011 年筆者與 2005 年陳逸君、1999 年曾慶國，3 人對醒靈宮祭祀圈的調查，有 3 處變化（表 5-11）：（1）「原斗」角頭消失、（2）曾慶國將「番社」分為頂番社、下番社，這兩者都是客家人佔優勢族群，〔註116〕但筆者仍依循廟方，即客家人的主觀意識，不將「番社」分為 2 個角頭計算、（3）2005 年陳逸君普查中，大湖村「公館」是分成 2 組。1 個角頭分成 2 組爐主首事是因為戶數較多，例如犁頭厝、番社 2 個角頭都有達到 40、50 戶的規模。公館在城隍爺聖誕中元普渡以及萬善祠中元普施孤魂繳納丁口錢的戶數分別是 13 戶與 31 戶，2 項祭典參加的戶數變動劇烈相差一半有餘，觀察其他角頭並無此現象，因為萬善祠中元普施孤魂「公眾」性質濃厚，較無取代性。城隍爺聖誕中元普渡則大湖村廣興宮也有舉辦，在相同祭典下，居民繳納 2 次的丁口錢往往意願較低。2005 年陳逸君的調查「公館」分成 2 組，2011 年僅剩 1 組，且該角頭抽取丁口錢戶數呈現不穩定狀態，實與該區域也有客家人庄廟廣興宮有密切的關係。

〔註114〕劉正元，〈福佬客的歷史變遷及族群認同（1900 年迄今）：以高雄六龜里、甲仙埔之北客為主的調查分析〉，《高雄師大學報・人文與藝術類》，28（高雄，2010.6），頁 108～109。

〔註115〕「閩、客式地名」和現今「方言區」對照，發現閩客交界以閩南話較為強勢，見韋煙灶，〈彰化永靖及埔心地區閩客族裔的空間分布特色之研究〉，《地理研究》，59（台北，2013.11），頁 8。

〔註116〕陳桂煌、池松華，〈二林鎮東興里番社客家庄史〉，收於謝四海主編，《彰化縣二林區源成客家庄史前集》（彰化：彰化縣香草吟社，2006），頁 46。

表 5-11：醒靈宮祭祀圈所在範圍與近 10 年變化

日治街庄大字	今日鄉鎮村里		2011 年醒靈宮祭祀圈角頭	2005 年陳逸君	1999 年曾慶國
犁頭厝庄	二林鎮	東興里	犁頭厝、番社		分頂番社、下番社
		興華里	水尾、水門		
後厝庄		後厝里	後厝、下後厝、新湖巷		
丈八斗庄		西斗里	泥油岡、丈八斗、八間		
		原斗里	竹圍	增原斗	增原斗
礔磘庄		東華里	五戶、七戶		
山寮庄		豐田里	田厝		
面前厝庄	竹塘鄉	小西村	巷仔溝、洲仔		
		民靖村	牛稠仔、大橋		
鹿寮庄		土庫村	土庫		
下溪墘庄		墘村	溪墘		
番子寮庄		新廣村	新廣		
大湖厝庄	埤頭鄉	大湖村	公館、十戶	公館分 2 組	

資料來源：曾慶國，《彰化縣三山國王廟》（南投：台灣省文獻委員會，1999），頁 302～305。陳逸君，《流轉中的認同──彰化竹塘地區福佬客族群意識之研究》，頁 38。

說明：陳逸君和曾慶國的欄位，僅列與筆者調查不同之處。

五、祭典儀式與客家認同

　　醒靈宮 1 年 11 項以神明聖誕千秋爲主的慶典，每次的節慶時間點一到，內堂的鸞生通過請誥稟禱、執行三獻禮爲神衹祝壽，神聖化的儀式行爲對應著世俗化的狂歡氣氛；正殿裡彰南客家人紛紛攜帶供品前來祭拜，透過點火燃香，信仰者與被信仰者，冉冉香煙連結了兩者對凡界與天庭的認知與執著。廟埕外播映著野台戲迎請大家暫時拋下塵世的各種混沌情緒，投入人人平等的歡樂節慶氛圍裡。即將結束之餘，購買豬羊份的庄民歡天喜地的提領一份，莫忘奉獻神明帶有福氣的豬肉分散給親戚吃平安。

　　一年例行慶典反覆演練，複習了過去大家同甘共苦的生活印記，進一步

深刻回想祖先來自桃竹苗客家地區，「我們都是客家人」的社群意識儼然不斷地生產重現。通過祭典的實踐刻寫、體驗了記憶並且再一次強化記憶，信眾都是記憶的載體與生產者，慶典的重新演練再創造共同的集體記憶。呂玫鍰觀察獅潭鄉北四村透過義民廟 1 年 3 次的跨村性節慶，透過儀式實踐來體化與刻寫儀式社群的集體記憶，過程中不斷創造社群的意義，並給予儀式社群新的生命與內容。〔註 117〕林正珍指出媽祖神蹟的傳說，通過宗教儀式的展演，即旱溪媽祖繞境十八庄具體執行與親身體驗，使傳說能不斷流傳與作用，同時建構了區域內居民的歷史記憶，並在其敘事裡架構文化認同，這是達成社群意識的重要條件。〔註 118〕王志宇也說明每年進香、普渡與歷年的幾次建醮，可說都提供苑裡的地方社會，進行住民自我的訓練，不斷透過大規模的演訓過程，居民得以進行意見交流以及培養互助合作方式與默契，這是形成地方意識的必要條件。藉由這些廟會相關活動的進行，產生內聚性的鄉土意識，進而得以凝聚地方社會的社區意識。〔註 119〕

　　三獻禮祝壽儀式的展演在晚上 9 點 15 分暫時停止，鸞生與信眾齊聚舉香慶拜，激發了社群情感時刻，宛如一場社會劇場的集體演出。再者，每年前往北港朝天宮進香的高度象徵性宗教活動，給予彰南客家人理解、認知「他者」的機會，也促進形塑與評斷「自我」群體的昇華動作。林秀幸解釋大湖媽祖進香的宗教行為，是一種建築自我社群與他者主體的交會、認知之過程，指稱各地進香的媽祖婆代表了其屬地的象徵社群，譬如大湖媽祖婆代表了「大湖地方社群」。〔註 120〕陳嘉惠分析人群因為「拓墾」產生了「地域認同」，這樣的社群關係透過宗教活動產生人群聯繫，至今以祭祀社群來呈現，達到了南衡宮的地域社會之建構，形成「地域共同體」。〔註 121〕醒靈宮周而復始的宗教儀式聯繫了區域內人群，這一群體也忠實地回報自我對神明、寺

〔註 117〕呂玫鍰，〈祭祀組織與地方社群之形成：獅潭北四村的初步考察〉，頁 361～404。

〔註 118〕林正珍，〈宗教儀式的展演：以台中市樂成宮旱溪媽祖遶境十八庄為例〉，《宗教哲學》，37（台北，2006.9），頁 70～86。

〔註 119〕王志宇，〈廟會活動與地方社會——以台灣苑裡慈和宮為例〉，《逢甲人文社會學報》，12（台中，2006.6），頁 239～262。

〔註 120〕林秀幸，〈界線、認同和忠實性：進香，一個客家地方社群理解和認知他者的社會過程〉，《台灣人類學刊》，5：1（台北，2007.6），頁 142。

〔註 121〕陳嘉惠，〈後龍溪上游地域社會之形成：以獅潭鄉竹木村南衡宮為核心之研究〉（國立交通大學客家社會與文化碩士在職專班碩士論文，2010）。

廟、族群的濃厚情感，歷史與當代的「我群」和「他群」之認同感不斷的實踐與擴散感染，終於呈現了客家人在客家廟裡建構客家意識，形成了「彰南客家共同體」。

六、祭祀圈與客家認同

　　祭祀圈本質上是一種地方組織，表現出漢人以神明信仰來結合與組織地方人群的方式，不同層次的祭祀圈擴展模式，表現出傳統漢人社會以聚落（部落）為最小單位之融合與互動的過程。〔註122〕醒靈宮分成東部、中部、西部，三區域的角頭分別抽丁口錢來辦理三位主神（三恩主）的神明誕辰，之後仍要參加其他項祭典，這三區域都是俗稱「源成七界」的 7 個大字村莊以內，正是客家人村莊聚集（集村）、經濟、意識最緊實雄厚之核心區域。如同獅潭南衡宮的天神（小）、關帝（中）、媽祖（大）3 個不同的祭祀圈，由於祭祀範圍的重疊，使得其成員身分得以重疊，重疊度愈高者為南衡宮祭祀社群之核心，亦最為整合。〔註123〕

　　不在 7 個大字村莊有 4 個角頭新廣（番子寮庄）、土庫（鹿寮庄）、溪墘（下溪墘庄）、田屘（山寮庄），最多的田屘才達 17 戶，其他都是 10 戶以下，可說是勢單力薄，他們只須繳納其他項祭典的丁口錢即可。因此，醒靈宮的祭祀圈分配原則，將社會、經濟力量較好的 7 個大字村莊分成三區域各別籌辦三位恩主慶典，人口戶數較小的角頭再依附其他 5 項祭典，〔註124〕叩許與叩謝天神良福則是各角頭自由表達敬獻的意願較無強制性參加。人人「有份」捐獻表達慶賀神明聖誕，祝壽大典的祝禱疏文戶戶皆有具名受到神明庇佑。神明的誕辰慶典辦得熱鬧、邊陲地帶客家居民渴求的祈福納祥，兩者兼顧且創造雙贏。如同林美容所言藉著神明的共同祭祀來凝聚同庄意識，具有地方人群的聯結與整合、展現地方集體之凝結作用，〔註125〕庄民透過組織集合起來共同舉辦祭祀活動，村莊可說是一個祭祀共同體。〔註126〕日治時期移民到

〔註122〕林美容，〈由祭祀圈到信仰圈：台灣民間社會的地域構成與發展〉，氏著，《祭祀圈與地方社會》，頁 345。

〔註123〕陳嘉惠，〈後龍溪上游地域社會之形成：以獅潭鄉竹木村南衡宮為核心之研究〉，頁 161。

〔註124〕這裡指民國 79 年（含）以前，80 年孔子聖誕移至教師節舉行便不再收丁口錢。

〔註125〕林美容，〈祭祀圈、信仰圈與民俗宗教文化活動的空間形構〉，氏著，《祭祀圈與地方社會》，頁 375。

〔註126〕林美容，〈台灣民間信仰與社會組織〉，氏著，《祭祀圈與地方社會》，頁 34。

彰化南部的客家人，藉著上述醒靈宮祭祀圈的分配模式，達到公義分擔祭祀經費，並藉由一次再一次的神明祭祀活動緊實凝結客家人的效果，進而組成「彰南客家共同體」。「彰南客家共同體」是一種「超村落祭祀圈」，以日治時期客家移民爲「祖籍」、「語言」、「文化」之結合。〔註127〕這一共同體不再侷限也不應單指 7 個大字村莊的客家聚落，於此，「源成七界」不再只是地域、族群名稱，已成爲一種「符碼」，共同指稱和形塑的是彰南地區客家文化與意識。

　　一個族群的認同意識，其認同的邊界和認同對象，往往基於客觀環境和在地特殊內部複雜因素，不僅會隨著社會的需求而改變，甚至出現多重認同的現象，很多時候是依實際狀況的需求所致。〔註128〕醒靈宮分區主辦三恩主的祭祀圈結構分析，察覺某些角頭停止繳納丁口錢，主因正是東區、西區各有埤頭廣興宮、二林廣福宮。這 2 間廟都是戰後才設立的，日治時期醒靈宮的祭祀圈涵括了廣興宮和廣福宮的祭祀圈，如果以「彰南客家共同體」的視野來探究，看似廣興宮、廣福宮正從兩端瓦解與拉扯醒靈宮祭祀圈，實際上那些脫離「公廟」的角頭，仍舊穩實參與村庄型的客家「庄廟」，積極地建構了小區域的客家信仰中心，鄰近的客家庄民不用大老遠跑到醒靈宮尋求宗教慰藉，甚至溶入福佬人的廟宇與信仰之中。

　　因此，從另一角度看來，東區廣興宮與西區廣福宮的建立，進一步鞏固「彰南客家共同體」的功能不可漠視，只是此一機能加強之時，發生西區角頭抽離「公廟」醒靈宮祭祀圈的行爲，但最重要的是歷經百年的發展，醒靈宮是「彰南客家共同體」的信仰中心，其重要地位在客家人的心理認同從未撼動與消失。〔註129〕

〔註127〕聚落性祭祀圈的形成，可以「同庄」結合來解釋；超村落祭祀圈可以用「同姓」、「水利」結合；全鎮性祭祀圈可用「自治」結合來說明，此外尚有「祖籍」結合，但必須要數個村莊聯合，才可用此解釋，不然應是「同庄」結合。林美容，〈由祭祀圈到信仰圈：台灣民間社會的地域構成與發展〉，氏著，《祭祀圈與地方社會》，頁 346～348。

〔註128〕安煥然，〈馬來西亞柔佛客家人的移殖及其族群認同探析〉，《臺灣東南亞學刊》，6：1（南投，2009.4），頁 85。

〔註129〕例如住在北斗鎮新生里的黃煌林，該里雖有客家廟廣福宮，但是過年仍會隨同子孫回到醒靈宮參拜，黃煌林口述，2012 年 7 月 7 日訪問。二林鎮後厝里的朱翎璃亦認爲醒靈宮是大廟、公廟。朱翎璃口述，2011 年 10 月 30 日訪問。

小　結

　　本章嘗試以「內在團結」與「外在威脅」的解析，說明最早建立的醒靈宮，成為源成農場客家人的信仰中心。民國 77 年入火安座大典的角頭名單中，可知幾乎彰南客家人都參與了這場盛會，展現與凝聚彰南平原的客家意識及歸屬認同感。醒靈宮的經營、管理組織多數為客家人，使得各種儀式慶典進行之時，可使用本身的客家話執行無礙，這乃是彰南的客家人認同了醒靈宮為公廟，其鸞生來源不虞匱乏。語言的傳承是文化內涵存在的指標，宗教場所成為學習、延續客家話的地方，無形中寺廟兼具了傳承以及實踐客家文化的積極功能。祭典儀式中透過客語的使用，客家認同也經此不斷的重複體驗、凝聚與再生產。

　　孔子廟、聖蹟亭各別奉祀文教性質神明的孔子與倉頡，根本原因出自醒靈宮為鸞堂系統，其神學體系及教派本質富含濃厚的儒家色彩。

　　觀察大成殿、新廟正殿可以見到具有客家特色的棟對；以及代表客家民間信仰的龍神。彰南地區客家人所屬的醒靈宮，從建築形置以及信仰本質隱喻式表達了深層的客家認同。

　　醒靈宮祭祀圈的分配模式，具有大、小角頭公義分擔祭祀經費的原則。源成七界的客家人藉由參與醒靈宮的祭典來凝聚客家意識，進而組成「彰南客家共同體」，這名詞不再單純只是地域、族群名稱，共同指稱和形塑的是彰南地區客家文化與意識。醒靈宮的祭祀圈內前後成立了二林廣福宮與埤頭廣興宮，目前有些角頭不願再參與醒靈宮義務性質的祭祀圈，其發展呈現了些許游離的狀態，但實質上那些脫離「公廟」的客家角頭，仍舊穩實的參與他們客家「庄廟」，積極地建構了小區域的客家信仰中心，進一步鞏固「彰南客家共同體」，只是此一機能加強之時，「公廟」醒靈宮祭祀圈免不了要接受某些角頭離散的走向。

第六章　結　論

一、源成農場的歷史重建

　　當清末彰化平原客家人成為族群社會整合下的福佬客，客家話快銷聲匿跡之時，日治時期移來一批新竹州的客家人，他們即將為彰南客家社會注入一股活水。北部客多是三五公司源成農場招募而來，農場創辦人愛久澤直哉挾恃在官方的人脈網絡，配合整體國家方針與土地、經濟等政策，展開矢內原忠雄所言「資本主義化」的侵略性質，藉著「官憲的力量」強制購買民有地與申請開發官有原野地。昭和 15 年（1940）源成農場面積達到 3,030 甲，坐落在今日二林鎮、竹塘鄉、埤頭鄉、北斗鎮和芳苑鄉之一部份。

　　源成農場配合政府辦理日本人私營移民事業，同時也招徠本島人補充勞動力缺口，以鄰近的福佬人佔大宗，客家人數近三成。客家人在農場的安排下，在昔日二林街、竹塘庄、埤頭庄、北斗街、沙山庄形成集村的客家聚落。不過彰化平原招募客家人不僅源成農場，但受雇的客家人數最多，並且多信奉客家人所建立的醒靈宮。醒靈宮可說是研究日治時期台灣島內客家移民的宗教信仰重鎮之一。

　　「源成七界」的名稱由來，為「源成農場」和「七界內」組合而成，後者的名稱源自農場中心區域的 7 個大字村莊，不過實際範圍廣達 10 個大字，而客家庄分布在 9 個大字。簡言之，隨著時間與名詞的流傳以及記憶的模糊散失，現今人們若稱「源成七界」依不同的指涉對象而轉化其內涵，指「地域」範圍時，是被迫窄化源成農場範圍，因為農場面積事實上包含 10 個大字村莊；稱「族群」時，則是擴大解釋源成農場的 9 個大字村莊之客家地方社

會。

明治 44 年（1911）源成農場製糖場開始運轉製糖，昭和 19 年（1944）結束製糖事業，總計製糖歷史 34 年。在小林正之介主事用心經營之下，製糖場到日治後期與四大製糖會社共存。昭和 8 年至 10 年（1933～1935）源成農場製糖場發生業佃紛爭事件，客家人建立的醒靈宮成爲佃農們共同商討對策與農場和解的場合。勞方（佃農群）、資方（源成農場）、官方和社會輿論，四種勢力在醒靈宮運作、互動及競爭，增値與擴充宗教屬性外的公共空間之社會性格。

二、醒靈宮廟群的發展及內涵

（一）客家廟醒靈宮

客家人遷移到彰化平原也帶來原鄉的信仰。明治 39 年（1906）蔡登才等人在苗栗獅潭建立以三恩主爲主神的「醒世堂」。明治 42 年（1909）遷堂到二林洲仔，大正 2 年（1913）神明顯靈並在愛久澤直哉同意商借土地下，客家人在竹塘牛稠子建廟。隔年正殿建設完成三恩主入火安座，改廟名「醒靈宮」。依據史料、建物、文物及慶典的年代，昭和初年醒靈宮舊廟的整體建築終告完成。

（二）醒靈宮前身「醒世堂」與「醒化堂」的關係

醒靈宮和苗栗獅潭鄉五虛宮，兩者的前身各是「醒世堂」、「醒化堂」，從史料考據並無子母廟關係，因此醒靈宮的鸞堂系統淵源尚稱不明。不過醒靈宮和鸞法傳承下的南投國姓鄉楞靈宮、嘉義中埔鄉義靈宮、彰化溪州鄉覆靈宮，和其認爲的「母廟」五虛宮，在民國 73 年共組「聖鸞聯盟金蘭結義姊妹宮」，其意義爲移民各地的客家人，通過「廟」和「廟」的「歷史創造」，將思鄉的情愫具體實施並進一步塑造集體記憶，透過每年的寺廟聯誼會，將集體記憶更深層的抒發、保存及延續。

（三）萬善祠：福佬人、客家人與竹塘地方社會

源成農場墾闢土地挖出不少孤骨，基於漢人的「厲鬼信仰」——畏懼無祀孤魂以及行善積德的功果觀念，福佬人和客家人向業主提議建廟，愛久澤直哉答應設置並且出資主建萬善祠。戰後初期已有客家人擔任廟公，至少在民國 50 年代由醒靈宮主辦萬善祠普渡事宜並納入該廟年度祭典。民國 80 年

代萬善祠重建，基於上述歷史傳承，醒靈宮的客家人主導並統合福佬人和地方社會進行改建工程，此舉便將萬善祠正式納入醒靈宮的管理範疇。

萬善祠收藏農場整地時在福佬人墳場挖出的枯骨，因此福佬人村落加入普渡的祭祀圈。竹塘的地方社會（官方、仕紳和地方組織）也參與捐獻金額。萬善祠中元普渡的公眾性質，成功整合客家人、福佬人以及竹塘地方社會，萬善祠並提供公共空間予兩族群和各種關係力量在此運作、互動，客家人寺廟也參與了竹塘地方社會的建構。

（四）鸞堂的核心動力：聖蹟亭與孔子廟

民國 40 年代建立聖蹟亭、民國 60 年代建造孔子廟。客家人尊祀儒家性質濃厚的神明「倉頡聖人」聖蹟亭以及「孔子」大成殿，背後的核心動力源自醒靈宮為鸞堂系統，其神學體系及教派本質具有深層的儒家色彩和教化性質。

（五）愛久澤直哉的治理手段

愛久澤直哉借地給客家人建立醒靈宮、又同意福、客族群的訴求設置萬善祠，並捐獻了二林仁和宮的重建經費，更允諾美濃的北客建造了五穀宮。愛久澤直哉似乎瞭解漢人的宗教心理，對於建廟的要求允應和支持，使得客家人得以穩定、安心為源成農場效力，創造業佃雙贏，是跨國性企業家成功的統馭手段以及治理經營哲學。

三、醒靈宮與客家認同

（一）客家共同體、族群符碼：醒靈宮建廟與重建

醒靈宮從私壇短時間內轉變為源成農場客家人的信仰公廟，是因為「內在團結」與「外在威脅」所促成。「內在團結」方面：（1）鸞堂信仰在原鄉十分普遍，故鄉神明和人群的熟捻親切，使得客家移民認同建廟行為、（2）大正到昭和初年擴建廟體期間，剛好是遷移人口大幅成長的時間，帶來急切效應的族群力量與捐建金額的幫助。「外在威脅」方面：（1）彰南社會瀰漫對客家人不友善的態度與行為、（2）農場受雇的福佬人超出客家人許多，面臨職場競爭時福佬人佔據優勢。

建廟舉動，乃是擁有共通語言、生活風俗以及遷居中部打拼的相同背景下，打破來自不同行政區劃的地域觀念，統聚成為新的社群「彰南客家共同

體」。簡言之，客家人藉由宗教信仰建構了客家意識與認同，醒靈宮成為客家人共同的信仰中心，以及彰南社會客家群體力量的符碼代號。戰後醒靈宮的重建，經由《醒靈宮武聖關公安座大典紀念》得知大部分彰南平原的客家人都參加這場宗教盛會，從中展現與凝聚彰南平原的客家群體以及內心追求的歸屬認同感。

（二）客家文化傳統

孔子廟大成殿和醒靈宮新廟正殿可以見到具有客家特色的棟對，以及代表客家民間信仰的龍神。彰南地區客家人所屬的醒靈宮和孔子廟，從建築構件以及信仰本質遵循客家傳統。

（三）認同、支援：管理與經營組織

醒靈宮管理委員會的委員均是彰南客家聚落的客家人，而廟務由重要的鸞生兼任。男性鸞生大部分是客家人，女鸞生多數是嫁入客家家庭的福佬女性，客語對談堪稱流暢。廟務與鸞生組織多數依靠有熱情、奉獻和管理能力的客家人經營。說明了彰南客家地方社會認同醒靈宮為其公廟，樂意進廟擔任委員和鸞生義務效勞，使得人力資源不虞匱乏、源源不絕。

（四）祭祀圈：「彰南客家共同體」的建構

醒靈宮三位恩主的千秋聖誕，由廟方自訂劃分的中區（關聖帝君）、東區（孚佑帝君）、西區（司命真君）區域內角頭居民主辦，這三個區域正是客家人數、村莊經濟和意識最雄厚、緊實的核心地帶。其他人口戶數較小的客家角頭再依附其他祭典即可。此設計深具有大、小角頭公義分擔祭祀經費的模式，使得人人皆「有份」參與祭典，共歡節慶。

目前西區已不再主辦司命真君的慶典，表面上似乎祭祀圈正在離散當中。實則不然，東、西區的角頭仍舊穩實的參與地方客家「庄廟」——東區埤頭廣興宮、西區二林廣福宮，積極地建構了小區域的客家信仰中心，進一步鞏固「彰南客家共同體」，只是此一機能加強之時，「公廟」醒靈宮祭祀圈難免呈現不穩定的現象。

（五）宗教慶典與演練：形塑客家認同

1 年 11 項的慶典活動反覆的演練，「我們都是客家人」的社群意識不斷生產與重現，並且再一次的強化及創造集體記憶，給予客家人新的生命內涵與族群意義。醒靈宮周而復始的宗教慶典結合了區域人群，「我群」與「他群」

之認同感不斷的實踐與擴散感染，客家人在客家廟裡建構客家意識，「彰南客家共同體」的群體認同感儼然成形。

醒靈宮宗教祭典、鸞堂儀式進行之時，皆是堅持使用客家話進行。鸞生中若有福佬人，亦要學習與聽懂客家話，更不用說以福佬人女性爲主體的誦經團，更是全程運用客語誦經。宗教場所成爲學習、延續客家話的地方，寺廟具有傳承客語和客家宗教文化的積極功能。

總的來說，醒靈宮成爲演練與實踐客家宗教信仰的場域，客家認同也經此不斷的重複體驗、凝聚與再生產。

四、客家研究之於醒靈宮；客家話之於客家認同

客家研究應討論「客家形成」取代敘述「客家特質」，關注形成的過程與實踐的場合，〔註1〕或是論述客家族群在發展過程中，如何操弄文化中的象徵系統來建構獨特的族群意識，並進一步闡釋那些文化邏輯或要素被運用來建構客家人的族群意識。〔註2〕

透過醒靈宮案例的研究，挖掘了北客來到彰化平原的歷史因果，觀察硬體廟群的建築物與構件，細微處的顯現客家傳統信仰與風俗，還不足以應證何謂「客家認同」。分析了建廟與重建，凝聚了客家群體與認同感，那如何來維繫、延續呢？更細緻的慶典儀式提供了一條線索；祭祀圈的分配模式是神明賜予最佳的強大連結利器，並透過宗教慶典反覆維繫區域內的客家族群，「我群」的客家認同感始終不停的再實踐與強化其記憶，展演出來的便是「彰南客家共同體」。

不使用客家話可說是客家人隱形化的指標之一。隱形族群指的是缺乏族群認同、我群意識、自我定位與自我觀照的消極態度，此態度使得客家文化的傳承更爲困難。〔註3〕客家族群自我隱形的結果，導致族群認同感明顯降低。客家語言與客家文化，隨著其族群的隱形程度加深而面臨消失的命運。〔註4〕客

〔註1〕羅烈師，〈台灣地區客家博碩士論文述評（1966～1998）〉，《客家文化研究通訊》，2（桃園，1999.6），頁117～137。

〔註2〕高怡萍，〈客家族群意識與歷史的文化建構——客家社區在原鄉與移民地之比較研究〉，《客家文化研究通訊》，3（桃園，2000.7），頁52。

〔註3〕丘昌泰，〈台灣客家族群的自我隱形化行爲：顯性與隱性客家人的語言使用與族群認同〉，《客家研究》，1（桃園，2006.6），頁48。

〔註4〕丘昌泰，〈台灣客家族群的自我隱形化行爲：顯性與隱性客家人的語言使用與族群認同〉，頁84。

家話大量流失，將使客家文化無法傳承和發展進而導致滅絕的困境。〔註5〕語言是表徵群體最重要的符號之一，語言可以說是群體認同的明顯因素，並且是族群塑造成形的主要力量，因而往往成爲其標識和符號，因爲共同的語音，構成同一族群的深層情結。〔註6〕醒靈宮各項儀式中的請誥、三獻禮、誦經等等，必須使用客家話來執行，語言的永續使用與再活化，是醒靈宮建構及延續「彰南客家共同體」的積極作法和象徵符號，也是客家人最容易找到的族群認同與關懷，並且是抗拒福佬化最後一哩的族群底線。

〔註5〕 徐正光，〈序——塑造台灣社會新秩序〉，徐正光主編，《徘徊於族群和現實之間：客家社會與文化》（台北：正中，1991），頁8。

〔註6〕 劉大可，〈群體認同與符號：以客家地區爲中心的考察〉，收錄於江明修、丘昌泰主編，《客家族群與文化再現》（台北：智勝，2009），頁427～428。

參考文獻

壹、中文

一、史料

1. 〈北斗郡寺廟台帳〉，出版地、者不詳，昭和年間。

2. 張淵智，《2012 年苗栗縣獅潭鄉和興五文宮農民曆》，台南：學理，2012。

3. 楊明機編，《儒門科範》，台北：贊修宮、智成堂，1973 第 3 版。

4. 彰化縣政府民國 101 年 1 月 11 日，府民宗字第 1010012374A 號公文，附件〈醒靈宮登記經過及沿革〉。

5. 廣善堂，《照身鏡》，彰化：廣善堂，1932；收錄於王見川等主編，《民間私藏台灣宗教資料彙編·民間信仰·民間文化·第二輯（第八冊）》，台北：博揚，2010，頁 386～721。

6. 醒化堂，《醒化寶鑑》，彰化：醒化堂，1996 再版。

7. 醒靈宮編，《醒世金篇》，彰化：醒靈宮，1949。

8. 醒靈宮編，《醒世金篇》，彰化：醒靈宮，2001 二版。

9. 醒靈宮編，《民國壬辰年 1 月 8 日慶祝北港進香登記簿》，內部文件未出版，2012。

10. 醒靈宮編，《民國辛卯年 1 月 8 日慶祝北港進香登記簿》，內部文件未出版，2011。

11. 醒靈宮編，《民國辛卯年 1 月 15 日慶祝叩許天神良福登記簿》，內部文件未出版，2011。

12. 醒靈宮編，《民國辛卯年 4 月 26 日慶祝五谷神農大帝聖誕登記簿》，內部文件未出版，2011。

13. 醒靈宮編，《民國辛卯年 6 月 24 日慶祝關聖帝君聖誕登記簿》，內部文件未出版，2011。

14. 醒靈宮編，《民國辛卯年 7 月 8 日城隍爺聖誕中元普渡慶祝登記簿》，內部文件未出版，2011。

15. 醒靈宮編，《民國辛卯年 7 月 29 日慶祝萬善祠中元普施孤魂登記簿》，內部文件未出版，2011。

16. 醒靈宮編，《民國辛卯年 10 月 15 日慶祝天神良福登記簿》，內部文件未出版，2011。

17. 醒靈宮編，《民國辛卯年 11 月 22、23、24 日慶祝圓堂法會登記簿》，內部文件未出版，2011。

18. 醒靈宮編，《辛卯民國 100 年扶乩紀錄簿》，內部文件未出版，2011。

19. 醒靈宮編，《新‧醒靈宮鸞下生名冊》，內部文件未出版，未載年份。

20. 醒靈宮編，《舊‧醒靈宮鸞下生名冊》，內部文件未出版，未載年份。

21. 醒靈宮編，《醒靈宮誦經讀本》，內部文件未出版，未載年份。

22. 醒靈宮管理委員會，〈竹塘醒靈宮鸞訓奧義講解〉，宣傳單，未載年份。

23. 醒靈宮管理委員會編，《竹塘醒靈宮慶安福醮紀念誌》，彰化：醒靈宮管理委員會，1992。

24. 鐘元發、醒靈宮編，《醒靈宮武聖關公安座大典紀念》，彰化：醒靈宮，1988。

25. 闡揚堂，《救世新編》，彰化：闡揚堂，1935；收錄於王見川等主編，《民間私藏台灣宗教資料彙編‧民間信仰‧民間文化‧第二輯（第十七冊）》，台北：博揚，2010，頁 408～604。

26. 五文宮，〈本宮沿革〉，碑記。

27. 玉虛宮，〈玉虛宮沿革〉，碑記。

28. 林木川，〈大成殿沿革〉，碑記。

29. 梁坤明，〈醒靈宮沿革〉，碑記。

30. 許煥彰，〈春秋閣新建碑記〉，碑記。

31. 郭文伯、詹傳厚，〈建築闡揚宮緣起序〉，碑記。

32 萬善祠重建委員會，〈萬善祠重建紀念誌〉，碑記。

二、專書

1. 仇德哉，《台灣之寺廟與神明（二）》，台中：台灣省文獻委員會，1984。

2. 日創社文化事業有限公司執行編輯，《後山客蹤：建構豐田三村客庄遷移紀錄》，台北：客家委員會，2010。

3. 王志宇，《台灣的恩主公信仰：儒宗神教與飛鸞勸化》，台北：文津，1997。

4. 王志宇,《寺廟與村落:台灣漢人社會的歷史文化觀察》,台北:文津,2008。

5. 王見川、李世偉,《台灣的民間宗教與信仰》,台北:博揚,2000。

6. 王明珂,《華夏邊緣:歷史記憶與族群認同》,台北:允晨,1997。

7. 台灣銀行經濟研究室編,《清代台灣大租調查書》,南投:台灣省文獻委員會,1994。

8. 台灣銀行經濟研究所編輯,《清聖祖實錄選輯》,台灣文獻叢刊第 165 種,台北:台灣銀行經濟研究室,1963。

9. 台灣糖業股份有限公司編,《台糖五十年》,台北:台灣糖業股份有限公司,1996。

10. 台灣糖業股份有限公司編,《台灣糖業前期發展史》,台北:台灣糖業股份有限公司,1991。

11. 矢內原忠雄著;周憲文譯,《日本帝國主義下之台灣》,台北:帕米爾書局,1985。

12. 池永歆、謝錦綉,《發現客家:嘉義沿山地區客家文化群體研究》,台北:客家委員會,2012。

13. 何培夫主編,《台灣地區現存碑碣圖誌·彰化縣篇》,台北:中央圖書館台灣分館,1997。

14. 何義麟,《矢內原忠雄及其帝国主義下の台灣》,台北:台灣書房,2011。

15. 吳煬和,《文教、信仰與文化建構:台灣六堆敬字風俗研究》,高雄:麗文文化,2011。

16. 呂錘寬,《安龍謝土》,台中:文建會文化資產總管理處籌備處,2009。

17. 呂錘寬,《道教儀式與音樂之神聖性與世俗化(儀式篇)》,台中:文建會文化資產總管理處籌備處,2009。

18. 林文進總編輯,《山水秀麗獅潭鄉》,苗栗:苗栗縣政府,1996。

19. 林文龍,《台灣中部的開發》,台北:常民文化,1998。

20. 林正慧,《六堆客家與清代屏東平原》,台北:遠流,2008。

21. 林秀昭,《台灣北客南遷研究》,台北:文津,2009。

22. 林美容,《祭祀圈與地方社會》,台北:博揚,2008。

23. 林偉盛,《羅漢腳:清代台灣社會與分類械鬥》,台北:自立晚報,1993。

24. 林富士,《孤魂與鬼雄的世界》,台北:台北縣文化局,1995。

25. 林聖欽等撰述;施添福總編纂;國史館台灣文獻館採集組編輯,《台灣地名辭書,卷十三,苗栗縣(下)》,南投:台灣文獻館,2006。

26. 林慶宏,《高雄市客家族群史研究》,高雄:高雄市政府研究發展考核委

員會，2000。

27. 邱秀英，《花蓮地區客家信仰的轉變：以吉安鄉五穀宮爲例》，台北：蘭臺，2006。

28. 邱彥貴等撰，《發現客家：宜蘭地區客家移民的研究》，台北：客家委員會，2006。

29. 邱彥貴等撰，《彰化縣客家族群分布調查》，彰化：彰化縣文化局，2005。

30. 姜禮誠，《花蓮地區客家義民信仰的發展與在地化》，台東：東台灣研究會，2014。

31. 客家委員會編，《99 年至 100 年全國客家人口基礎資料調查研究》，台北：客家委員會，2011。

32. 施添福，《清代在台漢人的祖籍分布和原鄉生活方式》，南投：台灣省文獻委員會，1999 再版。

33. 施雅軒，《台灣的行政區變遷》，台北：遠足，2003。

34. 柯佩怡，《台灣南部客家三獻禮之儀式與音樂》，台北：文津，2005。

35. 洪長源，《溪州鄉情》，彰化：溪州鄉公所，1995。

36. 洪長源，《彰化縣溪州鄉客家地圖》，彰化：溪州鄉公所，2005。

37. 洪惟仁，《台灣方言之旅》，台北：前衛，2006 修訂版。

38. 洪瑩發，《解讀大甲媽：戰後大甲媽祖信仰的發展》，台北：蘭臺，2010。

39. 洪麗完，《熟番社會網絡與集體意識——台灣中部平埔族群歷史變遷（1700～1900）》，台北：聯經，2009。

40. 洪麗完總纂，《二林鎮志（上、下冊）》，彰化：二林鎮公所，2000。

41. 徐正光主編，《台灣客家研究概論》，台北：台灣客家研究學會，2011 二刷。

42. 徐麗雯，《公館家鄉寶：隘寮下的新故鄉》，台北：客家委員會，2008。

43. 涂照彥著；李明峻譯，《日本帝國主義下的台灣》，台北：人間，1993。

44. 張二文，《高雄縣客家地區鸞堂與鸞書文學意涵之研究——以美濃廣善堂的發展爲例》，台北：客家委員會，2006。

45. 張二文，《高雄縣客家聚落鸞堂之調查與研究》，高雄：高雄縣文化基金會，2006。

46. 張志遠，《台灣的敬字亭》，台北：遠足，2006。

47. 張哲郎總纂，《北斗鎮志》，彰化：北斗鎮公所，1997。

48. 張素玢，《台灣的日本農業移民（1909～1945）——以官營移民爲中心》，台北：國史館，2001。

49. 張素玢，《歷史視野中地方發展與變遷：濁水溪畔的二水、北斗、二林》，

台北：台灣學生，2004。

50. 張素玢，《濁水溪三百年：歷史.社會.環境》，新北：衛城，2014。

51. 張菼，《清代台灣民變史研究》，台北：台灣銀行，1970。

52. 曹永和，《台灣早期歷史研究》，台北：聯經，1979。

53. 清‧余文儀，《續修台灣府志》，南投：台灣省文獻委員會，1993。

54. 清‧周鍾瑄、陳夢林，《諸羅縣志》，南投：台灣省文獻委員會，1993。

55. 清‧周璽，《彰化縣志》，南投：台灣省文獻委員會，1993。

56. 清‧姚瑩，《東槎紀略》，南投：台灣省文獻委員會，1996。

57. 清‧施琅，《靖海紀事》，南投：台灣省文獻委員會，1995。

58. 清‧范咸、六十七，《重修台灣府志》，南投：台灣省文獻委員會，1993。

59. 清‧郁永河，《裨海紀遊》，南投：台灣省文獻委員會，1996。

60. 清‧高拱乾，《台灣府志》，南投：台灣省文獻委員會，1993。

61. 清‧陳文達，《鳳山縣志》，南投：台灣省文獻委員會，1993。

62. 清‧黃叔璥，《台海使槎錄》，南投：台灣省文獻委員會，1999。

63. 清‧劉良璧，《重修福建台灣府志》，南投：台灣省文獻委員會，1993。

64. 清‧蔣毓英，《台灣府志》，南投：台灣省文獻委員會，1993。

65. 許地山，《扶箕迷信底研究》，台北：商務，1986。

66. 連橫，《台灣通史》，台北：眾文，1979。

67. 陳玉梅編，《行政‧建設‧鄉土情：彰化縣埤頭鄉情與建設》，彰化：埤頭鄉公所，1998。

68. 陳宗仁，《彰化開發史》，彰化：彰化縣文化局，1997。

69. 陳捷先，《清代台灣方志研究》，台北：台灣學生書局，1996。

70. 陳逸君，《流轉中的認同——彰化竹塘地區福佬客族群意識之研究》，台北：客家委員會，2005。

71. 陳運棟，《台灣的客家人》，台北：台原，1989。

72. 曾桂龍，《玉虛宮志》，苗栗：玉虛宮管理委員會，1997。

73. 曾桂龍，《獅潭鄉志》，苗栗：獅潭鄉公所，1998。

74. 曾慶國，《彰化縣三山國王廟：客家與福佬客的故事》，台北：台灣書房，2011。

75. 曾慶國，《彰化縣三山國王廟》，南投：台灣省文獻委員會，1999。

76. 黃子堯，《台灣客家與三山國王信仰——族群、歷史與民俗變遷》，台北：客家台灣文史工作室，2005。

77. 黃世明，《進出族群邊際的再移民社會：客家人在台中與南投地區的文化

與產業經濟》，南投：台灣文獻館，2012。

78. 黃昭堂著；黃英哲譯，《台灣總督府》，台北：自由時代，1989。

79. 黃美英，《台灣媽祖的香火與儀式》，台北：自立晚報，1994。

80. 黃健倫，《定光佛與彰化定光佛廟》，彰化：定光佛廟，1996。

81. 黃森松，《輔天五穀宮甲戌年太平福醮紀念誌》，高雄：輔天五穀宮甲戌年太平福醮委員會，1996。

82. 黃鼎松編纂，《重修苗栗縣志·卷八·宗教志》，苗栗：苗栗縣政府，2007。

83. 黃鼎松編纂，《重修苗栗縣志·卷四·人文地理志》，苗栗：苗栗縣政府，2007。

84. 楊國鑫，《台灣客家》，台北：唐山，1993。

85. 楊逸農，《台灣甘蔗糖業面面觀》，台北：華岡，1974。

86. 葉爾建等撰述；施添福總編纂；國史館台灣文獻館採集組編輯，《台灣地名辭書，卷十一，彰化縣（上、下）》，南投：台灣文獻館，2006一版二刷。

87. 廖正宏，《人口遷移》，台北：三民，1985。

88. 彰化市戶政事務所編，《日據時期住所番地與現行行政區域對照》，彰化：彰化縣政府，2000。

89. 劉還月，《台灣客家族群史移墾篇（上、下冊）》，南投：台灣省文獻委員會，2001。

90. 蔡志展，《明清台灣水利開發研究》，南投：台灣省文獻委員會，1999。

91. 鄧孔昭，《台灣通史辨誤》，台北：自立晚報，1991。

92. 薛雲峰，《快讀台灣客家》，台北：客家委員會，2008。

93. 謝四海主編，《彰化縣二林區源成客家庄史前集》，彰化：彰化縣香草吟社，2006。

94. 謝四海主編，《彰化縣二林區源成客家庄史續集》，彰化：彰化縣香草吟社，2007。

95. 謝英從，《彰化縣花壇鄉白沙坑開發史》，彰化：彰化縣文化局，1999。

96. 謝重光，《客家文化述論》，北京：中國社會科學出版社，2008。

97. 鍾肇文，《客家人移民台灣中南部史》，屏東：梁慧芳，2009。

98. 簡炯仁等著，《高雄市客家史》，高雄：高雄市文獻委員會，2009。

99. 羅香林，《客家源流考》，北京：中國華僑出版公司，1989。

100. 羅香林，《客家研究導論》，台北：南天，1992。

三、專書論文

1. 池松華,〈客家移民的守護神（客家族群研究之三——二林區客家廟宇之探討）〉,收於謝四海編,《彰化縣二林區地方文史專輯（第二輯）》,彰化：二林社區大學,2004,頁 181～191。

2. 余芬蘭,〈閩客熔融一家爐——竹塘醒靈宮閩客族群產業經濟探略〉,收錄於陳柔森主編,《彰化平原的族群與文化風錄》,彰化：彰化縣文化局,1999,頁 114～122。

3. 吳煬和,〈內埔地區鸞堂信仰之研究〉,美和技術學院通識教育中心編,《六堆信仰及宗族的在地實踐研討會論文集》,屏東：美和技術學院通識教育中心,2005,頁 106～121。

4. 呂玫鍰,〈祭祀組織與地方社群之形成：獅潭北四村的初步考察〉,收入於莊英章、簡美玲主編,《客家的形成與變遷（上冊）》,新竹：交通大學,2010,頁 361～404。

5. 孟祥瀚,〈日治時期花蓮地區客家移民的分布〉,收入賴澤涵主編,《客家文化學術研討會論文集》,台北：客家委員會,2002,頁 129～160。

6. 林普易等著,〈竹塘醒靈宮文武廟沿革〉,收於高賢治主編,《台灣宗教》,台北：眾文,1995,頁 229～230。

7. 林衡道,〈竹塘鄉的勝蹟〉,收於氏著,《台灣勝蹟採訪冊（第七輯）》,台中：台灣省文獻委員會,1982,頁 83～85。

8. 邱坤玉,〈漢人移民的設庄發展與祭祀圈：以三降寮的設庄與信仰調查為例〉,收於高雄師範大學客家文化研究所編,《2007 客家社會與文化學術研討會論文集》,台北：文津,2008,頁 159～191。

9. 邱彥貴,〈三山國王信仰：一個台灣研究者的當下體認〉,收於趙欽桂、傅玫青主編,《2007 保生文化祭：道教神祇學術研討會論文集》,台北：台北保安宮,2009,頁 93～118。

10. 邱彥貴,〈台灣客家人口：一世紀（1905~2004）調查統計的初步檢討〉,《全球視野下的客家與地方社會：第一屆台灣客家研究國際研討會》,台北：客家委員會,2006,光碟檔案,無著頁碼。

11. 施添福,〈清代台灣岸裡地域的族群轉換〉,收錄於潘英海、詹素娟主編,《平埔研究論文集》,台北：中央研究院台灣史研究所籌備處,1995,頁 301～332。

12. 康豹,〈鸞堂與近代台灣的地方社群——埔里的個案研究〉,發表於廈門大學主辦,「歷史視野下的中國地方社會」學術研討會,2010 年 6 月 28 至 7 月 2 日,抽印本,無著頁碼。

13. 康豹、邱正略,〈鸞務再興——戰後初期埔里地區鸞堂練乩、著書活動〉,發表於暨南國際大學人類學研究所主辦,「水沙連區域研究學術研討會：

劉枝萬先生與水沙連區域研究」，2008 年 10 月 18～19 日，抽印本，頁 1 ～30。

14. 張二文，〈日治時期美濃南隆農場的開發與族群融合〉，收錄於賴澤涵編，《客家文化學術研討會論文集》，台北：客家委員會，2002，頁 223 ～262。

15. 張素玢，〈洪患、聚落變遷與傳說信仰——以戊戌水災為中心〉，收錄於陳慶芳總編輯，《彰化研究學術研討會：濁水溪流域自然與人文研究論文集》，彰化：彰化縣文化局，2005，頁 7～43。

16. 張勝彥，〈清代台灣漢人土地所有型態之研究〉，收於氏著，《台灣史研究》，台北：華世，1981，頁 53～114。

17. 張維安，〈族群記憶與台灣客家意識的形成〉，收入於莊英章、簡美玲主編，《客家的形成與變遷（下冊）》，新竹：交通大學，2010，頁 719 ～744。

18. 張雙喜口述：魏金絨採訪，〈日據時代源成農場的設立與沒落〉，收錄於楊素晴總編輯，《彰化縣口述歷史（二）》，彰化：彰化縣文化局，1996，頁 301～309。

19. 許文雄，〈十八及十九世紀台灣福佬客家械鬥〉，收入蔣斌、何翠萍主編，《第三屆國際漢學會議論文集，人類學組：國家、市場與脈絡化的族群》，台北：中央研究院民族學研究所，2003，頁 151～204。

20. 許世融，〈二十世紀上半彰化平原南部的客家人——統計資料語言與田野調查的對話〉，收入陳允勇總編輯，《2011 年彰化研究學術研討會論文選輯——彰化文化資產與在地研究》，彰化：彰化縣文化局，2011，頁 175 ～208。

21. 陳逸君，〈複製客家意識——從竹塘醒靈宮觀察當地客家聚落中族群意識之維持〉，收於《2005 年彰化研究學術研討會——濁水溪流域自然與人文研究論文集》，彰化：彰化縣政府，2005，頁 263～281。

22. 陳逸君，〈複製客家意識——從竹塘醒靈宮觀察當地客家聚落中族群意識之維持〉，收於謝四海編，《彰化縣二林區地方文史專輯（第四輯）》，彰化：二林社區大學，2006，頁 198～220。

23. 黃秀政，〈清代治台政策的再檢討：以渡台禁令為例〉，收入氏著，《台灣史研究》，台北：台灣學生書局，1992，頁 145～173。

24. 黃富三，〈清代台灣漢人之耕地取得問題〉，收於黃富三、曹永和主編，《台灣史論叢‧第一輯》，台北：眾文，1980，頁 193～220。

25. 黃富三、翁佳音，〈清代台灣漢人墾戶階層初論〉，收錄於中央研究院近代史研究所編，《近代中國區域史研討會論文集》，台北：中央研究院近代史研究所，1986，頁 117～152。

26. 黃衍明，〈雲林縣客家二次移民之研究〉，收入黃衍明計畫總主持，《國立雲林科技大學初期研究暨推展客家文化計畫》，台北：客家委員會，2009，頁 287～364。

27. 廖經庭，〈台灣東部客家人的遷徙與在地化——以鳳林地區爲例〉，美和技術學院通識教育中心編，《第三屆客家學術論文研討會論文集》，屏東：美和技術學院通識教育中心，2004，頁 43～67。

28. 劉大可，〈群體認同與符號：以客家地區爲中心的考察〉，收錄於江明修、丘昌泰主編，《客家族群與文化再現》，台北：智勝，2009，頁 418～454。

29. 蔡志祥，〈靈魂信仰、儀式行爲與社群建構：以馬來西亞檳榔嶼的廣東暨汀州會館爲例〉，收錄於江明修、丘昌泰主編，《客家族群與文化再現》，台北：智勝，2009，頁 94～108。

30. 鄧孔昭，〈清政府禁止沿海人民偷渡台灣和禁止赴台者攜眷的政策及其對台灣人口的影響〉，收入鄧孔昭主編，《台灣研究十年》，廈門：廈門大學出版，1990，頁 250～268。

31. 魏金絨，〈二林地區客家族群淵源、特性的探討——二林區客家族群研究之一〉，收於謝四海主編，《二林區地方文史專輯（第二輯)》，彰化：二林社區大學，2004，頁 20～40。

32. 魏金絨，〈日治時期的主要蔗糖農場〉，收於洪長源等撰，《殖民地的怒吼：二林蔗農事件》，彰化：彰化縣文化局，2007 二版一刷，頁 21～34。

33. 羅肇錦，〈客家的語言——台灣客家話的本質和變異〉，收入徐正光主編，《徘徊於族群和現實之間：客家社會與文化》，台北：正中，1991，頁 16～29。

四、期刊論文

1. 尹章義，〈閩粵移民的協和與對立：以客屬潮州人開發台北以及新莊三山國王廟的興衰史爲中心所作的研究〉，《台北文獻》，74（台北，1985.12），頁 1～28。

2. 王世慶，〈日據初期台灣之降筆會與戒煙運動〉，《台灣文獻》，37：4（南投，1986.12），頁 111～151。

3. 王志宇，〈清代台灣彰南地區的媽祖信仰——以東螺街及悦興街的發展爲中心〉，《逢甲人文社會學報》，15（台中，2007.12），頁 143～163。

4. 王志宇，〈廟會活動與地方社會——以台灣苑裡慈和宮爲例〉，《逢甲人文社會學報》，12（台中，2006.6），頁 239～262。

5. 王志宇，〈儒宗神教統監正理楊明機及其善書之研究〉，《台北文獻直字》，《台北文獻》，120（台北，1997.6），頁 43～69。

6. 王見川，〈台灣鸞堂研究的回顧與前瞻〉，《台灣史料研究》，6（台北，

1995.8），頁 3～25。

7. 王和安，〈日治時期甲仙、六龜地區之客家移民與樟腦業的開發〉，《客家文化研究通訊》，8（桃園，2006.4），頁 87～122。

8. 王和安，〈日治時期高雄甲仙、六龜的新竹州移民與樟腦經營〉，《新竹文獻》，35（新竹，2008.12），頁 92～126。

9. 王和安，〈日治時期新竹州移民及其信仰傳布：美濃客家田野紀實〉，《高雄文獻》，3:4（高雄，2013.12），頁 7～29。

10. 王恭志，〈台灣客家族群遷移之口述歷史與文獻探討〉，《社會科教育學報》，3（新竹，2000.5），頁 173～186。

11. 王崧興，〈八堡圳與台灣中部的開發〉，《台灣文獻》，26：4（南投，1979.3），頁 42～49。

12. 王雅萍，〈從隱形到顯形——彰化客裔足跡：評介曾慶國《彰化縣三山國王廟：客家與福佬客的故事》〉，《彰化文獻》，18（彰化，2012.12），頁 149～156。

13. 丘昌泰，〈台灣客家族群的自我隱形化行為：顯性與隱性客家人的語言使用與族群認同〉，《客家研究》，1（桃園，2006.6），頁 45～96。

14. 安煥然，〈馬來西亞柔佛客家人的移殖及其族群認同探析〉，《臺灣東南亞學刊》，6：1（南投，2009.4），頁 81～107。

15. 江樹生，〈鄭成功與荷蘭人在台灣最後一戰及換文締和〉，《漢聲》，45（台北，1992.9），頁 72～79。

16. 何鳳嬌，〈日據時期台灣蔗農抗爭因素之探討〉，《國史館館刊》，13（台北，1992.12），頁 81～104。

17. 何鳳嬌，〈戰後初期台灣軍事用地的接收〉，《國史館學術集刊》，17（台北，2008.9），頁 167～199。

18. 吳秀媛，〈桃竹苗客家人遷徙之研究：以高雄市為例〉，《六堆學》，2（屏東，2011.11），頁 137～156。

19. 吳育臻，〈日治時代的糖業移民聚落初探——以移民寮和農場寮仔為例〉，《環境與世界》，4（高雄，2000.11），頁 41～57。

20. 李世偉，〈日據時期鸞堂的儒家教化〉，《台北文獻直字》，124（台北，1998.6），頁 59～79。

21. 李世偉，〈清末日據時期台灣的仕紳與鸞堂〉，《台灣風物》，46：4（台北，1996.12），頁 111～143。

22. 李豐楙，〈從成人之道到成神之道——一個台灣民間信仰的結構性思考〉，《東方宗教研究》，4（台北，1994.10），頁 183～210。

23. 杜立偉，〈台灣三山國王信仰研究述評〉，《台灣文獻》，59:3（南投，2008.9），頁 129～174。

24. 周俊霖，〈介紹日治時期台灣製糖業四大會社〉，《南瀛文獻》，8（台南，2009.9），頁192～213。

25. 林正珍，〈宗教儀式的展演：以台中市樂成宮旱溪媽祖遶境十八庄爲例〉，《宗教哲學》，37（台北，2006.9），頁70～86。

26. 林呈蓉，〈日據時期台灣島內移民事業之政策分析〉，《淡江史學》，7、8合刊本（台北，1997.6），頁165～187。

27. 林秀幸，〈界線、認同和忠實性：進香，一個客家地方社群理解和認知他者的社會過程〉，《台灣人類學刊》，5：1（台北，2007.6），頁109～153。

28. 林崇仁、楊三和，〈台灣糖業的發展與演變〉，《台灣文獻》，48：2（南投，1997.6），頁39～71。

29. 林淑鈴，〈異族通婚與跨族收養：日治時期前、中、後、先鋒堆客家與其他族群互動的軌跡〉，《高雄師大學報・人文與藝術類》，33（高雄，2012.12），頁161～190。

30. 林開忠、李美賢，〈東南亞客家人的「認同」層次〉，《客家研究》，1（桃園，2006.6），頁211～238。

31. 林瑤棋，〈汀州客的團結象徵——以彰化定光佛廟爲例〉，《台灣源流》，44（台中，2008.9），頁123～131。

32. 林衡道，〈員林附近的「福佬客」村落〉，《台灣文獻》，14：1（南投，1963.3），頁153～158。

33. 邱彥貴，〈台灣三山國王信仰異見〉，《客家文化季刊》，3（台北，2003.4），頁4～9。

34. 邱彥貴，〈統計中所見的彰化客家數據與分布（下）〉，《彰化藝文》，35（彰化，2007.4），頁46～49。

35. 邱彥貴，〈統計中所見的彰化客家數據與分布（上）〉，《彰化藝文》，34（彰化，2006.12），頁36～39。

36. 邱彥貴，〈粵東三山國王信仰的分佈與信仰的族群——從三山國王是台灣客屬的特有信仰論起〉，《東方宗教研究》，3（台北，1993.10），頁107～146。

37. 施振民，〈祭祀圈與社會組織——彰化平原聚落發展模式的探討〉，《中央研究院民族學研究所期刊》，16（台北，1973秋），頁191～208。

38. 施添福，〈從台灣歷史地理的研究經驗看客家研究〉，《客家文化研究通訊》，1（桃園，1998.10），頁12～16。

39. 施順生，〈台灣地區敬字亭稱謂之探討〉，《中國文化大學中文學報》，15（台北，2007.10），頁117～168。

40. 洪長源，〈源成舊地——彰化縣二林鎮復豐里〉，《台灣月刊》，145（台中，

1995.1），頁 61～64。

41. 洪麗完，〈大安、大肚兩溪間墾拓史研究（一六八三～一八七四）〉，《台灣文獻》，43：3（南投，1992.9），頁 165～259。

42. 洪馨蘭，〈以區域觀點為運用的客家研究回顧（1960～2010）〉，《高雄師大學報·人文與藝術類》，33（高雄，2012.12），頁 131～159。

43. 韋煙灶，〈彰化永靖及埔心地區閩客族群裔的空間分布特色之研究〉，《地理研究》，59（台北，2013.11），頁 1～22。

44. 唐美君，〈台灣公廟與宗族的文化意義〉，《國立歷史博物館館刊》，2：1（台北，1983.1），頁 14～18。

45. 夏黎明等著，〈花蓮市客家族群的分布調查〉，《東台灣研究》，19（台東，2012.7），頁 73～95。

46. 高怡萍，〈客家族群意識與歷史的文化建構——客家社區在原鄉與移民地之比較研究〉，《客家文化研究通訊》，3（桃園，2000.7），頁 50～72。

47. 張二文，〈高雄縣客家鸞堂的起源——月眉樂善堂與其鸞書之研究〉，《台灣學研究》，5（台北，2008.6），頁 139～172。

48. 張素玢，〈私營農場與二林地區的變遷(1900~1945)〉，《彰化文獻》，2（彰化，2001.3），頁 49～74。

49. 張珣，〈無形文化資產：民間信仰的香火觀念與進香儀式〉，《文化資產保存學刊》，16（台南，2011.6），頁 37～46。

50. 張瑞津，〈濁水溪平原的地勢分析與地形變遷〉，《國立台灣師範大學地理研究報告》，11（台北，1985.3），頁 199～228。

51. 張瑞津，〈濁水溪沖積扇河道變遷之探討〉，《地理學研究》，7（台北，1983.10），頁 85～100。

52. 梁華璜，〈「台灣總督府」的對岸政策〉，《國立成功大學歷史學報》，2（台南，1975.7），頁 123～139。

53. 梁華璜〈「台灣拓殖株式會社」之成立經過〉，《國立成功大學歷史學報》，6（台南，1979.7），頁 187～222。

54. 莊吉發，〈清初閩粵人口壓迫與偷渡台灣〉，《大陸雜誌》，60：1（台北，1970.1），頁 25～33。

55. 許嘉明，〈彰化平原福佬客的地域組織〉，《民族學研究所集刊》，36（台北，1973 秋），頁 165～190。

56. 郭伶芬，〈從三山國王到玄天上帝：彰化福佬客信仰的觀察〉，《彰化文獻》，10（彰化，2007.12），頁 25～46。

57. 郭伶芬，〈清代彰化平原福客關係與社會變遷之研究——以福佬客的形成為線索〉，《台灣人文生態研究》，4：2（台中，2002.7），頁 1～55。

58. 郭伶芬，〈彰化福佬客玄天上帝信仰之研究〉，《台灣人文生態研究》，5：1（台中，2003.1），頁 27～72。

59. 陳世榮，〈近代大料崁的菁英家族與地方公廟：以李家與福仁宮爲中心〉，《民俗曲藝》，138（台北，2002.12），頁 239～278。

60. 陳世榮，〈清代北桃園的地方菁英及「公共空間」〉，《政大歷史學報》，18（台北，2001.6），頁 203～241。

61. 陳其南，〈清代台灣社會的結構變遷〉，《中央研究院民族學研究所集刊》，49（台北，1980 春），頁 115～147。

62. 陳茂泰、吳玉珠，〈玉蘭客家移民與茶園開發過程〉，《宜蘭文獻雜誌》，59（宜蘭，2002.9），頁 5～52。

63. 陳哲三，〈18 世紀中葉中台灣的漢番關係——以彰化縣內四莊、柳樹湳汛番殺兵民事件爲例〉，《逢甲人文社會學報》，19（台中，2009.12），頁 143～173。

64. 陳逸君〈「七界內」客家意識初探——思考彰化竹塘地區福佬客族群意識之研究途徑〉，《研究與動態》，12（彰化，2005.6），頁 211～232。

65. 陳漢光，〈日據時期台灣漢族祖籍調查〉，《台灣文獻》，23：1（南投，1972.3），頁 85～104。

66. 曾令毅，〈屏東竹田西勢覺善堂與六堆地方社會（1933～1945）〉，《台灣文獻》，60：2（南投，2009.6），頁 91～150。

67. 黃木雄，〈趣談二次移民花蓮港的相關諺語〉，《客家》，183／總號 206（台北，2005.9），頁 44～45。

68. 黃學堂，〈日治時期台東地區的客家移民〉，《台東文獻》，復刊 1（台東，2004.10），頁 3～29。

69. 溫振華，〈清代台灣中部的開發與社會變遷〉，《台灣師大歷史學報》，11（台北，1983.6），頁 1～53。

70. 溫振華，〈清代台灣漢人的企業精神〉，《國立台灣師範大學歷史學報》，9（台北，1981.5），頁 111～139。

71. 葉爾建，〈日治時代彰化平原的土地開發特色〉，《台灣人文》，9（台北，2004.12），頁 83～102。

72. 廖赤陽，〈台灣總督府戶口、國勢調查與台灣客家〉，《客家文化研究通訊》，9（桃園，2007.10），頁 140～153。

73. 廖英杰，〈日治時期客家人移民宜蘭的歷史背景〉，《宜蘭文獻雜誌》，71／72（宜蘭，2005.6），頁 91～111。

74. 廖經庭，〈鳳林地區日治與戰後客家移民之比較研究初探〉，《客家研究》，2：1（桃園，2007.6），頁 127～172。

75. 劉正元，〈福佬客的歷史變遷及族群認同（1900 年迄今）：以高雄六龜里、

甲仙埔之北客爲主的調查分析〉，《高雄師大學報・人文與藝術類》，28（高雄，2010.6），頁 93～112。

76. 鄭志明，〈台灣善書研究的現況與展望〉，《宗教哲學》，2：4／總號 8（台北，1996.10），頁 155～176。

77. 鄭政誠，〈日治時期台灣的國策會社──三五公司華南事業經營之探討〉，《台灣人文》，4（台北，2000.6），頁 157～184。

78. 鄭政誠，〈日治時期台灣總督府對福建鐵路的規劃與佈局（1898～1912）〉，《史匯》，10（桃園，2006.9），頁 1～18。

79. 盧俊偉，〈1920 年代台灣蔗農抗爭因素的結構分析〉，《中華人文社會學報》，6（新竹，2007.3），頁 170～187。

80. 賴文慧，〈台灣汀州客二次移民研究：以苗栗縣造橋鄉平興村謝姓家族爲例〉，《苗栗文獻》，47（苗栗，2010.7），頁 264～278。

81. 賴志彰，〈從二次移民看台灣族群關係與地方開發〉，《客家文化研究通訊》，2（桃園，1999.6），頁 20～27。

82. 賴志彰，〈夢裡不知身是「客」──認識福佬客的歷史和文化〉，《文化視窗》，67（南投，2004.9），頁 84～90。

83. 賴志彰，〈彰化縣客家族群調查的意義及其後續研究〉，《彰化藝文》，33（彰化，2006.10），頁 40～43。

84. 謝重光，〈三山國王信仰考略〉，《世界宗教研究》，2（北京，1996），頁 101～110。

85. 謝瑞隆，〈日治時期彰化縣境的行政區變遷──以「台灣總督府統計書」來考察〉，《彰化文獻》，9（彰化，2007.10），頁 163～174。

86. 鍾淑敏，〈明治末期台灣總督府的對岸經營──以樟腦事業爲例〉，《台灣風物》，43：3（台北，1993.9），頁 230～197。

87. 顏義芳，〈日據初期糖業獎勵政策下的台灣糖業發展〉，《台灣文獻》，50：2（南投，1999.6），頁 233～249。

88. 魏金絨，〈竹塘鄉的開發與傳說之研討〉，《儒林學報》，5（彰化，1990.7），頁 11～26。

89. 羅烈師，〈台灣地區客家博碩士論文述評（1966～1998）〉，《客家文化研究通訊》，2（桃園，1999.6），頁 117～137。

90. 蘇祥慶，〈花東縱谷北部客家鄉鎮的歷史淵源與當代社會特性簡述：以吉安鄉爲中心〉，《東台灣研究》，18（台東，2012.2），頁 95～125。

五、碩博士論文

1. 王和安，〈日治時期南台灣的山區開發與人口結構：以甲仙六龜爲例〉，國立中央大學歷史研究所碩士論文，2007。

2. 何艷禧,〈台灣鸞堂的經營與發展：以埔里昭平宮育化堂爲例〉,國立中興大學歷史學系所碩士論文,2010。

3. 李禮仁,〈賀田組及其在東台灣的開發——日治時期私營移民之個案研究（1899～1908）〉,國立成功大學歷史學系碩士論文,2009。

4. 周怡然,〈終戰前苗栗客家地區鸞堂之研究〉,國立中央大學客家社會文化研究所碩士論文,2007。

5. 林美珠,〈日治時期新竹州人口外移之研究〉,國立中央大學歷史研究所在職專班碩士論文,2015。

6. 范良貞,〈獅山勸化堂與南庄的地方社會〉,國立中央大學歷史研究所碩士論文,2007。

7. 徐孝晴,〈臺灣南遷北客社群的客家認同：以屏東市頭份埔地區的信仰活動爲中心之探討〉,高雄師範大學客家文化研究所碩士論文,2014。

8. 徐碧霞,〈鸞堂型村廟的儀典與組織：以苗栗頭屋雲洞宮爲例〉,國立交通大學客家社會與文化學程碩士論文,2011。

9. 張有志,〈日治時期高雄地區鸞堂之研究〉,國立台南大學台灣文化研究所碩士論文,2007。

10. 張素玢,〈台灣的日本農業移民（1909～1945）：以官營移民爲中心〉,國立政治大學歷史研究所博士論文,1998。

11. 張馨方,〈美濃鎮吉洋地區閩客關係之研究〉,國立台南大學台灣文化研究所碩士論文,2009。

12. 陳秀蓉,〈戰後台灣寺廟管理政策之變遷〉,國立台灣師範大學歷史研究所碩士論文,1998。

13. 陳瑞霞,〈從書院到鸞堂：以苗栗西湖劉家的地方精英角色扮演爲例（1752～1945）〉,國立交通大學客家社會與文化教師碩士在職專班碩士論文,2008。

14. 陳嘉惠,〈後龍溪上游地域社會之形成：以獅潭鄉竹木村南衡宮爲核心之研究〉,國立交通大學客家社會與文化碩士在職專班碩士論文,2010。

15. 黃桂蓉,〈移民與永興村的形成與發展——從日本移民到客家移民〉,國立花蓮教育大學鄉土文化學系碩士班碩士論文,2008。

16. 黃翠媛,〈寺廟與地域社會——以彰化縣大村鄉五通宮爲中心探討〉,國立台灣師範大學歷史學系在職進修專班碩士論文,2006。

17. 蔡慧怡,〈台灣惜字風俗之研究——以南部六堆客家村爲例〉,國立台南大學鄉土文化研究所碩士論文,2003。

18. 謝惠如,〈日據時期北客再次移民之發展歷程研究：以雲林縣林內鄉、莿桐鄉爲例〉,國立高雄師範大學客家文化研究所碩士論文,2012。

19. 顏雅文,〈八堡圳與彰化平原人文、自然環境變遷之互動歷程〉,國立台

灣大學歷史學研究所碩士論文，2000。

六、報紙

1. 《中國時報》，1993～1998 年。

貳、日文

一、專書

1. 三五公司源成農場製糖部編，《三五公司源成農場製糖部沿革並二事業概要》，出版地不詳：三五公司源成農場製糖部，出版年不詳。

2. 千草默仙編纂，《會社銀行商工業者名鑑（十）（上）》，台北：成文，2011；據昭和 16 年高砂改進社刊本影印。

3. 千草默仙編纂，《會社銀行商工業者名鑑（十一）（上）》，台北：成文，2011；據昭和 17 年高砂改進社刊本影印。

4. 山下久四郎，《昭和十三年砂糖年鑑》，台北：成文，2010；據昭和 13 年日本砂糖協會刊本影印。

5. 山下久四郎，《昭和十五年砂糖年鑑》，台北：成文，2010；據昭和 15 年日本砂糖協會刊本影印。

6. 山下久四郎，《昭和十年砂糖年鑑》，台北：成文，2010；據昭和 10 年日本砂糖協會刊本影印。

7. 北斗郡役所編，《北斗郡概況（二）》，台北：成文，1985；據日本昭和 12、13 年排印本影印。

8. 台中州役所編，《台中州要覽（四）》，台北：成文，1985；據昭和 6 年版影印。

9. 台中州役所編，《台中州概觀（一）》，台北：成文，1985；據昭和 10 年版影印。

10. 台中州役所編，《台中州管內概況及事務概要（二）》，台北：成文，1985；據昭和 3 年版影印。

11. 台中州役所編，《台中州管內概況及事務概要（三）》，台北：成文，1985；據昭和 4 年版影印。

12. 台中州役所編，《台中州管內概況及事務概要（四）》，台北：成文，1985；據昭和 5 年版影印。

13. 台中州役所編，《台中州管內概況及事務概要（五）》，台北：成文，1985；據昭和 7 年版影印。

14. 台中州役所編，《台中州管內概況及事務概要（六）》，台北：成文，1985；據昭和 8 年版影印。

15. 台中州役所編,《台中州管內概況及事務概要（七）》,台北:成文,1985；據昭和 9 年版影印。

16. 台中州役所編《台中州要覽（一）》,台北:成文,1985；據大正 14 年版影印。

17. 台中州役所編《台中州要覽（二）》,台北:成文,1985；據昭和 2 年版影印。

18. 台中廳庶務課編,《台中廳管內概要（一）》,台北:成文,1985；據大正 8 年版影印。

19. 台中廳庶務課編,《台中廳管內概要（二）》,台北:成文,1985；據大正 9 年版影印。

20. 台中廳編,《台中廳行政事務並管內概況報告書（一）》,台北:成文,1985；據大正 7 年版影印。

21. 台灣通信社編,《台灣年鑑（四十一）》,台北:成文,1985；據昭和 19 年（1944）台灣通信社排印版影印。

22. 台灣總督官房調查課,《台灣在籍漢民族鄉貫別調查》,台北:台灣時報發行所,1928。

23. 台灣總督府殖產局,《台灣に於ける母國人農業殖民》,台北:台灣總督府殖產局,1929。

24. 台灣總督府殖產局移民課,《台灣總督府官營移民事業報告書》,台北:台灣總督府,1919。

25. 台灣總督府殖產局特產課,《台灣糖業統計》,東京:台灣總督府殖產局特產課,1932～34。

26. 台灣總督府臨時台灣戶口調查部,《明治三十八年臨時台灣戶口調查集計原表（地方之部）》,台北:台灣總督府臨時台灣戶口調查部,1907。

27. 台灣總督府臨時國勢調查部,《昭和十年國勢調查結果表》,台北:台灣總督府臨時國勢調查部,1937。

28. 平識善雄,〈台灣二於ケル某製糖會社ノ農場經管ユ關スル調查〉,台北帝國大學農林專門部卒業報文,1941。

29. 杉野嘉助編纂,《昭和三年台灣糖業年鑑》,台北:成文,2010；據昭和 2 年（1927）台灣通信社刊本影印,頁 18。

二、公文、官報、報紙

1. 〈合資會社三五公司源成農場製糖事業廢止二依リ原料採取區域失效〉,《台灣總督府官報》（台灣）,昭和 19 年（1944）8 月 13 日,第 734 號第 57 頁。

2. 〈製糖場事業承繼〉,《台灣總督府府報》（台灣）,大正 14 年（1925）12

月 22 日，第 3690 號第 72 頁。

3. 《台灣日日新報》，1898～1944 年。

4. 《台灣民報》，1928 年。

5. 《台灣總督府公文類纂》，第 2336 卷第 11 冊。

6. 《台灣總督府公文類纂》，第 3302 卷第 2 冊。

7. 《台灣總督府公文類纂》，第 6150 卷第 4 冊。

8. 《台灣總督府公文類纂》，第 6155 卷第 2 冊。

9. 《台灣總督府公文類纂》，第 6357 卷第 15 冊。

10. 《台灣總督府公文類纂》，第 6361 卷第 12 冊。

11. 《台灣總督府公文類纂》，第 6375 卷第 9 冊。

12. 《台灣總督府公文類纂》，第 6992 卷第 2 冊。

13. 《台灣總督府公文類纂》，第 781 卷第 1 冊。

14. 《漢文台灣日日新報》，1905～1911 年。

參、網路資源

1. 〈文化資產工作坊：湖口與南庄兩個個案實作〉，收入客家委員會補助大學校院發展客家學術機構研究報告論文，《媒體、文化產業與客家族群建構：研究與實踐的雙重面》，http://www.hakka.gov.tw/ct.asp?xItem=41528&ctNode=1669&mp=298，檢索日期 2012 年 5 月 1 日。

2. 「中國時報全文報紙影像資料庫」，中國時報發行，http://news.ncl.edu.tw/ctnewsc/ttsweb?@0:0:1:ctnews@@0.6231703036252589。

3. 「台灣人物誌（上中下合集 1895～1945）」，漢珍數位圖書股份有限公司發行，http://tbmc.ncl.edu.tw:8080/whos2app/start.htm。

4. 「台灣日日新報」，漢珍數位圖書股份有限公司發行，http://tbmc-2.ntl.gov.tw/。

5. 「台灣百年歷史地圖」，中央研究院人文社會科學研究中心地理資訊科學研究專題中心研發，http://gissrv4.sinica.edu.tw/gis/twhgis.aspx。

6. 「台灣總督府職員錄系統」，中央研究院台灣史研究所，http://who.ith.sinica.edu.tw/mpView.action。

7. 「漢文台灣日日新報」，漢珍數位圖書股份有限公司發行，http://tbmc-1.ntl.gov.tw/twhannews/。

肆、口述人資料

1. 朱翎瑀，1958 年生，彰化縣二林鎮後厝里居民。

2. 池松富，1933 年生，醒靈宮鸞生、出納。

3. 余帝珍，1937 年生，醒靈宮管理委員會主任委員。

4. 汪慶秀，1948 年生，醒靈宮正鸞生、主計。

5. 柯瓊，1929 年生，其父曾在源成農場製糖場工作，溪湖糖廠退休員工。

6. 洪欽祥，1975 年生，醒靈宮鸞生。

7. 范姜阿榜，1925 年生，醒靈宮第八任堂主，2013 年歿。

8. 高月眞，1960 年生，醒靈宮誦經團中尊、二林鎮東興里里長。

9. 許明亮，1930 年生，醒靈宮廟務人員。

10. 陳連本，1938 年生，醒靈宮管理委員會副主任委員。

11. 黃煌林，1937 年生，彰化縣北斗鎮新生里居民。

附　錄

一：彰南地區客家移民與醒靈宮大事記

西元紀年	當代紀年	大　事　記　要
1902	明治 35 年	台灣總督府與愛久澤直哉成立三五公司
1906	明治 39 年	蔡登才等人在苗栗獅潭建立醒世堂
1907～1908	明治 40 年或 41 年	愛久澤直哉強購民有地成立源成農場
1908	明治 41 年	源成農場進行試驗性質的日本移民
1909	明治 42 年	日本移民人口、戶數達到最高峰。
1909	明治 42 年	源成農場在新竹州招募客家人至彰化平原開墾
1909	明治 42 年	愛久澤直哉向台灣總督府申請豫約賣渡官有原野地
1909	明治 42 年	醒世堂堂主蔡登才等人，將醒世堂遷至今日二林鎮興華里洲仔巷。
1910	明治 43 年	已有 393 位客家人移民至源成農場
1910	明治 43 年	源成農場改良糖廍開始建造
1911	明治 44 年	源成農場改良糖廍開工製糖
1911	明治 44 年	總督府停止補助，三五公司結束國策會社的角色。
1911	明治 44 年	日本移民大部分離去，僅剩 22 戶、100 人。
1913	大正 2 年	客家人在今日竹塘鄉民靖村牛稠子建造醒靈宮
1914	大正 3 年	三恩主入火安座，改「醒世堂」為「醒靈宮」。
1916～1917	大正 5～6 年	陳阿忩、徐勤保倡建廂房與拜亭。
1923	大正 12 年	謝錦發、黃阿尊倡建三川殿。
1925	大正 14 年	愛久澤直哉捐獻二林仁和宮重建金額
1926	大正 15 年	舉辦慶成福醮或相關祭典法會
1926	大正 15 年	楊福來參加醒靈宮慶讚中元拔渡孤魂法會
1927	昭和 2 年	萬善祠興工
1927	昭和 2 年	蔡登才過世，其子陳傳秀繼任堂主。
1928	昭和 3 年	萬善祠完工，集骨塔 3 棟、前廳 1 座。
1929	昭和 4 年	小林正之介擔任源成農場主事
1932	昭和 7 年	源成農場在碖磘新築新式製糖工場

1933～ 1935	昭和 8 年～ 昭和 10 年	源成農場與佃農爆發紛爭事件 期間在醒靈宮開會協調數次
1934	昭和 9 年	源成農場新式製糖工場開工製糖
1935	昭和 10 年	楊福來協助醒靈宮鸞生涂鼎煌爲承接香辦入堂供職
1940	昭和 15 年	源成農場面積達 3,030 甲，包括 5 個街庄、10 個大字。
1943	昭和 18 年	陳阿慈過世，其子陳鼎傳繼任正鸞生。
1944	昭和 19 年	源成農場新式製糖場結束製糖
1947	民國 38 年	醒靈宮著造《醒世金篇》
1952	民國 41 年	黎阿連等人倡建聖蹟亭
1955	民國 44 年	聖蹟亭完工
1971	民國 60 年	倡建大成殿
1973	民國 62 或 63 年	大成殿完工，農曆 11 月入火安座
1977	民國 66 年	管委會主委林木川與羅達春倡建春秋閣
1980	民國 69 年	春秋閣完工
1981	民國 70 年	管委會主委林大川，提議重建廟宇。
1982	民國 71 年	洪性榮出任主委，開會決議重建。
1982	民國 72 年	舊廟拆除
1983	民國 73 年	省議會議長高育仁破土興工
1983	民國 73 年	彰化縣竹塘鄉醒靈宮、苗栗縣獅潭鄉玉虛宮、南投縣國姓鄉愣靈宮玉善堂、嘉義縣中埔鄉義靈宮、彰化縣溪州鄉覆靈宮，結盟「聖鸞聯盟金蘭結義姊妹宮」。
1988	民國 77 年	鐘元發擔任安座大會會長、余帝珍爲副會長
1988	民國 77 年	正殿完成，舉辦安座大典，11 月 14～27 日，計 14 日。
1990	民國 79 年	醒靈宮新廟完工
1991	民國 80 年	竹塘鄉長劉重華與醒靈宮將孔子誕辰改至 9 月 28 日舉辦，此後官方多次挹注經費擴大舉行。
1992	民國 81 年	慶安福醮安龍謝土大典，11 月 1～16 日，計 16 日。
1993	民國 82 年	成立萬善祠重建委員會、舊祠拆除。
1995	民國 84 年	萬善祠重建完工，入火安座並舉行普渡。
2002	民國 86 年	客家委員會在醒靈宮舉辦「福佬客文化節」活動

2010	民國 99 年	聖蹟亭列入彰化縣歷史建築
2011	民國 100 年	客家委員會在醒靈宮舉辦「客家天穿日」活動
2012	民國 101 年	客家委員會在醒靈宮舉辦「客家天穿日」活動
2013	民國 102 年	第八任堂主范姜阿榜高齡 89 歲逝世，正鸞生汪慶秀接第九任堂主。

圖二：源成農場核心區域 7 個大字村莊及醒靈宮地圖

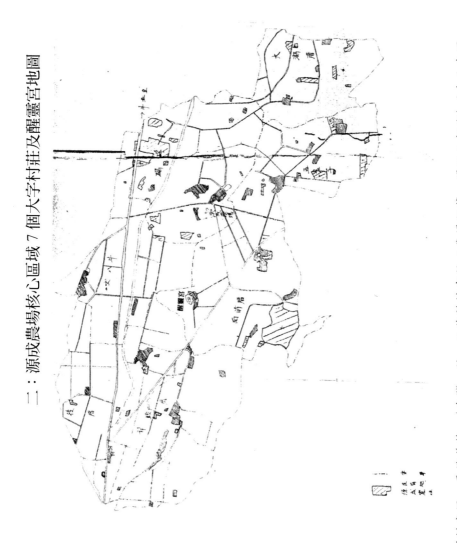

資料來源：平澤善雄，〈台灣二於ヶル某製糖會社ノ農場經營ニ關スル調查〉（台北帝國大學農林專門部卒業報文，1941），無著頁碼。醒靈宮字體為筆者自行加入。

三：日治時期以來彰化縣客家移民寺廟群

竹塘醒靈宮、二林廣福宮、埤頭廣興宮、溪州覆靈宮、北斗廣福宮地圖

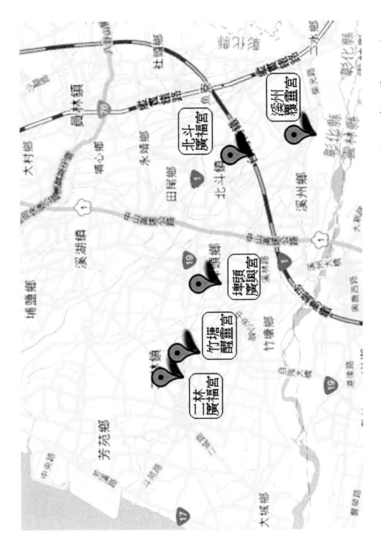

資料來源：改繪自 google 地圖，http://maps.google.com.tw/（2012 年 6 月 30 日）

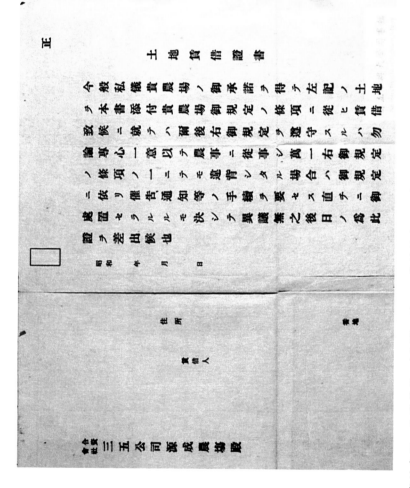

圖四：源成農場「土地賃借證書」

資料來源：平識善雄，〈台灣二於ケル某製糖會社ノ農場經營二關スル調查〉（台北帝國大學農林專門部卒業報文，1941），頁43。

五：源成農場「農場小作地賃貸借規定」

資料來源：平識善雄，〈台灣ニ於ヶル某製糖會社ノ農場經營ニ關スル調査〉（台北帝國大學農林專門部卒業報文，1941），頁46。

六：源成農場「昭和十三～十四年期蔗作規程」

資料來源：平誌善雄，〈台灣ニ於ヶル某ヶ某製糖會社ノ農場經營ニ關スル調查〉（台北帝國大學農林專門部卒業報文，1941），無著頁碼。